충북대학교 인문사회 연구총서

가옥 가족 가구

家族

김범철

青銅器時代 사회변화에 대한 家口考古學의 이해

충북대학교 출판부

가옥, 가족, 가구

靑銅器時代 사회변화에 대한 家口考古學의 이해

저　자 : 김 범 철

발행처 : 충북대학교 출판부

발행인 : 윤 여 표

주　소 : (28644) 충북 청주시 서원구 충대로1 (개신동12)

전　화 : 043)261-2952, 3014

팩　스 : 043)274-1256

이메일 : presscbu@chungbuk.ac.kr

등　록 : 제1983-2001-7호

초판 1쇄 인쇄 : 2018. 1. 31

인쇄처 : 다해 02)2266-9247

* 이 책은 충북대학교 학술도서지원사업 및 대학인문역량강화사업단(CORE)의
2차년도(2017년) 사업지원을 받아 발간되었음.

978-89-7295-320-3 93910

값 25,000원

가옥, 가족, 가구

靑銅器時代 사회변화에 대한 家口考古學의 이해

김 범 철

서문

"우리나라 올해 수출이 얼마인 줄 아오?", "우리나라하고 미국하고 GDP가 얼마나 차이나는 줄 아오?", "우리나라 1인 가구가 얼마나 되는지 아오?", "제4차 산업혁명의 키워드가 뭐라고 생각하오?" 두어 주 만에 뵙는 아버지께서 툭툭 던지는 질문이다. 얼굴이 붉어지며, 어쭙잖은 변명을 대거나 모른다고 하면서 정답을 반문하기 일쑤다. 아버지는 조선 전기 사상사를 전공하는 교수셨다. 정년퇴임하고 10여년이 지나 최근에는 시골로 들어가셨다. 시제말로 '歸農', '歸村'하신 셈이다. 도심에서 꽤 떨어진 농촌에 사시게 된 탓에 배달이 여의치 않지만 保革을 넘나들며, 5가지 신문을 읽으신다. 필자가 미국으로 연구년을 가기 전까지 몇 년을 신문배달(?)을 시키셨다.

육친의 관계를 떠나 노교수와 후배교수의 입장에서 그 질문의 의도를 곱씹어보면, 先史時代를 전공한다고 하더라도 현실의 문제로부터 스스로를 유리시키지 말라든지, 절대수치가 중요하다든지를 강조하시는 취지는 충분히 알 수 있다. 그럼에도, 숙제를 받고 있는 것 같아 늘 부담스럽다.

몇 년 전 이 책을 기획했던 그 때, 적어도 한 가지 이유는 그나마 잘 할 수 있는 것 하나 골라 나름의 방식으로 숙제를 한 번 해볼까 하는 것이었다. 그 숙제가 언제 끝날지 혹 끝나기는 할지 모르겠으나 일단 시작은 한 번 해보자는 것이었다. 그 시작은 필자가 그동안 한국 청동기시대의 이해에 접목하고자 했던 가구고고학의 시도를 점검해보는 것이었다. '가구'라는 것이 인류가 집 짓고 산 이래로, 상존할 수밖에 없는 사회 基層組織이다. 이 시대, 저 시대에도 그러하고, 이 나라, 저 나라에서도 그러하다. 그래서 가구는 고고학의 다른 시대전공끼리는 물론이고, 다른 학문과도 자연스레 연결될 수 있는 통로다. 즉, 先史考古學을 전공하는 필자로서 현재와 유리되지 않을 수 있는 중요한 장치가 된다.

좀 더 현실적인 측면에서, 작금의 한국고고학이 겪고 있는 문제도 이 책의 기획을 자극했다. 후속세대가 논문의 주제를 찾지 못해 갈등하는 모습에, 교육을 담당하고 있는 필자는 다소 예민하게 반응할 수밖에 없다. 따라서 가구라는 단위를 적용하고 가구고고학의 접근방식을 활용했을 때, 예상되는 한국고고학의 확장가능성이 매력적으로 다가오는 것은 너무도 당연한 일 아닐까? 그래서 가구고고학의 접근이 좀 더 친숙하게 느껴지게 하고 싶다는 생각이 들었다. 뭔지도 모르면서 시작했던 필자보다는 조금 나은 토대에서 출발했으면 한다.

필자가 가구고고학에 관심을 갖게 된 것은 유학시절부터이다. 이름은 생소했지만 수업 중 토론이나 강독물의 내용이 그다지 모를 것은 아니었다. 오히려 한국 住居(址)고고학도 결국에는 이러한 방향으로 진행될 것이라는 생각이 들어 흥미가 고조되고 있었다. 여전히 떠듬거리며 토론수업에 참여하던 두 번째 학기임에도 불구하고 기말과제가 수강생 중 가장 좋은 성적과 논평—친구들의 뒷담화를 종합해 본 결과—을 받았던 듯하다. '말이 안 되어서 그렇지 머리가 나쁜 건 아니야'라고 객기도 부리며, 관심이 더하게 되었다. 그러나 이때만해도 특화된 영역으로 '가구고고학'을 해야겠다는 생각을 하지는 못했다. 유학을 마치고 시간강사로 전전하던 시절, 석사과정 토론수업을 하면서 학생들이 제법 적극적으로 호응하는 것을 보고, 좀 더 실질적인 논문을 써서 이들의 기대에 부응하고 싶다는 생각이 들게 되었다. 2005년 2학기 부담스런 수업에 열정적으로 참여해주었던 수강생들이 중요한 계기를 마련해준 셈이다. 일일이 거명하지는 않겠지만 감사드린다. 그러면서 그간 생각해왔던 주제들로 청동기시대 가구양상의 변화에 관련된 논문을 한두 편 쓰게 되었다. 그러다 보니, 다른 주제가 파생되고, 또 다른 논문으로 이어지게 되었다. 그래서 청동기시대 가구양상에 관련된 논문이 몇 편 쌓이게 되었다.

그렇다. 이 책의 각 장은 그간 발표한 길고 짧은 글들에 기초하고 있다. Ⅱ장과 Ⅵ장의 일부는 「'住居址'에서 '居住者'로」(『韓國考古學報』 90, 2014)의 내용을, Ⅳ · Ⅴ장은 「錦江 中·下流域 松菊里型 聚落에 대한 家口考古學的 접근」(『韓國上古史學報』 51, 2006), 『쌀의 고고학』(민속원, 2011), 「青銅器時代 家口變化의 社會經濟的 意味」(『韓國上古史學報』 76,

2012), 「청동기시대 前-中轉移期 生計經濟戰略의 추이」(『湖南考古學報』 44, 2013), 「湖西地域 青銅器時代 家內 貯藏樣相 變化의 意味」(『韓國上古史學報』 83, 2014) 등의 내용을 토대로 하고 있다.

그런데 개별 논고를 병렬적으로 엮어놓은 논문집이 아니다보니, 수정이나 보완작업이 불가피했다. 종종은 이미 썼던 용어가 마음에 들지 않아서, 종종은 내용의 보완이 필요해서, 체제의 조정이 필요해서 조금씩 고치다보니 계속 작업량만 늘어났다. 고치고 나면 앞의 것이 마음에 들지 않고, 앞을 고치면 또 뒤와 연결이 어색했다. 끝이 없을 것 같아 시일을 정해놓고 해야지 했지만 잡다한 일로 그조차 차일피일 미뤄졌다. 시간만 지났지 여전히 탐탁찮다. 탈고를 하면서도 민망함을 감출 길 없다.

이 민망한 글조차도 여러 분들의 도움이 없었으면 책으로 나오지 못했을 것이다. 오래 기다려주신 충북대학교 출판부의 전 · 현직 부장님과 담당자께 감사드린다. 몇몇 학생들은 자료를 모아주고 교정도 봐 주었다. 한 번의 찡그림도 없이. 故 金容乾, 朴姙煐, 朴眞景, 孫運怡, 李珉榮 등 제군에게 지도교수-학생의 관계를 넘어 同志로 감사한다. 좀 더 좋은 글로 보답하지 못해 미안하기도 하다. 어쨌든 이 책의 모든 오류는 필자의 책임이다.

책을 한참 쓰는 동안 몸이 아팠다. 그러나 마음은 더 아팠다. 소중한 사람들이 유명을 달리 했기에. 나는 일상으로 돌아왔지만 그들은 곁으로 돌아오질 않는다. 탈고하며 만감이 교차한다. 받아주실지 모르겠으나 마지막조차 같이 하지 못한 미안한 마음에 그들께 바친다.

N16-1 152호에서

김범철

목차

그림목차

표목차

I

序論

이 책은 집과 가족, 식구[1]에 관한 이야기다. "집, 하면 무엇이 떠오르세요?" "가족, 하면 무엇이 떠오르세요?" 광고카피나 다큐멘터리 방송의 오프닝멘트 같다. 조금 다르게 묻자. "住居址—(옛) 집터—, 하면 무엇이 떠오르세요?"는 어떤가? 무엇과 같은지 언뜻 연상되지는 않지만 앞의 질문보다 머뭇거림 없이 답이 나오지 않을까 한다. "考古學"이라고 말이다.

조금 더 정확히 말하자면, 이 책은 '韓國 靑銅器時代 家屋과 家族, 家口에 관한 考古學者의 이야기'다. 그런데 필자는 청동기시대 가옥은 물론이고, 가족이나 가구는 더더욱 본적이 없다. 住居址와 거기에서 나온 遺物은 많이 봤다. 고고학은 주거지를 발굴한다. 그러나 알고 싶고 말하고 싶은 것은 결국, '家口(household)'이고, '家族(family)'이고, '家庭(home)'이고, '家事(domestic activity)'이다. 그런데 일반의 인식 속에 고고학자는 그 주거지가 어느 시대 것이고, 문화적으로 어느 계통인지 등이나 밝히는 사람으로 비치고 있지는 않나 싶다. 정식으로 일반인에게 탐문한 것이 아니니 자신하기는 어렵다. 다만, 우리 고고학자 상당수가 실제로 그 정도에 머물고 있다는 점은 좀 더 자신 있게 말할 수 있다. 주거지를 소재로 한 글을 보면, 여전히 편년과 계통 찾기에 집중하고 있으니 말이다. 그보다 더욱 자신 있게 말할 수 있는 것은, 만족하여 그 수준에 머물기보다는 뭘 어떻게 할지 몰라서 그러고 있다는 점이다.

그나마 최근 들어, 청동기시대 고고학에는 주거지자료로부터 社會組織이나 生產樣態를 얘기하고자 하는 글이 늘고 있다. 연구주제가 다양해졌다고 할 수도 있겠다. 그런데, 복잡할 수도 있는 이론이나 방법에 대한 충분한 논의나 세련이 없이 단순 추측이나 상식 수준의 일반화로 결론을 맺다 보니, 자체적인 모순을 노출하기 일쑤다. 부지불식간에 선진학계와의 접촉이 잦아지면서 여기저기서 주워들은 말이 생겨나고 그 말의 대략적인 뜻이 이러한 것인데, 본인이 가진 자료의 양상과 대충 맞을 듯하니 끌어다 붙이는 경우가 비일비재하다. 참고문헌을 보면 관련된 주요 저작은 한편도 읽지 않은 채, 사전의 한두 단락에 고무되었음을 알 수 있다. 그러한 차용의 과정에서 방법론적 성찰은 기대하기 힘들다. 과연 그러한 결론이 그러한 자료로부터, 그러한 분석과정을 거쳐, 그렇

1) '家口'의 개념에 가장 근접한, 친근감 있는 표현으로 '食口'를 사용하지만 정확히 두 개념이 일치하는 것은 아니다. 수사일 뿐, 이후에 이 책에서 이 단어를 쓰지는 않는다.

게 결과를 해석함으로써 얻어질 수 있는지 의심스러울 때가 많다. 결국, 안심하고 선택할 주제는 다시 편년과 계통 찾기가 된다.

사정이 그렇다 보니, 고고학자료 중 가장 포괄적이고 풍부한 자료인 '주거지'와 '출토유물'로도 현실문제에 접근하거나 다른 학문분야와 교류할 수 있는 통로가 그리 넓지 않다. 즉, '高等學問'으로의 발전이 이루어지지 않고 있는 셈이다. 고고학이라는 학문이 세상과 소통하는 것을 초등학생을 위한 만화책이나 수필집 수준의 大衆書를 만드는 정도로, 여행전문가가 쓴 듯한 감성적 기사를 양산해내는 정도로 여기는 것은 아닌지 의심스러울 때가 있다. 그런 대중화의 노력이나 경로를 폄하하는 것은 아니지만 결국 한 학문이 사회와 소통하고 고등학문으로서 자리하기 위해서는 사회의 특정 현상을 설명하는 논리로 자신의 자료에 나타난 특성을 설명—물론 그 역방향의 설명도—할 수 있어야 하며, 時空은 달리하지만 다른 학문분야와 동일한 주제로 비교연구가 가능해야 한다는 점은 분명히 하고 싶다. 발굴현장에서 수습된 시료를 분석할 수 있는 기법을 차용하고 분석결과에 대한 해석을 의뢰하는 정도는 포함하지 않는다면, 현재 한국고고학이 소통할 수 있는 학문 분야는 韓國古代史 정도일 것이다. 고고학개론 첫 수업시간에 '고고학은 과거 사람에 대한 사회학이고, 정치학이고, 경제학이고, 영양학이고 …'라고 배우고 가르치지 않았던가! 이유나 의미를 설명하지 못하거나 않은 채, "靑銅器時代 ㅇㅇ를 설명하는데 중요한 유적이에요" 혹은 "우리나라 最古/最大/最高의 ㅇㅇ유적이에요"라는 선정적 진술로 대중의 호기심이나 자극하려고 한다면, '그런' 고고학이 되기는 어렵다. 경제학자나 사회학자, 정치학자가 그렇게 말하지 않지 않던가!

이 책은 한국 청동기시대 사회의 이해에 '家口考古學(household archaeology)'이 주목하는 몇 가지 주제와 방법을 끌어드리면서, '우리가 배우고 가르쳤던 방향'으로 한국고고학이 나아갈 수 있게 할 통로를 개척하는 시도이다.

좀 현학적으로 표현하자면, 이 책은 "韓國 靑銅器時代 주거양상의 변화와 사회문화적 변화의 관계를 인간사회의 말단조직인 '家口'의 觀點에서 어떻게 이해할 수 있는지에 대한 方法論 및 理論的 摸索에서 출발한다."정도가 될 것이다. 그런데, 왜 하필 청동기시대이며, 어떻게 '가구'의 관점으로 청동기시대 사회를 설명하는 것이 유효하며, 또 어떻게 그런 작업이 소위 '우리가 배우고 가르치는' 고고학으로 나아가는 통로가 될 수 있을까? 조금 더 자세한 설명이나 '의미 얹기'가 필요할 듯하다. ■■■

1. 우리나라 青銅器時代는 어떤 시대인가?

青銅器時代에는 우리 역사상 매우 중요한 변화가 일어난다. 複合社會(complex society)의 등장이 바로 그것이다(金範哲 2005a, 2006b, 2009a, 2011a; 金承玉 2001; 金壯錫 2003). 복합사회는, 원론적으로 '世襲化된 不平等(inherent [social] inequality)'에 기반을 두게 된다(Bogucki 1999; Feinman and Price 2001; Price and Feinman 1995). 이 문제에 정통한 연구자가 아니라면, 세습화된 불평등의 확립이라는 현상이 인류사에서 차지하는 의미가 언뜻 와 닿지 않을 수도 있다. 다음의 은유를 통해 좀 더 직접적으로 접근해보자. 인류사회의 진화를 '競技(game)'에 비유하자면, '選手(players)'로서 人類와 '場(circumstances)'으로서 地球는 그대로였지만 그 장구한 세월 동안 '規則(rule)'은 한 번 바뀌게 된다(Drennan 2000). 즉, '後天的 成就'보다는 '世襲된 身分'이 개인의 사회적 위상을 결정하게 되는바, 복합사회의 등장이야말로 인류사상 경기의 규칙이 바뀌는 분기점이 된다.

이러한 변화가 青銅器時代에, 좀 더 구체적으로는 '前期에서 中期로의 轉移過程'에 나타난다는 설명은 2000년대 들면서 집중적으로 축적된 정보에 근거한다. 그러한 정보의 축적은 여러 방면의 자료에 대한 분석과 해석을 통해 이루어졌다. 특히 개별 분묘와 주거지에서 출토된 자료에서 보이는 '차이'가 핵심을 이룬다.

사실, 특정 개인의 正體性(identity)이 물질자료에 나타나는 방식은 생전과 사후가 엄정히 구분되어 있다고 보기는 어렵다. 현실에서도 그러하지 않던가? 적지 않은 집안이 先山을 보유하고 관리하며, 그 안에서 질서를 확인 · 재정립한다. 일단 親族이어야 그 묘역에 매장될 수 있는데, 出系(lineage)의 序列과 血緣的 親密度에 따라 개인 무덤의 위치가 정해진다. 반면, 양자 간에는 엄정한 구분이 필요한 경우도 있다. 봄 寒食이나 가을 秋夕 전의 벌초를 생각해보자. 長孫을 위주로 한 直系가 주도적인 역할을 하고 傍系는 그 지도를 따른다. 이는 출계상의 위상과는 잘 부합하지만, 현실의 사회적 지위, 빈부와는 부합하지 않을 수도 있다. 사실, 집안의 형님이라고 해서 나보다 사회적 지위나 경제력이 높지 않은 경우가 있을 수 있다. 물론 청동기시대 분묘와 주거의 양상이 이러한 현재의 양상과 일관적으로 맥이 통할 수는 없겠으나 고고학자료로 남은 물질문화의 양상을 해석하는데 生界와 冥界를 반영하는 양측 자료 간 간극이 있을 수도 있다는 점도 유념해야 한다.

이러한 차이 외에도 분묘자료와 주거자료는 장단점이 서로 다르다. 집단묘가 아닌 이상, 분묘자료는 개인 간 차이를 곧바로(?) 보여줄 수 있다. 물론 여전히 생전의 사회적 위상이나 정체성이 어떻게 매장행위에 반영되는지는 복잡한 논의의 과정을 필요로 하지만, 개인을 전제로 한 비교에서 분묘자료가 갖는 장점은 현저할 수밖에 없다. 그런데 문제는 현재까지의 연구로 보건대, 선사시대에는 일부 사회성원만이 시설을 갖춘 분묘에 매장된다는 점이다. 따라서 그것이 사회 전체의 신분스펙트럼을 반영하지 못할 가능성이 크다. 그나마 청동기시대 전기에서 중기로 넘어오면서 매장행위가 비약적으로 확대되기는 한다. 그럼에도, 주거자료는 분묘자료보다는 훨씬 더 많은 사회성원을 반영할 것이다. 더구나 거주자집단 내의 차이도 중요한 주제로 다루어질 수 있지만 대체로 집안—말 그대로의 한 집안—의 우열이 家長 간의 우열에 의해 결정되듯, 고고학에서는 家口 간 차이가 개인 간 신분차의 필요조건으로 이해되기도 한다. 따라서 좀 더 포괄적인 계층화양상은 주거자료에서 관찰할 수 있다.

흔히 복합사회의 始發은, 해당 사회가 社會形式學(societal typology) 체계의 특정 범주 혹은 단계에 속하면서부터로 인식되기도 한다. 인문학이나 사회과학 전반에 널리 알려져 있는 Elman Service (1962)의 틀에서 보자면 그런 단계는 首長社會(chiefdom)에 해당한다. 느슨하게나마 首長(chief)이 통제하는 광역적 사회 · 정치조직의 발생과 유지가 수장사회의 가장 핵심적인 특징이다. 그래서 분묘나 주거에서 '수장급'을 찾기도 하는 것이다. 그런데 문제는 어떤 정도가 되어야 수장급인지가 모호할 수밖에 없고 수장사회가 워낙 다양한 나머지 수장급이 확인된다고 해도 그 사회의 전체적 모습을 알기는 어렵다(金範哲 2014c, 金範哲 · 朴姃娛 2012).

그렇다고 했을 때, 그 문제를 지극히 生界의 문제인 生計經濟의 문제, 예를 들어 한국 청동기시대 水稻作과 관련지어 한번 생각해보자. 청동기시대 수도작이 관심의 전면에 등장한 것은 1970 · 80년대 欣岩里, 松菊里, 북한 南京 등 유적에서의 탄화미 발견이 계기가 되었다. 그러다가 1990년대 말 이후 '논유구'의 발견과 더불어 재점화된다. 그러나 논유구의 규모가 작고, 그 의미에 대한 안목을 갖추지 못한 탓에 '발견' 이상의 의미를 부가하지 못하다가 사회복합화 이슈와 결합(金範哲 2005a; 金壯錫 2003)하게 되면서 2000년대 들어 10년 이상 중요한 주제로 자리매김하게 된다. 복합화라는 사회정치적 변화가, 水稻作의 파급이라는 경제(· 기술)적 현상과 결부되어 있다는 점에 공감대가 형성되어있다. 그런데, 과연 수도작을 가능하게 했던 생산의 주체는 누구였을까? 그들은 복합화와 수도작의 파급이라는 문제를 어떻게 받아들이고 자신들을 어떻게 적응시켜 갔을까? 단지 분묘자료에서 '수장급'이나 '상위유력층(the elite)'을 찾는다고 해서 그러한 문제에 답할 수 있는 것은 아니다. 당시 생산활동을 반영하는 주거자료에, 생산의 주체였던 사람들이 살았던 주거에, 그 '住居의 居住者集團'에 집중하지 않을 수 없다.

2. 왜 '家口'인가?

그런 居住者集團, 즉 한 지붕 아래 사는 사람이 '家口(household)'다. 종종 '世帶'로 불리기도 하지만 공식적으로는, 적어도 행정적으로는 1955년 이후 잘 쓰지 않게 되어 있다.[2] 한편, (같은 집에 살면서) 한솥밥을 먹는다는 의미에서 나온 '食口'라는 말도 일면 맥이 닿을 수도 있으나 사회적 함의가 다른 경우가 적지 않다. 전적으로 통하지는 않지만 적지 않은 상황에서 일치하는 탓에 家口와 함께 여러 용어가 혼용되기도 한다. 그러나 여기서 그런 다종다양한 상황을 일일이 열거하며, 차이를 설명할 필요는 없어 보인다.

다만, 왜 家屋이라는 물리적 구조물 혹은 공간을 매개로 규정되는 인간집단을 여기에 끌어들였느냐는 것은 분명하게 밝혀야 하지 않을까 싶다. 그것은 다름 아닌, 고고학의 연구절차나 자료가 가지고 있는 특성 때문이다. 앞서도 언급한 바와 같이, 고고학자는 주거지를 발굴한다. 주거지는 집터다. 집터로부터 집을, 더 나아가서는 그 안에 살았던 사람(의 생활)을 복원하는 과정에서 자료수습과 정보생성의 '單位(unit)'를, 비교적 경계가 분명한 '집터—住居址—' 혹은 '집—家屋 혹은 住居構造物—'과 그 안에 살았던 '사람의 무리—家口—'로 정하는 것은 어찌 보면 자연스런 귀결이 아닐까 싶다. 물론, 연구과정에서 인지와 분석의 단위로 가구를 선정했다고 해서 그 단위를 이루는 개별요소, 즉 가구 구성원의 성격, 더 분명히 지적하자면, 그 구성원의 결속을 유도하고 지속하게 하는 고리가 무엇인가까지 신경 쓸 필요는 없다. 그렇다고 전혀 관계없는 문제라고 얘기하는 것은 아니다. 오히려, 별도의 문제이긴 하지만 종국에는 가구구성의 배경이나 원리를 알고자 하게 된다. 전공자가 아니더라도 혹 그 사람들이 가족 아니었을까 하는 생각을 해 볼 것이다. 좀 더 다양한 생각을 좋아한다면, 다른 경우를 떠올리기도 할 것이고. 요즘은 거의 찾아보기 어렵지만 필

---

2) '家口'는 '世帶'라는 명칭으로 불려왔으나 여러 사회과학 분야나 정부 공식 조사 용어로도 전자가 선호되고 있다. 특히, 1955년 내무부 통계국에서 실시한 제1회 간이인구조사 이래 정부의 공식 용어(대통령령 1033호)로 사용되어오고 있다(崔在錫 1990:28).

자가 대학을 다닐 때만 해도 '하숙집'이 유행했다. 대개는 홀로된 중년의 여주인이 입주학생의 식사와 세탁을 대신 해주는 거주형태인데, 오랜 시간 같이 하다 보니 하숙집 주인을 어머니처럼, 同宿하는 사람들을 형제 · 자매처럼 여기는 紐帶가 형성되기도 한다. 그렇다고 그들이 가족은 아니다. 가구를 형성하였지만, 가족은 아닌 것이다. 뒤에서도 언급하겠지만 한 家口가 반드시 家族일 필요는 없고, 핵가족이라 하더라도 한 가족 모두가 같은 집에 살지 않거나 살지 못하는 경우도 많다.

가족이 아닌 사람들이 동거할 경우, 흔히 '非血緣家口'라고 한다. 개개의 비혈연가구는 수도 없이 다양한 이유와 과정을 통해 형성될 것이다. 그것을 일일이 밝힐 수도, 어쩌면 밝힐 (학술적) 의미도 없겠지만, 종종 주된 경향이 감지된다면 주목해볼 이유는 분명하다. 사실, 시대에 따라 큰 가구가 유행하기도 하고, 작은 규모의 가구가 유행하기도 한다. 대형가구 중에는 혈연을 매개로 연결된 '(확)대가족가구'도 있을 수 있고, 비혈연가구도 있을 수 있다. (상대적으로) 짧은 시간에 구성되되, (일반적인) 확대가족가구의 규모를 넘어서는 대규모 가구는 비혈연가구일 가능성이 크다.

그런데 흥미로운 것은 정부 통계체계에서 '1인 가구'는 비혈연가구로 분류된다는 점이다. 필자는 이 분류를 보고 잠시 갸우뚱했다. 혼자이니 혈연 여부를 논할 것이 없는데 왜 그럴까? 그런데 좀 달리 생각해 보니 일면 타당하다는 생각도 들었다. 혼자여서 핏줄로 '연결'되지는 못했으니 1인 가구도 비혈연가구로 분류되는 것이 맞을 수도 있다. 물론 여기서 그 분류나 정의에 관해 길게 이야기하자는 것은 아니다. 다만, 그것이 사회의 중요한 현상이 되었을 때, 여러 학문분야의 관심거리가 될 수 있다는 점은 강조하고자 한다. 설혹 고고학이라도 말이다. 실제로 선사 · 고대에도 가구의 규모는 시대에 따라 큰 가구가 유행하기도 하고 작은 가구가 유행하기도 한다. 그것은 사회적 변화와 밀접하게 연관된 경우가 대부분이다. 과거에 대한 이해의 폭을 넓히기 위해서라도, 고고학자도 작금의 현상에 관심을 기울여야 할 나름의 이유가 있어 보인다.

최근 정부의 발표에 따르면 1인 가구, 즉 혼자 사는 집이 전체의 4분의 1에 육박한단다 (그림 1.01[3]). 이러한 소식을 접하면 누구나 한 마디씩 한다. "개인주의적 성향이 어쩌고저쩌고…", "골드미스가 어쩌고저쩌고…", "나라 경제가 어쩌고저쩌고…", "황혼이혼이나 노년독거가 어쩌고저쩌고…", 다른 한편으로 "그래서 작은 평형 아파트는 잘 나가는데, 대형 평수가 잘 안 나가는구나!", "그래서 요즈음 편의점에 혼자 먹을 수 있는 간편식이 많이

3) 통계청자료에 의거하여 직접 작성하였다.

나오는구나!", "그래서 대형마트에는 반쪽짜리 혹은 반의반쪽짜리 과일이 많이 나와 있구나!", 또 다른 한편으로는 "앞으로는 이런 사업들이 유망할 거야", 반대로 "이런 데 투자하는 것은 전망이 좋지 않을걸." 등의 말을 쏟아낼 것이다.

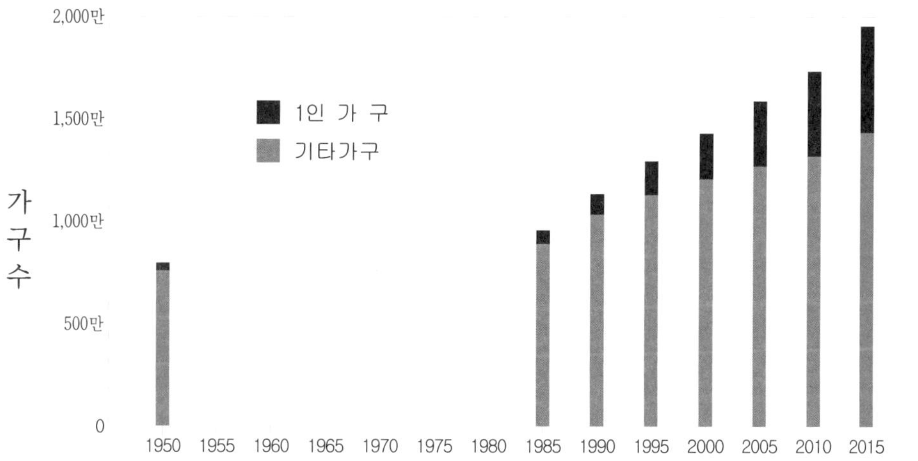

그림 1.01. '一人家口' 증가경향

조금 주의를 기울여 보면, 이런 말들에는 ① 原因에 대한 診斷, ② 同伴現象들에 대한 說明, 그리고 ③ 未來에 대한 豫測까지도 포함하고 있음을 알 수 있다. 게다가 ① 國家經濟는 물론 ② 社會問題, ③ 日常生活 등 서로 다른 차원(혹은 수준, level)의 얘기들을 포괄하고 있음도 발견하게 된다. 단지 가구 차원의 한 마디에 이렇게 많은 뒷이야기가 쏟아져 나올 수 있다. 더 나아가 우리보다 앞서 유사한 사회변화를 경험하였던 美國이나 日本의 가구양상 변화와 비교하면서 우리의 미래를 점칠 수도 있다.

좀 더 직설적으로 얘기하자면, 일반인들도 쉽게 몇 마디는 할 수 있는 실체가 '가구'고, 시대와 나라를 넘어 비교가 가능한 것이 '가구'라는 것이다. 이는 가구가 가지는 普遍性, 혹은 散在性 때문이다. 이 책이 가구라는 실체에 주목하는 것도 그런 특성 때문이다. '가구'에 대한 관심을 촉발함으로써 한국(청동기시대)고고학의 내용이 국내의 여타 학문분야와 조금 고차원적으로 소통할, 좀 더 현실적인 논리로 대중에게 다가갈, 지역을 넘어 범문화적 비교가 가능할 통로가 개척되리라는 기대….

가구에 주목하는 이유가 그것만은 아니다. 1990년대 중반부터 "○○시대 사람들은 어떻게 살았을까?"라는 제하의 대중서들이 등장한다. 제법 큰 반향을 불러일으킨 것으로 기억한다. 소위 생활사, 미시사학, 역사 대중화 등의 화두로 설명되는 경향이 우리나라에서도 가시화된 것이다. 세세한 民衆들의 日常事가 역사서술의 전면에 등장하게 된 셈이다. 그러한 제하의 책은 조선시대에서 시작하여 거꾸로 삼국시대까지 올라간 것으로 알고 있다. 조금 눈을 돌리면 日常에 대한, 역사에서 잘 보이지 않았던 一般 民衆에 대한 관심과 복원은 선진 학계에서는 훨씬 더 오래전부터 해오던 일이라는 것을 알게 된다. 단적인 예를 하나 들어 보자. 1960년대 이전 이미 중국의 고대 및 중세사회의 일상을 다룬 구미학계의 저서들이 출판되어 작지 않은 반향을 불러일으켰을 뿐만 아니라, 아직도 재인쇄되고 있다(예를 들어, Gernet 1962; Loewe 1968). 제2차 대전 이후에 나온 것들이니 식민지에 대한 이해의 폭을 넓히자는 것은 아닐 것이다. 한편, 쉬운 전문서 혹은 어려운 大衆書의 성격이 강하니, 이미 그 이전에 상당한 축적이 있었다는 것이다. 서양 사람들이 익숙하지도 않은 중국 고적을 읽는 어려움을 감수하면서 이런 일을 이루어낸 배경은 정확히 알 수는 없지만 위에서 예시한 저작의 서문만 읽어보아도 역사 이해와 서술에서 日常事를 간과함으로써 나타날 수 있는 '偏狹'과 '停滯'의 위험을 지적하고 있음은 분명하다(Gernet 1968:14; Loewe 1968:3).

그런 점을 염두에 두고 고고학의 주 영역인 先史時代로 눈을 돌려보자. 구석기시대는 어떤가? 신석기시대는 어떤가? 상대적으로 시간적 거리가 가깝고 발견도 많은 청동기시대에 관해서도 뭐 이렇다 할 것이 없으니 구석기나 신석기시대는 뭐 그만그만하지 않을까 싶다. 왜 그럴까? 시쳇말로 콘텐츠가 없어 못 한다. 간혹 두려울 때가 있다. 혹 자라나는 세대가 청동기시대 사람들은 매일 고인돌만 끌었다고 기억할까 봐. 혹 젊은 전공자들이 청동기시대에는 매일 북쪽에서 내려온 사람들로부터 토기 제작방법만 배운 줄 알까 봐.

가구가 하는 행위와 활동은 매우 다양하다. 따라서 그것들의 흔적을 모으고 분석하다 보면 청동기시대 일상사에 관련된 내용을 좀 더 풍부하게 할 수 있을 것이다. 그러한 우려와 기대 속에 이 책은, 日常의 主體인 家口에 대한 관심을 촉구함으로써, 우리 청동기시대 전-중기 사회적 변화를 좀 더 다양하고 역동적으로 재구성하고자 한다.

3. 그렇다면 무엇을 根據로 얘기하는가?

물론 (개인)신분의 세습이 중요한 척도이긴 하지만 사회 · 문화적 진화상 複合化(complexity)에는 그 외에도 매우 다양한 변화가 내포되어 있다. 옛 분묘나 취락으로부터 얻어진 다양한 고고학자료, 비교문화적(cross-cultural) 민족지자료, 고대문헌기록 등에 대한 분석을 통해 알 수 있건대, 인구증가, 생산집약화, 장송(관행)의 차별화, 취락 간 기능과 규모의 차별·위계화, 수공생산의 전문화, 이념조작을 위한 의례의 활성화, 방어용 시설물의 증대, 광역적 政治經濟(political economy)의 등장 등은 그런 변화의 대표적인 예들이다(Bogucki 1999; Feinman and Price 2001; Price and Feinman 1995; Wason 1994). 한편, 이러한 다방면의 변화는 사회조직을 구성하는, 각기 다른 차원의 인자들—廣域政治體(regional polity), 局所共同體(local community), 家口(household) 등(Parsons 1972; Trigger 1968)—에서 인지될 수 있다.

그런데 다방면의 변화가 모든 차원의 인자 혹은 조직에서 동일한 강도나 양태로 나타나지도 않을뿐더러 모두 (동시에) 발생하는 것도 아니다. 따라서 선사·고대의 사회정치적 복합화에 대한 고고학적 이해와 설명은 다각도에서 다차원적인 접근을 통해 이루어져야만 한다. 그러나 현재의 우리 (청동기시대) 고고학의 연구들은 대부분 거시적인(macroscopic) 관점에서 하향적(top-down) 접근을 통해 이러한 변화들을 이해하고 있다. 물론 자체로 매우 의미 있는 기여를 하고 있지만, 청동기시대에 나타난 사회경제적 변화를 보다 온전하게 이해하기 위해서는 微視的(microscopic) 觀點을 견지한 '上向式(bottom-up) 接近'도 절실해 보인다.

이 책에서 시도할 것은 바로 후자의 접근방식이다. '住居址'에서 수습되는 각종 자료를 분석하면서 한국 青銅器時代 前-中期 轉移의 과정에서 나타나는 다양한 사회경제적 변화를 家口考古學(household archaeology)의 관점에서 이해해 보고자 한다. 따라서 분석의 단위와 해석의 단위는 家口가 된다. 다만 설명에 있어 그러한 개별 가구의 양상은 종합하여 전체적인 양상의 이해와 연결되게 된다.

그러한 시도를 뒷받침할 구체적인 자료는 고고학조사활동을 통해 湖西地域에서 얻어진 것들이다. 지명의 유래에서 보자면, 湖西地域은 이름 그대로 湖水의 서쪽 지역을 일컫는데 과연 그 호수가 어디인지에 대해서는 제천 義林池, 김제 碧骨堤 등 다소의 차이가 있는바, 그 실제 공간범위를 정하기 쉽지 않을 수도 있다. 그러나 湖南이 全羅(남·북)道를, 嶺南이 慶尙(남·북)道를 대신했던 것처럼, 일반적으로 忠清道를 대신하는 말로 사용해왔다. 현재의 행정구역으로 보자면 忠淸南·北道, 大田廣城市, 世宗特別自治市를 아우른다. 이 책에서 다루는 주거자료는 엄정하게 얘기하자면 그러한 1개 특별시, 1개 광역시, 2개 도가 포괄하는 지리적 공간에서 수습되었다고 하겠다.

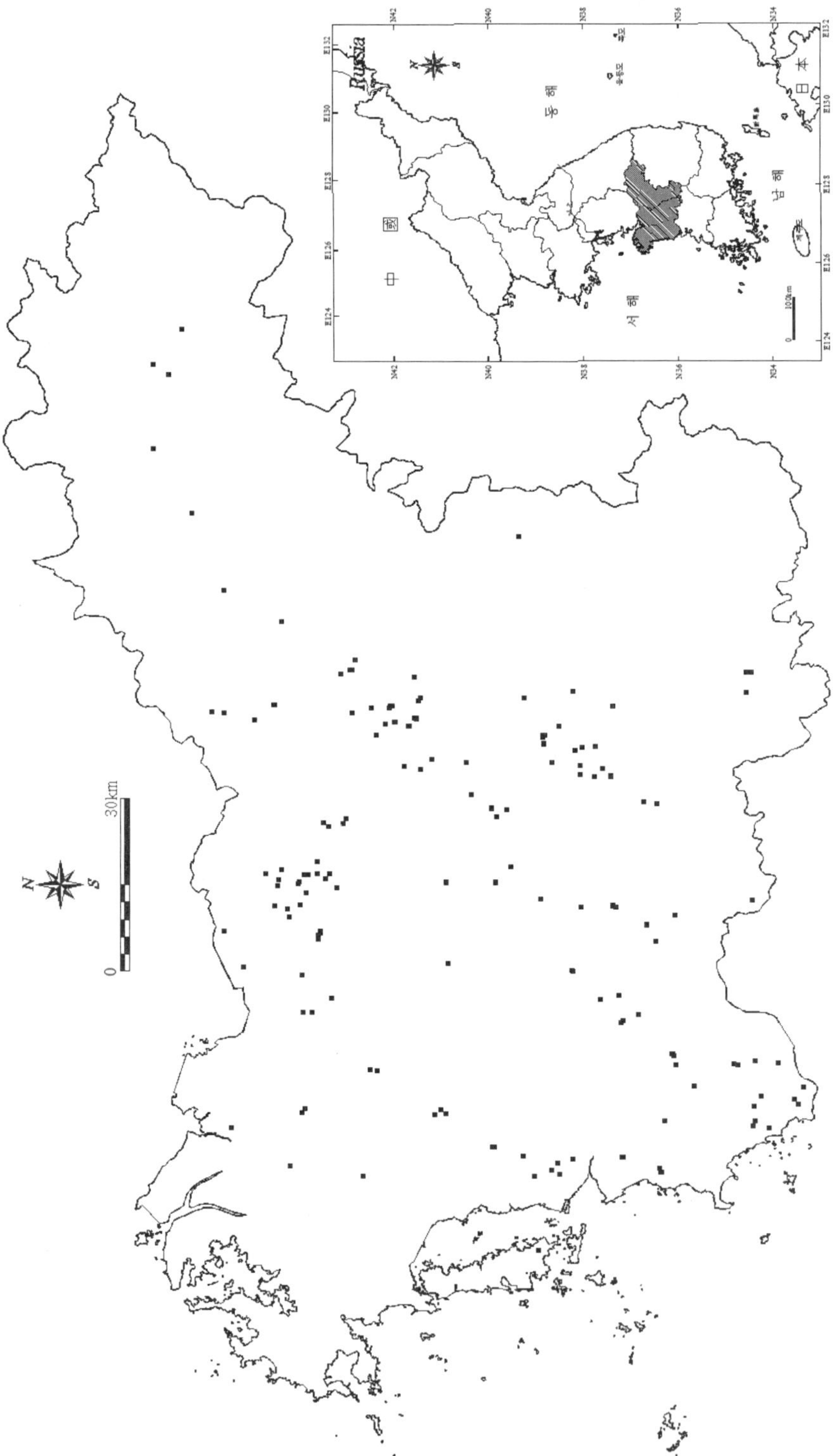

그림 1.02. 湖西地域 청동기시대 前·中期 聚落유적

이렇게 수습된 湖西地域의 청동기시대의 주거자료는, 남한의 다른 지역에서와 마찬가지로 서너 分期를 통해 그 변화가 인지되기도 한다. 널리 통용되는 '早期(기원전 1,500~1,300년)-前期(기원전 1,300~800년)-中期(기원전 800~400년)-後期(기원전 400~150년)'의 4분기안(중앙문화재연구원 엮음 2015)에 따를 때, 前期와 中期에 비정할 수 있는 주거지에서 출토 · 보고된 것들이 주로 다루어질 것이다.

호서지역 청동기시대 전기는 可樂洞, 欣岩里 및 驛三洞 등 세 가지 물질문화유형이 공존하며 유행하다가 중기에는 松菊里 물질문화유형—休岩里類型(?) 포함—으로 대체하는 것으로 알려져 있다. 역으로 그러한 물질문화유형(의 구성요소들)이 발견되는 주거지와 그 반출유물을 다양한—형식학적, 계량적, 공간적 등— 방법으로 분석하고, 사회복합화에 관련된 최근의 이론적 논의와 민족지정보를 참조하여 논지를 전개하게 된다. 그런 주거지들은 호서지역의 청동기시대 전기 취락유적 90여 곳, 중기 취락유적 80 남짓한 곳에 소속된다(그림 1.02). 몇 년의 분석과 논증 끝에 얻어진 정보를 활용하는바, 이 책이 발간되는 시점에는 훨씬 더 많은 자료가 축적되어있을 것이다.

4. 그 얘기는 어떤 順序로 구성되는가?

호서지역 주거자료에 의거하여 청동기시대 전-중기 전이과정에 나타나는 사회경제적 변화를 가구의 관점에서 이해하고자 하는 이 책의 최종목표는 서로 긴밀히 연결되어 있지만 몇 가지 분절적인 작업을 통해 이루어지며 그것은 이 책의 개별 장에 반영된다.

본론 중 첫 번째인 Ⅱ장에서는, 과연 선진학계에서 발원한 家口考古學의 특징은 어떤 것들이 있는지 살펴보게 된다. 그러한 연구경향이 나오게 된 배경, 주요한 연구 분야와 거기서의 초점 등이 장의 중요한 내용이 된다. 이런 것들을 살펴보는 이유는 이 책이 그런 가구고고학적 시각과 방법에 고무되었기 때문이다.

유사한 학문적 채무는 한국 고고학의 선행 연구들에도 있다. 한국 청동기시대 주거양상에 대한 이전의 축적은 결국 이 책이 딛어야 할 토대가 된다. Ⅲ장에서는, 그런 토대의 형성과정을 學史的으로 살펴보게 될 것이다. 한편으로는 시기별로, 한편으로는 주제별로 이 책이 견지하는 가구고고학적 접근의 관점에서 그간의 성과들을 재구성하게 된다.

Ⅳ장에서는, 필자가 여기저기서 발표한 글에 활용되었던 분석 자료를 재분류하고 종합하여, 청동기시대 전 · 중기 가구양상을 비교하면서 그 변화상을 살펴보게 된다. 특히 몇 가지 경제영역 및 사회영역 즉, 생산, 배분과 소비, 전승, 상호관계 등에서의 '활동'에 주목하게 된다.

Ⅴ장은 그러한 청동기시대 가구양상의 변화가 당시의 거시적인 사회경제상(socioeconomic) 변화와 어떤 연관을 가지고 있는지 살펴보는 데 집중하게 된다. 주로 가구 간 빈부차나 위계화의 양상, 잉여를 매개로 한 지도권(leadership)의 발생 등의 문제가 다루어지게 된다.

Ⅵ장은 결론이지만 단순히 본론의 내용을 요약하는 것만은 아니다. 다시 Ⅱ · Ⅲ장으로 돌아가 비교하면서 선진고고학계의 發達軌跡과 現狀에 비추어, 우리 청동기시대 주거양상에 대한 현재의 연구가 어떤 점에서는 우려되고 어떤 점에서는 고무적인지, 어떤 방향으로 발전시킬 수 있는지를 살피는 작업을 포함하는 場이 될 것이다.

Ⅱ

'住居址'에서 '居住者'로

앞 장에서 밝힌 바와 같이, 이 책은 青銅器時代 사회경제적 변동이 家口 수준(혹은 차원)에서 어떻게 이해될 수 있는지에 대한 필자의 생각을 담고 있다. 그런데, 그러한 이해의 토대를 이루는 1차 자료는 필자가 생성한 것이 아니다. 단지 필자는 이미 생성된 매우 많은 양의 자료 중 일부를 이용해 그러한 이해의 적절한 방향을 제시할 뿐이다. 현재 한국고고학은 세계 어디에 내놓아도 손색이 없을, (공간적) 밀도가 높은 자료를 이미 축적하고 있다. 그럼에도 불구하고 자료가 모자라 뭘 못한다는 말이 나오고 있다. 물론 더 좋은 자료가 더 많이 나온다면, 얼마나 좋을까! 그러나 그렇지 못하다면 어떻게 해야 할까? 결국, 있는 자료에 의거하여 질문거리를 더 개발하고, 관점을 바꿔보고, 분석방법에 변화를 줘봐야 하는 것 외에 별다른 대안이 없어 보인다.

住居資料에 관한 한 家口考古學의 接近은 바로 그런 상황을 타개할 좋은 대안 중 하나가 될 듯하다. 우리와 유사한 한계를 먼저 경험했을 선진학계에서 이미 30년 넘게 급속하게 성장해온 것을 보면 그러한 가능성을 어느 정도 점칠 수 있지 않을까 싶다(Foster and Parker 2012; Robin 2003). 歐美학계에서 성장해온 가구고고학의 발달 배경과 중점적으로 다뤄지는 분야 및 연구초점 등을 살펴보면서 좀 더 구체적으로 그 가능성을 타진해 보는 것은 물론 이 책이 한국 청동기시대 주거자료로 어떤 결론을 이끌어낼지, 그 외에 어떤 논의가 가능할지도 점쳐보도록 하자.

1. 歐美考古學의 思潮와 家口考古學의 발달

가구에 대한 고고학적 접근, 즉 '家口考古學(household archaeology)'은 주거지 및 출토유물에 대한 분석과 해석에서 출발한다. 그렇다고 가구고고학이 등장하면서 주거양상에 대한 관심과 연구가 시작된 것은 아니다. 가구고고학의 가장 고전적인 형태는 1950년대 말 이후 미국고고학의 주류로 자리한 聚落考古學(settlement archaeology, Willey 1953, Chang ed. 1968)에서 연원하여 개별 주거차원의 양상을 설명하는 시도라고도 이해한다(Bermann 1994; Foster and Parker 2012).

비록, 대상이 되는 기초자료는 전통적인 취락고고학의 그것과 크게 다르지 않을지라도 가구고고학의 현재 모습은 그보다는 훨씬 복잡하고 다양한 이론 · 방법론적 논의를 포괄하고 있다. 그렇다고 매우 심오하고 일관된 이론체계가 있는 것은 아니다. 다만, '家口'라는 실체가 사회의 다양한 문제에 연결되어 있으므로 접근방식이나 경로가 다변화될 수밖에 없다. 엄연히 고고학의 주요 분야로 자리 잡은 지금에도 가구고고학은 잘 통합된 논리체계를 保持한 일관된 사조로 발달하기보다는 가구와 관련된 다양한 양상을 경험적으로 이해하고자 하는 연구경향 정도라는 일부 학자들의 주장에 일부나마 공감이 가기도 한다.

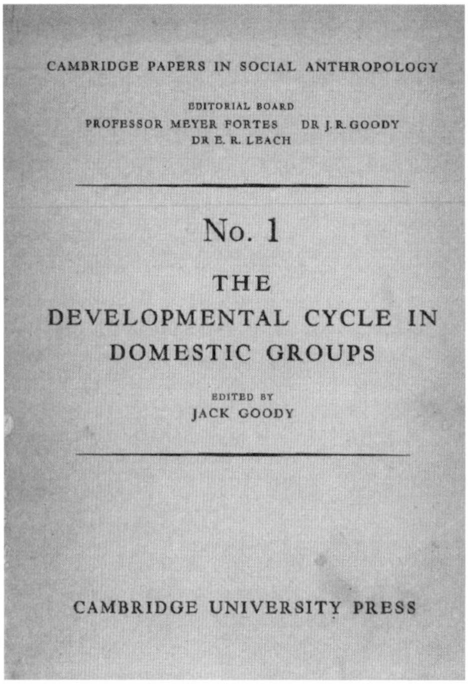
CAMBRIDGE PAPERS IN SOCIAL ANTHROPOLOGY

EDITORIAL BOARD
PROFESSOR MEYER FORTES DR J. R. GOODY
DR E. R. LEACH

No. 1

THE
DEVELOPMENTAL CYCLE IN
DOMESTIC GROUPS

EDITED BY
JACK GOODY

CAMBRIDGE UNIVERSITY PRESS

그림 2.01. Goody ed. 1958

그럼에도 불구하고, 대다수의 연구자가 인정하듯 구미(고고)학계에서 최근 30년간 (최소한 양적 측면에서라도) 가장 비약적으로 성장해온 분야가 家口考古學이란 점에 비춰보면, 단순한 유행이라고 치부해버리기보다는 그러한 다양성이 나타나게 된 배경과 효용에 대해 살펴보는 것도 나름의 의미가 있을 듯하다. 특히 그러한 작업이, 우리가 당면한 문제의 해결에 도움을 줄 수 있다면, 그 의미는 더 무겁게 다가올 수 있다.

가장 단순하게 정의하자면, '家口'는 '家內의 人間集團(domestic group)'이다. 家內集團에 대한 관심은 20세기 초 사회학 및 문화인류학의 연구에서 본격적으로 시작되지만 당시까지만 해도 가구연구는 親族(혹은 家族)연구의 일환으로 치부되는 정도였다. 따라서 가구란 혼인 · 출산에 의한 가족의 형성이나 居住律(rules of residence)에 따라 정해지는 보편적이고 靜的인 사회단위라는 것이 당시의 인식이었다. 이러한 인식은 Meyer Fortes에 의해 '家口發達週期(household developmental cycle)'의 개념이 도입(Fortes 1945)되면서 전환을 맞이하게 된다. 이 연구는 물론 그에 감응을 받은 일련의 후속연구(Goody ed. 1958, 그림 2.01)를 통해 가구는 가변적이고 역동적인 실체로 인정되게 된다. 고고학에 도입될 즈음의 가구 개념은 이미 가변성, 유동성 등의 요소가 인정된 상태였다.

1) 過程考古學에서 後期過程考古學으로의 전이

소위 '家口考古學(household archaeology)'이란 용어가 정의되고 공식적으로 등장하여 고고학의 세부분야로 자리하게 된 것은 Richard Wilk와 William Rathje가 1982년 같은 제목의 논문을 발표하면서부터이다. 물론 그렇다고 해서 고고학이 가내집단을 전제로 한 주거구조물 및 유물에 대한 분석과 해석을 이때부터 시작한 것은 아니다. 사실, 사회적 구성단위로서 '家口' 자체에 대한 고고학적 연구가 본격화되기 시작한 것은 '新考古學' 혹은 '過程考古學'이 등장하면서부터이다. 주거지와 출토유물이라는 고고학자료를 문화집단(culture group)이나 문화권(culture area)을 상정하기 위해 특질을 목록화하거나 분류하는 데 이용하기보다는 그에 반영된 인간행위(human behavior)를 복원하는 증거로 활용하기 시작하면서부터 행위나 활동의 주체인 인간에 본격적으로 관심을 갖게→두게 된 것이다. 좀 더 구체적으로는 가구의 구성에 영향을 미치는 다양한 사회적 요인에 주목하게 된다(Clarke 1972; Rapoport 1969; Whiting and Ayres 1968). 그러한 점을 염두에 둔다면 반드시 짚고 넘어가야 할 성과가 바로 『初期中美村落 The Early Mesoamerican Village』(Flannery ed. 1976, 그림 2.02)이다. 12개장으로 구성된 이 책은 와하카계곡(The Valley of Oaxaca)의 形成期(Formative Period) 취락자료에 대한 종합(연구)보고서의 성격을 띠면서 가옥의 구조, 전문화되거나 성별로 분화된 활동영역, 국소 및 광역적 차원의 교역관련 증거 등의 측면에서 가구양상의 복원을 시도하고 있다. 이런 연구경향은 1980년대 들어서면서 가구의 기능적 측면—생산, 배분(소비), 재생산, 전승 등—에서의 차이로 인해 발생하는 가구구성의 역동성을 이해하고자 하는 연구들(Ashmore

그림 2.02. Flannery ed. 1976

and Wilk 1988; Wilk and Rathje 1982)에 적극 수용된다. 그러는 과정에서 민족지나 민속사적 정보가 적극적으로 활용(Blanton 1994; Kent 1990; Kramer 1982a · b; Watson 1979)되는 것은 물론, 가내생산양식(domestic mode of production)을 강조하는 다양한 경제(행위)모형(Donham 1981; Sahlins 1972; Wilk 1989)이나 이념, 권력, 사회적 불평등의 발생에 관련된 사회주의적 관점(Rathje and McGuire 1982)과도 결합하게 된다.

가구고고학이 고고학 내의 위상을 확인하는 1980년대 초반은 소위 '後期過程考古學'이 전면에 등장하는 때이다. 후기과정주의의 관점이 확산하면서 가옥 및 가내 집단에 대한 고고학의 인식은 매우 확연한 변화를 보인다. 일상의 사회적 실천(social practice)이 행해지는 공간으로서, 다종의 사회적 정체성이나 감정이 이입된 장소(embodied place)로서 '家屋(house)'을 바라보는 시각(Hendon 2004; Hillier and Hanson 1984)이 고고학적으로 복원된 가내양상의 해석에 적극적으로 도입된다. 한 궤적 내에서 주거구조물이 더 이상 단순한 은신처(shelter)가 아닌 가족생활과 (방향이나 배치 등과 관련된) 다양한 상징적 가치가 표상화되는 공간인 '家庭(home)'으로 변화하는 과정을 추적하는 것(Watkins 1990)은 그 대표적인 예라 하겠다. 사실, 고고학조사를 통해 우리가 보는 것은 가옥의 잔존물이지 가구를 보는 것은 아니다. 최근 일군의 학자들은 일종의 변환(물질자료→사람)이 필요한 개념보다 '家庭(home)'의 개념에 좀 더 매력을 느끼는 듯하다(Banning 2003; Byrd 2000; Chesson 2003; Kuijt 2000; Tringham and Stevanović 2012).

주거구조물을 보는 시각의 전이도 그러하지만 후기과정주의적 관점의 확산과 가구고고학의 발달이라는 측면에서 좀 더 주목해야 할 것은 여성주의고고학(feminist archaeology) 시각의 접목이다(Brumfiel 1991; Costin 1996; Tringham 1991). 사실, 남성주도 사회구조—예를 들어, 복합화된 사회구조—의 정점에서 사회적 성(gender)으로서 여성을 인지하거나 그 행위 혹은 활약을 복원하는 작업은 쉽지 않을 것이다. 그러나 사회말단조직으로서 가구는 여성 존재가 거의 필수불가결할 뿐만 아니라, 여성의 의사결정과 주도권(hegemony)이 활발하게 발휘될 수 있는 장이기도 하다.

2) 社會的 主體로서 居住者에 대한 관심의 고조

家口考古學이 등장하면서 (광의의) 유물이 아닌 사람이 고고학연구에서 다시 주목받게 되었다고 평가하기도 한다(Robin 2003). 그래서 일부학자들은 '좀 더 인간중심적으로 과거를 복원하려는 社會考古學(social archaeology)의 한 분야'로 가구고고학을 정의하기도 한다(Foster and Parker 2012). 이미, 취락고고학에서도 고고학적 실체인 주거, 취락, 광역적 취락분포유형 등과 가구, 공동체, 지역정치체 등 사회조직단위의 대응(Parsons 1972; Trigger 1968)이 전제되었던바, 그러한 주장에 전적으로 공감하기는 어렵지만 가구고고학의 발달과 함께 거주자가 더욱 집중적으로 다루어지고 있는 현상을 부정할 수는 없을 듯하다.

그런데, 가구고고학에서 주목하는 '사람'은 단순한 거주자라기보다는 '社會的 主體(social actor)'로서의 구성원이다. 1980년대 이후, 고고학에는 문화변동에 있어 사회적 주체의 역할과 의미를 강조하는 사회학 및 인류학의 패러다임(Bourdieu 1977; Giddens 1979)이 도입된다. 과정고고학의 주요논의가 체제중심적(system-centered) 접근을 지향하는 반면 그러한 입장을 수용한 고고학적 논의는 자연스럽게 개인의 역할이나 비공식적인 소규모의 非營屬集團(non-corporate group) 등의 관계—경쟁, 합종연횡 등—가 사회적 변동에 미친 영향에 주목하는 소위 '주체중심적(subject-centered)' 분석을 강조하게 된다(Brumfiel 1994). 비록, 후자의 입장을 취하는 연구들이 주체가 행하는 日常의 반복적인 행위(actions)와 실천(practice)의 중요성을 강조한다고 해서 체제나 거대구조의 영향력을 무시하는 것은 아니다. 즉, 고고학적 정보에 대한 거시 · 미시적 접근방식을 연결하여 개별적 사회주체(agency)와 그를 포괄하고 있는 체제(system) 혹은 구조(structure) 사이가 분리되지 않고 '正-反-合'의 변증법적 과정을 거치면서 사회문화적 변동을 유발하는 것으로 이해하고자 한다(Joyce and Lopiparo 2005).

일상의 반복적인 행위를 고고학적으로 가장 용이하게 파악할 수 있는, 물리적 공간이 '家屋'이고 사회조직상 단위가 '家口'이다. 따라서 그러한 관점을 견지하는 연구에서 가구차원에서의 접근, 주거지 내부의 유물분포 분석에 집중하는 예를 어렵지 않게 찾을 수 있다.

3) 上向式 접근과 周邊的 관점의 강조

사회의 거대체제와 구성원 간 '쌍방적 (상호)관계'에 대한 강조는 결국, 주체로서 개인 혹은 가구의 능동성에 주목하는 경향으로 이어지게 된다. 사회문화진화의 과정에서 개인의 역할에 대한 강조는 당연히 체제중심적 관점에서 유용했던 '下向式(top-down) 接近'보다는 개인의 능동을 인지하기에 유리한 '上向式(bottom-up) 接近'에 의존하게 된다. 물론 과거 사회문화변동의 온전한 이해를 위해서는 양방향의 동반적 접근이 요구되지만 상대적으로 덜 주목받아온 미시적 분석과 상향식 접근의 발달이 가구고고학의 기초가 된다.

한편, 가구고고학은 초기부터 농업사회의 기초생산자인 小農家口에 많은 관심을 기울여왔다(Ames 2006; Hendon 1996; Kramer 1982b). 민족지정보에 기초하여 소농경제의 양태를 다룬 연구(Chayanov 1966; Netting 1993)에 주목해온 것도 그러한 연유인 듯하다. 중심지가 아닌 농촌가구를 분석하다 보니, 자연스레 주변적 관점(local perspective)이 선호될 수밖에 없다. 비록 주변이지만 그곳에도 능동적인 사회주체는 존재하고, 그들은 자신의 이익을 위해 취사선택적인 관계를 설정하기도 한다(Goldstein 2000).

이러한 연구관행은 다양한 계층의 사회주체 중 '일반민(commoners)'의 史的 意味를 재평가하는 기류와 선순환적 병행관계를 형성하게 된다. 사실, 사회주체의 역할을 강조하는 관점이 문화변동의 이해에 있어 역동성을 담보할 기틀을 제공하기는 하였지만 농업집약화, 장거리교역 등 사회문화변동을 유발할 수 있는 분야에서 주도적인 역할을 할 뿐만 아니라, 정치적으로도 유력한 상위층(the elite)에 과도하게 주목했다는 비판을 받기도 한다(Drennan 2000). 이러한 상황에서 일반민의 역할에 주목하거나 上位有力層의 착취적 지도권전략(exploitative leadership strategy)을 강조(Earle 1977; Fried 1967; Gilman 1981)하는 사회주의적 관점이 접목되면서, 가구단위의 현상에 집중하는 연구는 자연스레 상위유력층보다는 일반민의 존재양태 혹은 사회변동에서의 역할에 좀 더 주목하게 된다.

2. 家口考古學의 주요 분야와 초점

고고학연구에서 특정 부류의 자료만을 위한 방법론은 극히 소수에 불과하다. 예를 들어, 분묘에서 나온 자료에서 부와 신분을 추정하는 접근법이 주거지에서 나온 자료의 그것과 근본적으로 다르지는 않다. 유사한 맥락에서 신분적 차이의 발생이라는 문제에 관련된 이론이 어느 자료를 대상으로 하느냐에 따라 심하게 다르게 적용되기도 어려울 뿐만 아니라, 사회적 불평등의 기원과 추이라는 주제가 취락생활, 장송, 의례와 상징을 다룰 때 그 중요성이 확연하게 차이나지도 않는다. 다만 앞서 살핀 바와 같이, 사조의 변화가 유발하는 연구초점의 전이가 상대적으로 부각될 뿐이다. 특히 가구고고학과 같이 독자적 논리구조보다는 다양한 접근을 위주로 하는 분야에서 더욱 그러하다. 따라서 지난 30년간 축적되어 온 구체적인 성과와 사례를 열거하기보다는, 가구고고학적 연구들이 중점적으로 다루었던 세부 분야별로 주목해온 혹은 주목해야 할 사항을 지적하는 것이 신속하게 그 윤곽을 이해하기에는 효과적일 듯하다.

1) '家口'의 고고학적 정의: 住居(址)와 居住者의 연결

고고학연구에서 널리 쓰이는 사회적 단위들을 범문화적으로 정의하는 것은 결코 쉬운 일이 아니다. 우리 고고학에서 취락, 공동체, 정치체 등의 용어를 대수롭지 않게 사용하고는 있으나 어느 것도 엄정한 정의가 불비할 뿐만 아니라, 광폭의 합의에 근거하기보다는 연구자 개개가 연구 방향에 맞게 취사선택하고 있는 것은 그러한 상황에 대한 대표적인 예가 될 수 있다. '가구'라는 실체도 그에서 예외가 되지는 못하고 있다.

그나마 가구는 그보다 높은 수준의 사회적 단위(unit)들에 비해 적어도 고고학적으로는 정의하기가 용이하다. '(同居하는) 家內集團 ([co-residential] domestic group)'—즉, 한 주거지 내에 살았었을 집단—이 고고학자들이 실제 조사와 분석과정에서 가구를 정의하는 방식인 점은 그를 방증하는 예이다. 물론, 중남미의 內園家屋集團(patio-group, 그림 4.01)처럼 예외적인 경우도 있다. 이 경우, 여래 채의 독립가옥이 하나의 축대 위에 축조되지만 중남미 특유의 역사적 맥락을 고려하여 고고학연구에서는 단일한 가구로 취급하는 것이 일반적이다.

이러한 단순화된 자료수집 · 분석단계의 고고학 관행과는 달리, 사회과학적 연구대상으로서 가구를 정의하기는 쉽지 않다. 고고학연구에 도입된 정의만 하더라도 '家族(family)', '營屬集團(corporate group, Hayden and Cannon 1982)', '동거의 任務集團(co-residential task group, Hammel and Laslett 1974)', '개별구성원의 관념상 이미지(constructs in individual's minds, Yanagisako 1979)', 혹은 단순히, '구성원들이 거주하는 공간(Renya 1976)', 주변의 가구 혹은 좀 더 포괄적인 체제와의 관계를 재창조, 재평가하는 과정(process, Souvatzi 2008) 등으로 다양한 점은 그러한 상황을 반영한다고 하겠다.

이러한 다양한 정의는 자료의 성격 및 해상도나 역사적 맥락에 따라 나타난 것이고 모든 고고학적 상황을 포괄하기도 어렵다. 또한, 자세히 되짚어 보면 모든 정의가 가구를 설명하기에 위배되는 것은 없으며, 특정 연구에서는 복수의 정의가 별다른 무리 없이 융합되기도 한다. 그러나 분명한 것은 해당 연구가 무엇을 지향하는지에 따라 분명한 정의가 선행되어야 다음 단계의 분석과 해석이 가능하게 된다는 점이다. 특히 (불완전한) 물질자료로부터 과거의 가구양상을 이해하려는 고고학연구에서 특정 단위의 설정은 자료수집과 분석단계에서는 매우 단순화된 작업일 수밖에 없지만 해석 및 설명의 단계에서는 어떤 관점으로 가구라는 실체를 바라보는지가 명확해져야 한다.

2) 家口의 行爲와 活動 복원

"고고학자가 家口를 직접 발굴하는 것은 아니다"(Wilk and Rathje 1982). 따라서 '家口'를 형상화하기 위해 민족지자료가 제공하는 정보를 적극 활용해왔다(Netting et al. 1984). 그러한 과정에서 특히 중요하게 다루는 부분은 가구가 수행하는 활동 혹은 기능에 관련된다. 사회마다 가구의 존재양태나 수행하는 기능이 천차만별임에도 불구하고, 동거(co-residence), 家事(domestic activity), 가족관계(familial relations), 생산, 분배 · 소비(distribution), (사회적 · 생물학적) 재생산(reproduction), (재산, 지위, 혹은 정보의) 전승(transmission) 등은 많은 사회에서 '가구'라는 실체를 특징짓는 공통적인 기능이나 활동(혹은 속성)들로 자주 언급되어온 것들이다(Bender 1967; Wilk and Netting 1984; Wilk and Rathje 1982).

이러한 활동과 기능을 고고학자료에 의거하여 복원하는 것이 가구고고학의 중요한 분야 혹은 주제가 됨은 어쩌면 당연하다. 그런데 가구뿐만 아니라, 여타의 인간집단의 행위나 활동에 관심을 가진 고고학연구자라면 우선 기초자료의 취득 · 분석단계에서 유물—유물, 유구, 생태물 등을 포괄하는 '광의의 유물'—이 과연 주목하는 행위나 활동과 실질적인 관련성이 있는지를 판단해야 하는 문제에 봉착하게 된다. 유적형성과정(site formation process)에 대한 논의는 바로 그런 근본적인 문제에 대한 인식에 기반을 두고 있는 것으로, 자체로서 중요한 연구주제(LaMotta and Schiffer 1999; McKee 1999)일 뿐만 아니라, 유물출토의 양상이나 맥락에 따라 가내집단의 행위 및 활동을 복원하고자 하는 소위 '활동면(activity area)연구'의 출발점이 된다.

폐기와 퇴적상황에 대한 이해에서 출발하여 유물의 사용과 제작을 역으로 추적하는, 가내 활동에 대한 이해는 사용 당시의 상황에 대한 간접적 정보를 제공하는 민족지 혹은 민속사에서 얻어지는 문헌정보는 물론, 벽이나 용기표면을 장식한 도상으로부터 얻어지는 정보와 고고학조사에서 얻어진 가내 유물조합이나 유적구조를 비교 · 분석함으로써 이루어지는 경우가 많다(Allison ed. 1999; Arnold 1990; Kent 1987; Lange and Rydberg 1972; Strahl and Zeidler 1990; Stevenson 1982).

흔히 도구조합상을 분석 · 비교하여 가구의 생산 활동을 복원하거나 가옥 바닥에 퇴적된 물질을 분석하여 소비양상이나 도구제작행위를 복원하는 작업 등은 '가구관련 행위와 활동의 복원'이라는 분야에서 빈번하게 이루어지고 있다. 그런데 분석의 대상이 되는 자료가 작은 만큼, 분석기법도 세밀해질 수밖에 없다. 더구나 대상이 되는 자료가 도구가 되었건, 퇴적물이 되었건, 이는 일회적인 행위나 활동으로 인해 형성된 것은 아니다. 흔히 비유되는 바와 같이, 덧쓰고 덧쓰는 양피지와도 같다. 累重的으로 축적된 행위나 활동의 흔적으로 판별하기 위해서는 미시적 관찰과 해상도 높은 분석기술의 도입이 불가피하다. 사용흔분석, 미세층위분석, 토양동정, 전산화된 현시화작업 등이 가구고고학적 접근에서 중요한 기법(techniques)으로 적극 활용된 것은 아주 최근의 일만은 아니다.

여러 갈래의 분석으로 복원된 가내집단의 다양한 활동들은 (일차적으로는 가구 간) 각론적인 비교를 통해 사회의 다양한 측면의 경제행위양태를 복원하는 작업에 활용될 수 있다. 그러나 중요한 것은 그러한 다방면의 활동이 결국은 가구라는 하나의 단위에서 수행된다는 점이며, 개별 가구는 전략적 결정에 따라 각 활동의 강도와 방향을 조정한다는 점이다. 조정의 결과는 결국 특정 형태의 가구를 구성하게 된다. 형태론적 범주—가장 일반적으로는 대형 對 소형가구—와 다양한 가구활동을 연결시키는 연구는 한때 범문화적 규칙성을 찾고자 하는 방향으로 진행된다(Wilk 1991; Wilk and Netting 1984). 즉, 어떤 방식의 생산 활동이 대형 혹은 소형가구를 선호하는지, 같은 맥락에서 어떤 소비형태, 전승방식, 재생산관행이 대형 혹은 소형가구를 선호하는지 등을 비교문화적으로 확인하는 것이 주된 관심이었다. 그런데 문제는 각 활동영역의 선호가 상충하는 상황이 발생하게 된다. 결국 각 영역간 타협 혹은 절충(compromise)의 상황이 발생하게 된다(金範哲 2012b; Wilk and Netting 1984). 그러한 상황이 각지의 고고학자료에는 어떻게 반영될지를 검토하는 것은 매우 흥미로운 작업이 될 것이다(金範哲 2012b). 부수적으로 그러한 類의 작업이 우리에게 시사하는 것은 가구는 독립적 실체로 그 양상은 그 자체로 설명되어야 한다는 점이다.

3) 巨視的 변화와 家口樣相

가구의 활동과 구성 간 관계를 유형화하려는 비교문화적 작업은 그 실효야 어찌 되었건, 자체로는 다소 결정론적인 '靜的 接近'일 수 있다. 그러나 가구양상은 다양한 내 · 외적 요소에 의해 변화된다. 그에 관련된 고고학적 접근의 가장 전통적인 소재는 가족의 발달주기와 가구의 (규모)변화 간 연관성이다. 가구고고학 발달의 핵심지역인 중미에서 가구변화를 이해하는 전통적인 설명방식이 바로 그런 것이다(金範哲 2011b; Haviland 1988; Santley 1993; Tourtellot 1988; Winter 1974). 이는 앞서 살핀 대로, 1940 · 50년대 문화인류학의 관점을 적극적으로 수용한 결과이다. 고고학적으로 복원된 중미의 형성기나 고전기의 주거 변이를 설명하는 데 있어서 흥미로운 결과를 내기도 하였으나 다른 지역적 맥락에서 그런 류의 설명모형을 활용(金範哲 2011b)하기에는 한계가 있고, 과도하게 협의의 가구형태, 즉 (확대)가족가구에 국한된다는 점은 비판의 소지가 다분하다(Foster and Parker 2012).

더 나아가 가구발달주기의 개념이 고고학에 적용되었을 경우, 자체로 양적 측면의 변화를 인지하기에 유용할 수 있으나 질적 측면의 변화에 얼마나 민감할지는 장담할 수 없다. 사회적 생산양식의 변화를 가구수준에서 인지할 경우를 예로 들어보자. 우선 떠오르는 것은 가구별 도구조합상의 변이나 변화에 미치는 영향은 거의 없다는 점이다. 사실, 개별 가구가 발달과정의 어떠한 단계에 있더라도 생산의 대상과 방식이 변하지 않는 한 도구조합은 질적으로 거의 동일할 수밖에 없다(Bermann 1994; Nash 1967). 따라서 고고학조사로 주목할 만한 변화를 도출하기 어렵다.

가구발달이라는 내재적 요인에 의한 변화와는 달리 외적 요인인 거시적인 사회변화에 대한 가구의 대응양상에 주목하면 더욱 다양한 설명과 연구주제의 양산이 가능하게 된다. 가구의 '열린 적응체계(open adaptive system, Wilk 1991; Bermann 1994)'로서의 성격을 강조하면 외부 변화와의 관계는 매우 중요한 연구주제가 될 수밖에 없다. 실제로, '가구고고학'의 이름을 건 많은 수의 연구들이 이 분야에 관련된다. 이러한 연구들은 때로는 동일한 거시적 현상에 대한 시기와 지역을 뛰어넘는 규칙성(Drennan 1988; Blanton 1994)을 찾기도 했지만 좀 더 최근에는 오히려, 동일한 거대체제(overarching system) 내에서 발생하는 다양한 대응양식에 관심을 기울이는 것이 대세인 듯하다. 도시의 등장(urbanism), 농업집약화 등 거시적 사회변화를 접한 중앙과 지방 가구 간 대응양상의 차이, 계층을 달리 하는 가구 간 대응양상의 차이, 더 나아가 유사한 사회경제적 배경을 가진 가구 간 대응양상의 차이 등 다양한 비교연구가 가능하다(Douglass 2002; Falconer 1995; Falconer and Savage 1995; Manzanilla and Chapdelaine 2009; Schwartz and Falconer 1994; Wattenmaker 1994, 1998).

그런데, 유사한 맥락에서도 다양한 대응양상을 인지하게 되면서 '가구'를 수동적인 존재로 인식하는 경향에 대한 비판이 제기된다. 사실, 고고학이 주목해 온 거시적 사회변화에서 국소적 조직, 더 낮게는 가구가 주체적 역할을 한다는 점은 민족지연구는 물론 고고학 연구에서도 널리 알려져 온 바이다. 농업집약화에 대한 자발형(bottom-up, 金範哲 2006b)

설명모형의 예에서 보듯 집약적 농업을 뒷받침하는 시설을 수립 · 운용하는 주체가 소규모조직인 경우가 적지 않다(金範哲 2006b; Erickson 1993; Farrington 1980; Geertz 1980; Gelles 1996; Lansing 1991). 물론, 이러한 경향이 거시적이고 구조적인 변화의 영향력을 폄하하는 것이라기보다는 거시적 변화가 사회유력층에 의해서만 주도되거나 혹은 구조나 (기후)환경적인 변화에 의해 추동되는 것만은 아니라는 점을 강조하고 있다.

그렇게 다른 수준의 변화 간 관계를 비교하는 작업은 그 의미를 축소하여—가구를 단순히 거대변화에 적응하는 수동적 존재로만 인식하여— 평가하더라도, 거시적 변화에서는 인지되지 않는 미세한 (日常의) 변화를 추가함으로써 거시적 변화를 훨씬 더 역동적으로 이해할 수 있는 통로가 된다는 것이 일반적인 의견이다(Bermann 1994; Wilk and Rathjie 1982).

4) 家口 間 富와 地位의 차별성에 대한 이해

복합사회의 발달을 가구 차원에서 인지할 수 있는 통로는 가구 간의 富와 地位의 분포를 분석하는 작업으로, 가구고고학의 중요한 분야로 자리해왔다(Costin and Earle 1989; Hendon 1991; Hirth 1993; Stark and Hall 1993; Wilk 1983). 방법적으로 그러한 작업은 가구 간 특정유물의 존재나 빈도, 혹은 유물조합 등의 變異에 의거한다. 앞서도 언급한 바와 같이, 이러한 방식의 접근은 분묘자료를 이용하여 특정사회 내에서 個人(≒家口) 간 편차를 이해하기 위한 고고학연구에서도 흔히 시도되어온 것이다. 그런데 문제는 선사 · 고대의 맥락에서 과연 어떤 물품이 부나 지위를 상징하는지 분명하게 정의하기 어렵다는 사실이다. 오히려 특정 물품이 풍부하다는 사실이 부나 지위와는 무관하거나 반대가 되는 경우도 있다. 그 대표적인 예가 도구이다. 생산도구가 많다는 것은 오히려 생산자가구를 반영하는바, 복합사회에서는 상대적으로 빈한한 하위계층을 표상할 수도 있다.

그런 점을 염두에 두면서 '全富(total wealth)의 개념'(Smith 1987) 적용하여 모든 출토물을 동시에 다루는 분석방식이 널리 활용되고 있다. 이 과정에서 인자분석이나 다차원척도법 등 다변량분석의 계량적 방법이 애용되고 있다(金範哲 2006a; Drennan 2009; Drennan et al. 2010). 한편 가구의 다양한 활동이나 관념을 반영하는 도구나 상징을 종합적으로 고려하는 작업은 결국 가구양상은 그 자체가 온전하게 독립적으로 다루어져야 할 가치가 있다는 생각과도 맥이 닿아 있다고 하겠다.

5) 家口 내부의 力動性 탐색

가구양상이 그 자체로 온전하게 독립적으로 다루어져야 할 의미는 그 내부를 들여다볼 때, 더욱 분명해진다. 흔히, 가구는 일상 속에서 사회의 다양한 문제나 정보들과 연결되어 있는바, '블랙박스(black box)'로 표현되기도 한다(Bermann 1994; Wilk 1989). 초기의 가구고고학에서 '가구'는 가장이 대표하는 (실상에서 그렇듯, 분해하기 어려운) 단일체(Allison 1999)로 간주되었다. 그러나 최근 가구고고학을 표방하는 연구들에서는 가구를 하나의 단위로만 다루기보다는 '그 내부의(inside the black box)' 구성원 간 관계나 의사결정과정에 초점을 맞추기도 한다(Hart 1992; Wilk 1989).

다른 부류의 연구에도 적지 않은 예가 있지만 그러한 경향이 가장 확연한 분야는 여성주의고고학의 입장에서 가구양상에 접근하는 연구들이다. 가내 활동과 행위, 의사결정은 연령이나 성별로 분화되기도 한다. 그런데 생산과 관련된 활동일 경우, 성별분화가 상대적으로 인지하기도 쉽고, 사회적 관심과도 잘 부합한다. 그런 연유에서인 듯, 여성주의고고학의 시각은 가사행위는 물론 생산 분화에서의 여성의 역할, 성별로 분화된 공간 활용 등에 초점을 맞추고 있다(Cohen and Bennet 1993; Hastorf 1991; Hendon 1996, 1997; Meyers 2005; Tringham 1991). 최종적인 고고학유물로 남은 양상은 이러한 복잡한 관계와 활동의 소산이다.

이상에서 歐美에서 發源한 가구고고학의 발달과정은 물론 현행의 주요 연구 분야와 초점에 대해서도 살펴보았다. 그러는 과정에서 분명해진 것은 '家口'가 '가구고고학'이란 분야가 명시화되면서 고고학에 알려진 개념은 아니지만 그것을 認知와 分析의 單位로 적극 활용하면서 그 形態(혹은 構成), 活動, 觀念, 등 다양한 측면을 통째로 이해하려는 시도가 자리를 굳히게 되었다는 점이다. 우리가 흔히 해온 대로 주거지 출토 토기를 별도로, 석기를 별도로, 주거지의 평면 형태를 별도로, 노지의 형태를 별도로 분리하여 (양식적으로) 비교함으로써 편년을 수립하고 지역성을 파악하려는 작업과는 매우 다른 접근과 인식을 요구하게 된다.

현재 주거지 및 출토유물은, 그것을 남긴 사람들의 생전에는, 일상에서 늘 사용되었다. 따라서 그들의 일상적 활동을 복원하기 위해서는 그러한 모든 것이 동시(?)에 일괄적으로 고려되어야 한다. 편년작업을 할 때도 일람표를 만들어 각 주거지의 순서를 (오래된 순으로) 배열하는 작업에서 모든 요소를 일괄적으로 고려하는 듯하지만, 실상은 다소 다르다. 개별 유물 혹은 속성이 얼마나 시간에 민감하며 신뢰할 만한가에 따라 순서를 정해 위계적

(hierarchical) 체계를 세우는 경우가 다반사일 뿐만 아니라, 그렇지 못한 속성은 실질적으로는 제외되기도 한다. 그런데, 밭을 가는 도구, 밥을 먹는 그릇, 물은 담는 단지 중 어느 하나를 빼고 일상을 영위할 수 있던가? 동시적, 일괄적 고려의 중요성이 강조될 수밖에 없는 이유이다.

물론 주거자료에서 간취되는 그러한 개별적 정보를 특정 문제의 해결에 활용하는 것 자체의 의미를 폄하하는 것은 아니다. 다만 궁극적으로는 주거지자료가 통합된 방식으로 그 주거지에 거주했었을 사람들의 여러 활동과 관념을 이해하는 데 활용되어야 한다는 점을 지적할 뿐이다. 그렇다면, 한국에 근 · 현대학문으로서 고고학이 소개된 지 100년 넘는 세월[1]이 흐르는 동안 과연 우리 학계는 住居址資料로서 무엇을 할지에 대해 별다른 고민이 없었던 것일까? 그렇지는 않다. 언뜻 보아도 매우 이른 시기부터 다양한 시도들이 있었음을 알 수 있다. 그중에서는 소위 '통합적 방식'으로 주거자료를 다루면서 거주자집단의 여러 면모에 관심을 가졌던 연구들도 있었다. 그러한 연구들의 내용은 물론 그들이 배출된 배경에 대해 살펴보는 작업은 이 책이 추구하는 방향이 어떻게 한국 청동기시대 주거양상 연구와 연결될 수 있는 중요한 고리를 발견하는 경로가 될 수 있다.

1) 근대학문으로서 고고학이 우리에게 소개된 것을 19세기 말 혹은 20세기 초에 진행되었던 일본인, 서양인의 조사나 관심부터로 이해하기도 한다(池健吉 2016).

Ⅲ

한국 青銅器時代 住居樣相 研究의 흐름

住居址는 墳墓와 함께 고고학에 자료를 제공하는 양대 산맥이라고 해도 과언이 아닐 정도로, 그 중요성은 절대적이다. 그럼에도 불구하고, 學史를 되짚어 보면 대접이 신통했는지는 다소 의문스럽다. 墳墓에 비해 화려한 유물이 반출되지도 않고 수혈주거지인 경우 지상구조물에 비해 발견이 용이하지도 않은 탓에, 주거자료는 상대적으로 늦게야 좀 더 집중적인 관심을 받을 수밖에 없었다.

19세기 이후, 帝國主義와 함께 팽창 · 성장한 유럽 고고학의 발달과정은 그러한 상황을 여실히 보여준다. 우리가 상식으로라도 알고 있는 近東(Near East)의 많은 유적 중에 일반민의 생활유적이 얼마나 되는가? 대부분이 거대한 분묘, 화려한 신전, 궁전, 도시의 중심부이지 않던가? 植民支配를 경험했던 우리나라에서의 문화유산 (발굴)조사 또한 그러한 경향에서 예외이기는 어려웠다(이기성 2010). 竪穴住居의 경우, 적극적으로 탐색하지 않았다면 본격적인 조사를 기대하기도 어려웠을 것이다. 물론 이러한 경향이 단순히 日帝强占期를 거친 탓만은 아닐 수도 있다. 영남지역 삼국시대 고고학의 사정을 보면 공감이 갈 것이다. 분묘고고학이 그 발전을 추동해온 탓에, 주거(지)고고학이 정연한 모습을 갖춰가게 되는 것은 상대적으로 최근의 일이다. 경주 隍城洞, 경산 林堂地區, 대구 時至地區 등의 유적 발굴을 통해 1990년대 초부터 (原)三國時代 주거양상에 대한 상당한 양의 자료가 축적되기 시작했다. 그럼에도 불구하고, 분석을 바탕으로 한 종합적 연구는 2000년대 중반에야 이루어진다(공봉석 2013). 지역적 학문풍토, 1차 자료의 수집 · 정리 · 분석에 소요되는 시간, 연구 인력 양성 등은 특정 분야—여기서는 주거양상연구—가 활성화되기까지 치러져야 할 비용 혹은 선결되어야 할 과제인 듯하다.

일찍부터 지석묘 연구가 관심을 끌었던 것을 보면 청동기시대에도 그러한 편중 현상이 없었던 것도 아니지만 그나마 영남 삼국시대 고고학에 비해서는 상황이 조금 나아 제법 이른 시기부터 주거양상에 대한 연구가 축적된다.

1. 時期別 주요성과와 연구경향

1) 1960년대 이전의 청동기시대 주거양상 연구

조선 후기 실학자로부터 싹을 찾고자 하는 노력(이선복 1988)이 없는 것은 아니지만 현대적 의미의 고고학 현장조사와 연구는 일제강점기에 시작된다. 당시의 고고학조사는 현재와는 비교할 수도 없이 빈도가 낮고, 규모도 작았다. 생활유적에 대해서는 더욱 그러했다. 주거지의 발굴은 거의 전무한 상황이라도 해도 과언이 아닐 정도다. 굳이 예를 찾자면, 함경북도 웅기군(現 라선시) 松坪洞 주거지(?)가 최초일 것이다. 雄基貝塚의 조사(1929~31년, 藤田亮策 1937) 중 발견된 원형 혹은 타원형 수혈을 주거지로 보고 있는데, 분명치 않고 즐문토기와 무문토기가 혼재되어 수습된 등 정확한 양상을 알기조차 어렵다 (강인욱 2011).

해방 후 상황은 조금 나아지는 듯도 하다. 북한에서는 1949년 이미 나진 草島유적(그림 3.01[1]) 발굴을 통해 7기의 주거지를 확인하게 된다. 그런데 어깨선을 확인하지 못하거나 중복관계를 제대로 파악하지 못한 탓인지 주로 (위석식) 노지를 통해 주거지의 존재를 파악하고 있을 뿐, 그 평면 형태를 정확히 알기가 어렵다(그림 3.02[2]). 뿐만 아니라, 유물 출토상황에 대한 기술이나 해석도 혼란스러워 보인다. 그럼에도 불구하고, 48일에 걸쳐 477㎡의 면적을 노출하고 260여 쪽에 달하는 종합보고서(과학원 고고학 및 민속학연구소 1956)를 출

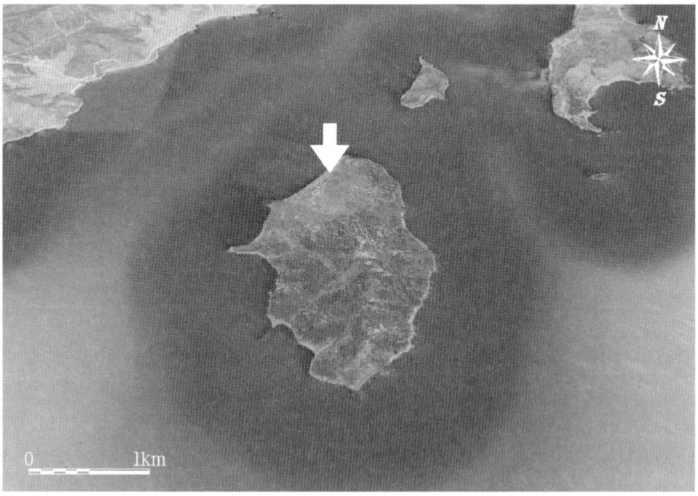

그림 3.01. 草島유적과 주변경관

1) Google Earth가 제공하는 위성사진을 밑그림으로 사용하였다.

2) 과학원 고고학 및 민속학연구소 1956의 제1 발굴지 종합도(pp.64~65)를 전재 · 변경 · 재제도하였다.

간하는 의욕과 성과를 보인다. 현재의 기준으로 보자면, 조잡하다고 할 수도 있지만 식민지를 갓 탈피한 상황에서 자체 인력으로 이룬 성과로는 높이 평가할 만하다. 도유호 등이 유럽 유학을 했다고는 하지만 식민지기간 동안 일제가 문화유산조사를 독점한 상황에서 제대로 된 인력양성은 불가능했을 것이다. 패망 후 귀국하려던 일인학자 有光敎一을 붙잡아(?) 발굴실기를 전수케 했던 것은 그 단적인 예가 아닐까 싶다. 그 결과로 남은 것이 경주 路西洞 140호분, 壺衧塚 발굴(1946년)과 보고서(金載元 1948)이다.

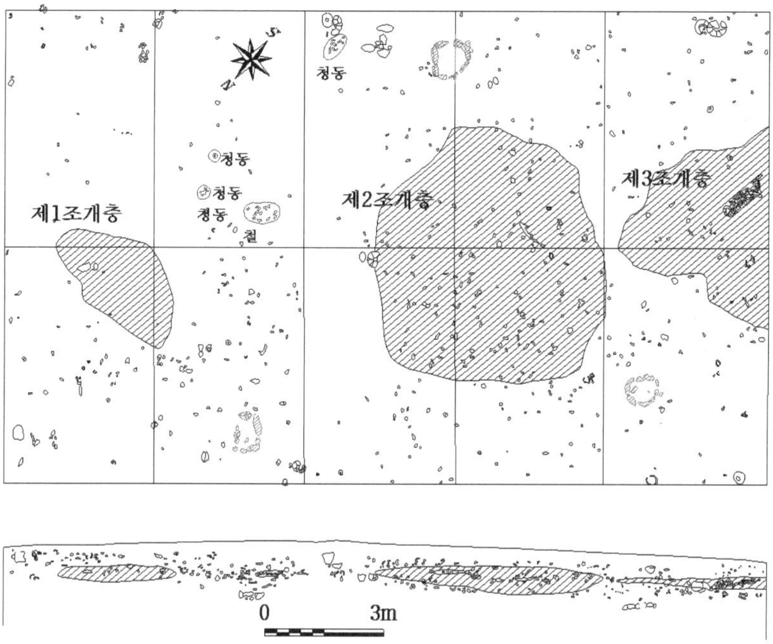

그림 3.02. 草島유적의 유구배치(제1발굴지)

草島 발굴에 이어 몇 차례 경험이 더해지면서 1950년대 중반 이후 北韓의 청동기시대 주거양상연구의 상황은 점차 나아지게 된다. '勞動의 歷史'를 수립하고 민족 주체성 확립이란 이슈에서 우위를 점하고자 했던, 게다가 좀 더 경제기반이 나았던, 사회과학전공자의 越北 등으로 인해 인적 기반이 상대적으로 탄탄했던 북한학계가 남한학계를 압도하게 된다. 회령 五洞(1954~55년 2차례 발굴, 고고학 및 민속학연구소 1960), 강계 公貴里(現 公貴洞, 1955년 발굴, 고고학 및 민속학연구소 1959; 김용간 1958), 봉산 智塔里(1957년 발굴, 고고학 및 민속학연구소 1961; 도유호 · 황기덕 1957a · b), 무산 虎谷洞(1959~61년 5차례 발굴, 김신규 1963; 백기하 1965; 황기덕 1960, 1975) 송림 石灘里(1963~74년 4차례 발굴, 리

기련 1980; 박선훈 · 리원근 1965) 등 유적의 住居址 調査를 통해, 북한 고고학은 청동기시대 편년의 골격을 잡아가게 된다. 이러한 발굴조사는 주거지에 대한 정보를 축적하는 경로를 확보했다는 것을 넘어 일제에 의해 부정되었던 청동기시대의 존재를 확인하고 그 문화를 구상화할 수 있었다는, 더 큰 의미를 가지기도 한다.

1950년대, 특기할 만한 성과가 없었던 남한학계에서도 1960년대 들면서 주거지 조사와 연구가 하나둘 나타나기 시작한다. 1961년 양주 水石里(現 남양주 水石洞)유적의 발굴(金元龍 1966)은 남한에서는 최초로 이루어진 청동기시대 주거유적 발굴이다. 현재의 시각에서 보자면, 이 유적은 초기 점토대토기 반출유적—B區에 해당(그림 3.03[3] 참조)—이지만 당시에는 그런 유물조합에 대한 이해가 (남 · 북한학계 모두에) 불비한 탓에 보고자는 다소 모호한 설명을 이어가게 된다. 어색한 것은 이뿐이 아니다. 소략한 보고문의 내용에서조차 현재의 상황과 비교해보면, 웃지도 울지도 못할 사실들을 발견하게 된다.

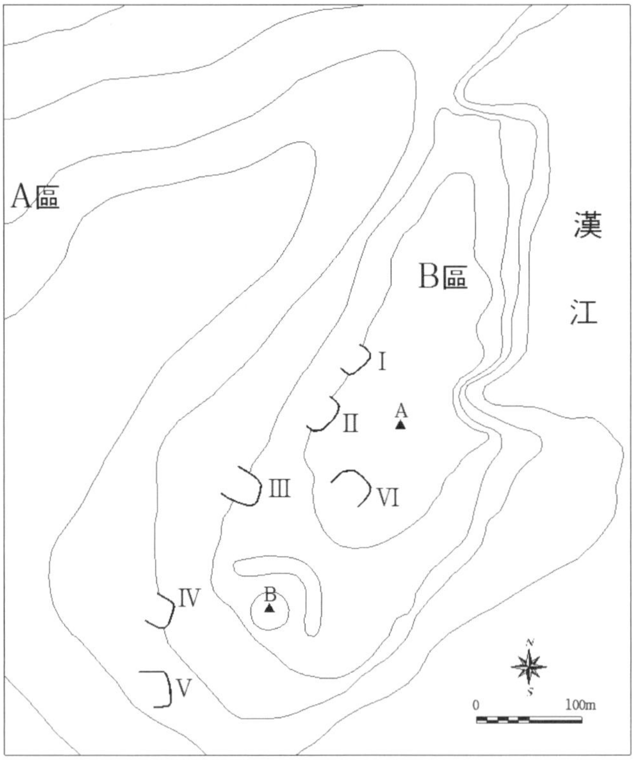

그림 3.03. 水石里유적 유구배치

3) 金元龍 1966의 圖 4를 전재 · 변경 · 재제도하였다.

"水石里遺蹟의 發掘은 元來 一九六一年 五月 一六日부터 시작할 計劃이었으나 出發當日에 軍事革命이 일어나 二日을 延期해서 五月 一八日에 시작 一週日로써 끝마쳤으며 이 發掘에는 그 해에 新設된 서울大學校 考古人類學科 一年生十名이 參加 援助해 주었다."(金元龍 1966:2)

이러한 발굴이 과연 정식의 행정적 허가절차는 거친 것인지 재정지원은 있었던 것인지도 잘 알 수 없다. 혹 "강의의 연장인 발굴도…"(金元龍 1987:22) 라는 인식에서 보듯, 학부생실습교육과 사명감에서 별다른 정식 예산 없이 실행된 것이 아닌가 싶기도 하다. 여러 방면의 것들이 갖춰지지 않고 이런저런 것들이 부족했던 시기라고 이해하면 좋을 것 같다. 당시 대학이 수행했던 다른 청동기시대 주거지 조사도 그런 류가 아니었을까?

水石里 외에도 1961년 광주 明逸里(現 서울 明逸洞, 김정학 1962)와 천안 斗井里(現 斗井洞, 尹武炳 1963), 1963년 광주 可樂里(現 서울 可樂洞, 金廷鶴, 1963), 1965년 파주 玉石里와 交河里(金載元 · 尹武炳, 1967), 서울 驛三洞(金良善 · 林炳泰 1968) 등 유적에서 청동기시대 주거지에 대한 조사가 잇따르게 된다. 비록 대부분이 주거지 1기 정도의 발굴이고 현재의 기준에서 보자면, 記述의 수준이 낮고 내용도 빈약하다는 생각이 들지만 어쨌든 학사적으로는 주거지 조사 · 연구의 확대를 보여주는 사례가 된다. 이렇게 한둘씩 쌓여가는 주거자료는 문화계통 파악과 편년에 적극 활용되기도 한다. 林炳泰(1969)는 驛三洞과 玉石里유적의 토기조합을 청동기시대 전기에, 水石里 및 서울 峨嵯山유적의 토기조합을 후기에 비정하면서 청동기시대 2분기안(李白圭 1974)의 시원적 형태를 제시한다.

정식보고서가 한참 후인 1990년에야 출간되었지만 서산 休岩里유적 또한 1960년대 말 발굴된다(國立博物館 1969; 國立中央博物館 1990; 金正基 1974c). 1968년부터 1969년까지 3차에 걸친 연차발굴을 통해 총 11기의 주거지를 확인하는데, 규모나 기간에서 상당히 이례적이라 할 만하다. 당시에 그리 명명되지는 않았지만 발굴된 주거지는 현재의 구분으로 보자면 '休岩里式' 혹은 '松菊里式'에 해당한다.

비록 청동기시대에 대한 것은 아니지만 金正基의 연구(1968)는 검토할 필요가 있어 보인다. 金正基는 「韓國竪穴住居址考(一)」의 제하에 당시까지 보고된 新石器時代 住居様相에 대한 종합화를 시도하게 된다. 종합적 검토라고는 하지만 대상으로 삼은 주거지가 봉산 智塔里(1957년 발굴, 고고학 및 민속학연구소 1961; 도유호 · 황기덕 1957a · b), 온천 弓山(1950년 발굴, 고고학 및 민속학연구소 1957), 웅기(現 선봉) 西浦項(1960~64년 발굴, 김용간 1961; 김용간 · 서국태 1972), 중강 土城里(1960년 발굴, 리병선 1961) 등 유적에서 조사된, 총 10여 기에 불과하고 모두 북한에 소재하기 때문에 일반화하기에는 한계가 있을 수 밖에 없었다. 그럼에도 불구하고, 주거지 내 유물출토상황이나 조합상에 의거하여 가내 행위의 일단을 추론하는 시도는 주목해 볼만하다.

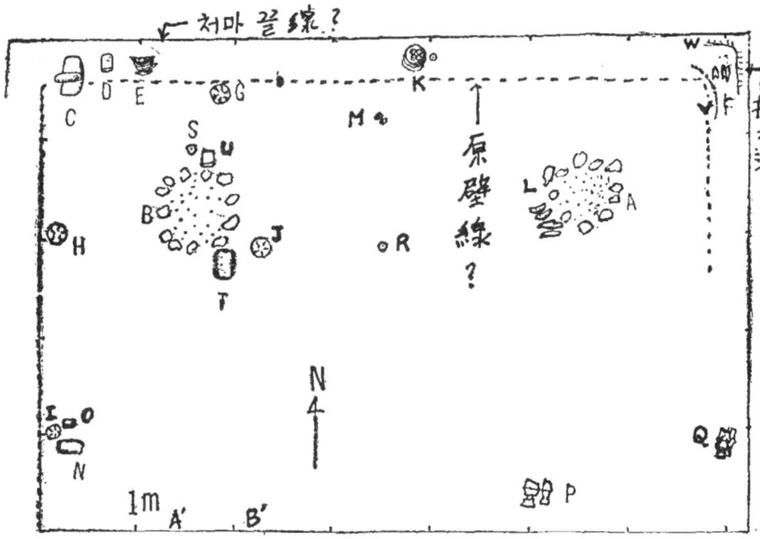

그림 3.04. 浦南洞 주거지 유물출토상황 복원도

좀 더 직접적으로 청동기시대에 관련된 시도는 1963년 강릉 浦南洞에서 수습된 주거지 1기[4]를 대상으로 이루어진다. 당시 관동대 학감이었던 Livingston에 의해 우연히 발견되었는데, 원상이 거의 파괴되어 유구상황에 대한 많은 정보는 발견자의 증언에 의존하고 있고, 보고자는 수습과정과 유물해석에 집중하고 있다(李蘭暎 1964, 1965). 보고된 내부시설과 출토유물의 위치에 대한 정보를 바탕으로 金元龍(1969)은 架構形態 및 가내활동, 생계(경제)적 지향, 거주자집단의 규모, 폐기의 원인을 복원하고 있다(그림 3.04[5]). 물론 발굴정보를 토대로 가내활동의 일단에 대해 언급하는 것은 당시 북한의 보고에서는 어렵지 않게 수

4) 현재의 시각에서 유물내용을 주변유적과 비교해보면 이 주거지는 欣岩里式으로 분류될 수 있겠다

5) 金元龍 1969의 圖 (1)(p.107)을 전재하였다. 40여개의 유물이 수습되고 그 위치를 추정하고 있다. 그림에 표시된 영문자는 다음과 같은 유물 및 내부시설을 의미한다(金元龍 1969: 107). A 및 B: 爐址, C: 碾石 1개, D: 石斧(單刃) 1개, E: 半月形石刀 7개(重疊), F: 石鏃 10개, G · H · I · J: 柱穴?, K: 圓形石板 3개(重疊)와 石製紡錘車 5(4+1)개, L: 磨製石劍片半 1개, 月形石刀2개 및 石刀 2개, M: 碧玉管玉 2개, N: 碾石 1개, O: 砥石 1개, P: 磨製石劍(破片) 2개, Q. 磨製石劍(破片) 2개, R: 土製紡錘車 1개, S: 石製紡錘車 1개, T: 碾石 1개, U: 石斧(單刃) 1개, V: 木炭(弓痕?)

있는 것이기도 하고 대상이 단지 주거지 1동인 바, 큰 의미를 두기는 어려울 수도 있다. 그러나 당시 발굴보고가 아닌 논고에서 (청동기시대) 주거자료의 어떤 측면을 설명하려 했었는지에 대해서는 주목해 볼 필요가 있다. 적어도 남한학계가 선사시대 주거양상을 다루기 시작하는 단계에서 주목한 것은 주거의 형태나 출토유물의 양식적 특징을 부각한 '편년표 채우기'만은 아니었다는 점이다.

2) 1970년대의 청동기시대 주거양상 연구

1974년, 金正基의 후속 논문이 발표된다. 前篇(金正基 1968)이 신석기시대를 대상으로 했다면, 「韓國竪穴住居址考(二): 無文土器文化期의 住居址」는 제목에서도 알 수 있듯 청동기시대 주거양상에 대한 종합적 연구이다. 자타가 공인하듯, 이 논문은 청동기시대 주거양상에 대한 종합적 연구의 효시다. 이 논문에서 시도되었던 주거규모와 거주자수의 복원작업은 현재까지도 조명되고 있다. 자주 인용되는, "청동기시대 성인 한 명이 거주하는데 필요한 최소 면적이 5㎡"라는 설은 여기에서 비롯된 것이다.

'주거면적-거주자 수' 관계의 복원 외에도 당시까지 알려진 虎谷洞, 五洞, 公貴里 등 북한지역 유적 18개소와 玉石里, 交河里, 역삼동 등 남한지역 유적 3개소에서 발견된 총 63기 주거지들의 평면 형태와 내부시설 및 출토유물, (취락의) 입지 등에서 규칙성을 파악하고 있다. 이후 주거자료에 대한 연구들이 주거지의 평면형태, 화덕의 형태, 일부 출토 토기나 석기의 양식적 특성 등 한정된 요소들에 천착하여 편년에 골몰하는 것에 비해 金正基의 일련의 연구(1968, 1974a · c, 1977)는 당시의 거주양상, 주거자료의 형성과정을 추론하는 작업에도 관심을 돌리고 있다. 분명 그러한 연구가 주류를 이루지는 못했다. 그러나 주거자료는 우선 당시인의 '住'生活을 이해하는 데에 활용되어야 한다는 원론적 입장에서 보면 '왜 이러한 전통이 발전적으로 이어지지 못했을까' 하는 아쉬움이 남기도 한다.

다음해 북한에서 발간된『우리나라 원시집자리에 관한 연구』(김용남 · 김용간 · 황기덕 1975)는 그때까지 축적된 자료를 좀 더 포괄적이고 체계적으로 구성하면서 선사시대 주거구조의 변천에 대한 골격을 제시하게 된다. 당시까지 보고된 신석기시대 10개소, 청동기시대 25개소 주거유적에 대한 지역별 상대편년과 주공과 초석의 배열에 주목한 架構形態의 복원이라는 두 가지 분절적 작업을 결합시키면서, 신석기시대의 고깔모양구조—지붕과 벽체가 일체형인 모양—가 청동기시대에는 주춧돌을 사용하는 상자형 구조로 변화해가는 궤적을 상정하게 된다. 주거유적의 지역별/통합적 편년체계가 완성되었다는 점, 몇몇 유적에 대한 실제 架構構造 복원작업이 진행된 점은 주목해 볼만하다. 사실 이후의 많은 架構構造의 복원을 시도한 작업들이 이 연구에 의해 고무되었을 뿐만 아니라 내용상 큰 차이가 없었음을 감안한다면, 이 연구의 파급력을 작게 평가할 수는 없을 것이다.

앞서 살핀 金正基의 연구(1968, 1974a)에 활용된 자료의 비중만 보아도 알 수 있듯이, 1960년대까지 적어도 청동기시대 자료의 축적에 관한 한 북한의 성취는 남한을 압도하고 있었다. 주로 1960년대 말까지의 성과를 반영하는 金正基(1974a)와 김용남 등(1975)의 연구를 비교하자면 비록 전자가 1년 먼저 나온 점을 감안하더라도 무게감에서 현격한 차이가 난다. 사실, 적어도 주거양상 연구에서는 거의 모든 저작들이 북한 학계에서 제시된 연대관이나 문화사적 의미에 남한 유물 · 유구의 양상을 맞춰가려는 인상을 강하게 풍긴다. 그러나 그런 상황은 1970년대를 거치면서 달라진다. 그 一端은 북한에서 나타난다. 1970년대 들어서면서 북한의 조사 및 연구는 급감하게 된다. 고고학 조사 및 연구 성과를 소개하던 주요 정기학술지의 발간이 중단된다. 한편, 단행본 통사류나 이론서의 발간도 현격하게 줄어든다. 이러한 현상은,

> "60년대 말에서 70년대 초에 걸쳐 북한정권이 4대 군사노선의 채택, 무장게릴라의 남파 및 빨치산 세대의 정치알선에의 복귀 등 군사적 모험주의 노선을 택하며 신헌법의 채택, 김정일 후계체제의 등장 및 주체사상이라는 유일사상에 입각한 사회 모든 부문의 재조직화라는 일련의 사회정치적 상황의 급변과 무슨 관계가 있을 것으로 짐작된다."
> (이선복 1992:46)

물론 이 시기 동안 새로운 자료의 축적조차 전면 중단된 것은 아닌 듯하다. 1980년대 이후 다른 이름으로 복간(?)되는 학술지[6]나 통사류의 내용으로 미루어 보건대, 간헐적으로나마 발굴조사가 진행된 듯하지만 그 실상을 속속들이 알 수는 없고 보고된 내용도 소략하여 불분명한 것이 많다. 더욱이 해석에 과도한 정치색이 가미될 뿐만 아니라, 1960년대 이전의 (학술)이론적 논의는 찾아보기 어려워진다(이선복 1992). 어쨌든 1970년대를 거치는 동안 북한의 고고학적 상황이 여의치 않았음은 분명한 듯하다(그림 3.05[7] 참조).

---

6) 『조선고고연구』가 대표적 사례이다. 『문화유산』(1975~62년)과 『고고민속』(1963~69년)에 뒤이어 부정기 학술지 『고고민속론문집』(1969~84년 발간)이 발간되기는 하지만 새로이 축적된 자료에 대한 소개는 미진하다. 1986년 정기학술지로서 『조선고고연구』의 발간 이후 간략하지만 유적발굴보고가 좀 더 활발해진다.

7) 文化財管理局 文化財硏究所 1991의 자료에 의거하여 작성하였다.

북한의 상황과는 달리 남한에서는 1970년대 들면서 경제의 비약적 성장과 국토개발에 힘입어 고고학조사가 활성화된다. 더구나 남북한의 체제경쟁 속에서의 정통성 확보와 관광자원 개발의 필요가 맞물리면서 新羅文化圈인 영남지역, 그중에서도 '千年古都 慶州'에 대한 조사에 정부의 관심과 지원이 집중된다. 1973년 味鄒王陵地區發掘調査團(문화재관리국 산하)이 발족하고 2년 후 경주고적발굴조사단으로 개편되어 현재의 국립경주문화재연구소의 모태가 된다는 점은 당시 관주도의 고고학 조사가 고분에 초점을 맞추고 있음을 알 수 있게 한다.

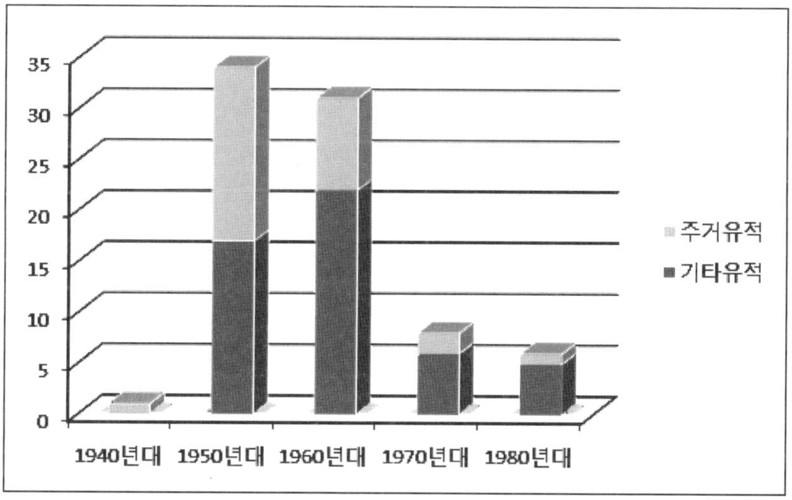

그림 3.05. 북한지역 발굴조사건 추이

분묘에 집중된 관심에도 불구하고 조사사례의 전반적인 증가는 주거자료의 축적을 추동하게 된다. 특히 중부지역에서의 주요한 취락유적 발굴성과는 남한 청동기시대 고고학의 골격을 형성할 토대를 마련한다. 여주 欣岩里(1972~78년 7차례 발굴, 서울大學校 博物館 · 考古人類學科 1973, 1974, 1976, 1978; 서울대학교 박물관 2005), 부여 松菊里(1975~2016년 21차례 발굴; 國立公州博物館 1993; 國立扶餘博物館 · 扶餘郡 2000; 國立中央博物館 1979, 1986, 1987; 국립중앙박물관 · 扶餘郡 1991; 한국전통문화대학교 고고학연구소 · 부여군 2011, 2013, 2014, 2016, 2017) 등 유적의 연차 발굴조사 시작이 그 대표적인 예이다. 이 유 적들은 조사될 당시 그 규모나 문화내용의 풍부함으로 인해 학계에 온 관심을 집중시켰음은 물론, 오랫동안 한국 청동기문화의 다양한 양상 및 변천을 이해하는 골격을 제공하기도 하였다.

欣岩里유적의 예를 들어보자. 일곱 차례에 걸친 조사를 통해 총 16채의 주거에 대한 정보를 획득하게 된다. 주거유적에 관한 한 남한에서는 이런 정도의 면적을 전면(?)발굴하여 4권의 단행본을 통해 정보를 상세하게 보고한 경우가 이전에는 찾기 어려웠다. 사실, 1960년대 남한의 청동기시대 주거유적의 경우, 한두 기의 조사가 대부분이었다. 5기의 주거지가 발굴된 水石里는 당시로써는 제법 큰 주거유적이었지 않을까? 欣岩里유적의 경우, 그 규모와 함께 문화내용 또한 한반도 중남부 청동기시대 사회나 무문토기 전통이 형성되어 가는 과정을 설명(李白圭 1974)하는 고리가 될 수 있었다는 점에서 더욱 의의가 크다. 欣岩里類型의 형성과 편년상 위치는 여전히 꽤나 뜨겁게 조명되고 있는 주제이지 않던가?

어찌 되었건, 1970년대 말 1980년대 초 이러한 연차조사는 고고학적 정보의 축적뿐만 아니라, '자료수집 및 보고 기술의 발전'이라는 부수적 효과를 거두기도 한다. 유물이나 유구의 조사 및 보고 수준의 고도화는 당시에는 커다란 관심을 끌지 못했다 하더라도 미래연구에서는 각광받을 수도 있는 자료를 축적하기 위해서는 더할 나위 없이 중요한 일이다. 欣岩里유적만 보아도 차수를 더할수록 보고서 記述의 수준이 높아지게 되는 것을 쉽게 알 수 있다. 다만 아쉬운 것은 당시까지 청동기시대 전기의 편년적 골격을 구축할 유적이 거의 없었던 탓에, 欣岩里유적 자체에 과도한 부하가 걸리게 되었다는 점이다. 한 유적에서 나온 10여기 주거지를 몇 백 년의 시간대에 배치하는 시도(李白圭 1986)가 대두된 것은 그 단적인 예라 하겠다. 이뿐만이 아니다. 자료의 축적이 미진했던 시기에는 확인된 유물조합상에 매료되어 설정하게 된 소위 "類型"이 과도하게 우리의 인식을 포박하고 있어, 다양한 변이를 인지하거나 인정하지 못하게 하는 걸림돌로 작용하고 있다. 소위 '남한화한 유형의 성립'으로 평가되는 '欣岩里類型'은 그 대표적 사례가 될 수 있겠다.

한편, 1970년대에는 그간 청동기시대 주거지 발굴조사가 미진했던 남부지역에서 사례가 보고되기도 한다. 진양(現 진주) 大坪里(1975~80년 4차례 발굴, 文化財硏究所 1994), 광주 松岩洞(1977년 발굴, 全南大學校 博物館 1979) 등 유적이 그 대표적인 사례이다. 大坪里유적은 1990년대 말 남강댐수몰지구 발굴과정에서 확대 조사되기도 한다. 松岩洞유적은 전남지역 청동기시대 주거지 발굴의 최초사례로, 확인된 2기의 주거지 중 한 기는 松菊里式이다. 이미 休岩里나 松菊里[8] 등 유적에서의 정보가 인지되기는 하였으나 그런 형태의

8) 松菊里유적 1차 발굴과 休岩里유적 발굴의 보고는 각각 1979년과 1993년에 이루어지지만 신문기사나 논문의 형태로 발간된 글을 통해 주거지의 형태에 대한 정보가 알려지게 된다(國立博物館 1969; 金正基 1974c; 李白圭 1975).

주거지가 뚜렷하게 '松菊里式'으로 명명되지는 않은 상태였다.

3) 1980년대의 청동기시대 주거양상 연구

1980년대 중반에 들어서면서 그간 축적된 주거유적 자료에 기초하여 한반도 전역을 대상으로 한 종합적 연구가 좀 더 활성화된다. 평면형태 및 내부시설—특히 柱孔 배치—을 검토하여 상부구조, 즉 架構形態를 복원하고, 그 차이를 지리 · 지형적 특성, 혹은 지역성과 연관 짓거나 문화변천과정을 파악하는 중요한 요소로 자리매김하려는 시도가 대표적이다(윤기준 1985; 林永珍 1985).

한편, 이들 연구는 또 다른 특징을 공유한다. 1970년대 말부터 1980년대 중반 한국고고학에서 기억할 만한 연구들의 주요 특징 중 하나로 꼽을 수 있는 것이 특정유구나 유물의 집대성화, 편년, 계통 규명에 대해 몰입하는 현상이다. 유물로는 마제석검, 세형동검, 반월형석도, 유구석부, 유구로는 석관묘, 주거지, 지석묘 등이 대표적이다. 종종 필자가 私席에서 얘기하는 "單品 다루기"이다. 이 시기 주거양상 연구도 바로 그런 차원에서 진행되는 것을 분명하게 알 수 있다. 그간 산발적으로 축적되어온 자료를 집대성하고 종합적으로 접근해 볼 필요에 대한 부응이기도 하겠지만 그럴 수 있게 되었다는 자신감의 반영이 아닌가도 싶다. 그러나 앞 장에서 언급한 바와 같이 그러한 연구방법은 '통합적 실체'로서 한 주거를 다루는 연구와는 다소 배치되는 면이 없지 않다.

이러한 경향과는 결이 다른 연구도 있다. 崔夢龍(1987)은 欣岩里유적 주거양상 연구에서 토기용량분석, 태토분석, 주거지의 면적분석, 주거 내 유물의 분포 및 내부시설에 대한 관찰 등에 의거하여, 가내집단의 규모와 성격—4~7명으로 이루어진 '單婚的 소가족'—이나 거시적 정치경제와의 연결성—再分配經濟에 기초하는 首長社會(chiefdom)와의 관련성—, 주거 내 공간분할 원리에 대해 언급하고 있다. 현재 이 책이 추구하는 방향에 상당히 근접하고 있으나 분석내용이 해석은 물론, 차용한 이론과도 적절히 연결되지 못하는 점은 시도의 실효를 감소시키고 있다.

1980년대 동안에는 한강유역 외 지역에서도 주요 주거지 발굴조사가 잇따르게 된다. 보령 校成里(1986~87년 2차례 발굴, 國立扶餘博物館 1987), 승주(現 순천) 大谷里(1986~1989년 3차례 발굴, 全南大學校 博物館 1989, 1990), 대구 月城洞(1988년 발굴, 慶北大學校 博物館 1991) 등 유적이 대표적이다.

4) 1990년대의 청동기시대 주거양상 연구

1990년대에 들어서면서 한국고고학과 문화유산관리는 '發見의 時代'를 맞게 된다. 1980년대까지의 성취를 무색게 하는 발견이 잇따르게 된다. 물론 197·80년대에도 이미 (다목적)댐 水沒地區에 대한 광범위한 조사를 통해 앞선 시기에는 엄두도 내지 못했던 엄청난 양의 자료를 축적할 수 있었다. 八堂댐(1971년 발굴, 文化公報部 文化財管理局 1974), 昭陽(江)댐(1972년 발굴, 文化公報部 文化財管理局 1974), 安東댐(1973~74년 2차례 발굴, 文化公報部 1974; 文化公報部 文化財管理局 1975), 大淸댐(1977~78년 발굴, 忠北大學校 博物館·文化財管理局 文化財硏究所 1979), 同福댐(1981년 발굴, 光州市·全南大學校 博物館 1982), 忠州댐(1983~84년 발굴, 忠淸北道 1984a·b), 住岩댐(1985~87년 3차례 발굴, 全南大學校 博物館 1987, 1988a·b·c·d, 1989, 1990), 陜川댐(1986~88년 발굴, 慶尙北道·慶北大學校 考古人類學科 1987; 慶尙北道·慶尙大學校 博物館 1987; 慶尙北道·國立晋州博物館 1987; 慶尙北道·東亞大學校 博物館 1986, 1987; 慶尙北道·釜山大學校博物館 1987; 慶尙北道·嶺南大學校博物館 1987; 慶尙北道·昌原大學校 博物館 1987; 慶尙北道·曉星女子大學校 博物館 1987; 東亞大學校 博物館, 1989), 臨河댐(1987~89년 발굴 3차례 발굴, 安東大學校 博物館 1989) 등은 그 건설로 인해 수몰되는 지역에서 청동기시대 자료가 수습된 대표적인 사례들이다. 이 중 일부는 현재에도 청동기시대 연구에 기초자료를 제공하는 원천이 되기도 한다. 그러나 댐의 성격상 대부분 산악지대를 아우르는 탓에 면적에 비해 유적의 밀도는 상대적으로 높지 않고 조사된 유구의 성격도 편중적일 수밖에 없다. 청동기시대에 관한 한 실제 조사내용의 상당부분은 支石墓이다.

반면 도로, 공단, 대규모 아파트단지 등의 건설 및 신도시의 개발은 밀도 높은 주거자료의 축적을 가능하게 해주었다. 1990년대 들어 그런 류의 사업이 전국에 걸쳐 활성화되면서 발굴조사의 수요도 폭증하게 된다. 이런 상황은 고고학조사의 새로운 지평을 열게 했다. 1994년 (재)嶺南文化財硏究院 필두로 여기저기에 (용역)발굴조사전문기관이 설립되고, 도덕적 부담감을 안고 대형 굴삭기가 구제발굴에 투입되기도 한다. 전업적이고 신속한 조사가 가능해진 데에 발굴예산의 확대라는 조건이 더해지면서 조사관행에 중요한 변화가 촉발된다. (청동기시대) 마을 전체를 노출시키는 조사가 전혀 새롭지 않게 되어버린 것이다.

하남 渼沙里(1968년, 1980년, 1988~92년 5차례 발굴, 渼沙里先史遺蹟發掘調査團·京畿道公營開發事業團 1994), 울산 檢丹里(1990년 발굴, 釜山大學校博物館 1995), 천안 白石洞(1994년~96년, 2000년, 2007년, 2006년~08년 5차례 발굴, 公州大學校 博物館·忠淸

南道 天安市, 1998, 2000; 忠淸南道歷史文化硏究院 2008a · b; (財)忠淸文化財硏究院 · 韓國土地住宅公社 2009), 보령 寬倉里(1994~1995년 발굴, 高麗大學校 埋藏文化財硏究所 · ㈱大宇 1997, 2001; 亞洲大學校博物館 · 高麗大學校埋藏文化財硏究所 · ㈱大宇 1999; 大田保健大學 博物館 · 高麗大學校 埋藏文化財硏究所 2002), 진안 龍潭댐 수몰지구의 여러 유적(1995~2001년 4차례 발굴, 國立全州博物館 · 鎭安郡 · 韓國水資源公社 2001; 群山大學校博物館 · 鎭安郡 · 韓國水資源公社 2001; 圓光大學校 馬韓 · 百濟文化硏究所 · 鎭安郡 · 韓國水資源公社 2001; 全北大學校博物館 · 群山大學校博物館 · 鎭安郡 · 韓國水資源公社 2001; 全北大學校博物館 · 鎭安郡 · 韓國水資源公社 2001a · b · c · d · e · f; 조선대학교 박물관 · 진안군 · 한국수자원공사 2005; (財)湖南文化財硏究院 · 鎭安郡 · 韓國水資源公社 2003), 진주 南江댐수몰지구의 여러 지점(1995~99년 발굴, (社)慶南考古學硏究所 2002; 慶尙南道 · 건국대학교 박물관 2001; 慶尙南道 · 慶尙大學校 博物館 1999, 2001; 慶尙南道 · 大田保健大學博物館 2005; 慶尙南道 · 東亞大學校博物館 2001; 慶尙南道 · 東義大學校博物館 2002; 慶尙南道 · 漢陽大學校博物館 1999; 慶尙南道 · 漢陽大學校博物館 · 文化人類學科 1999; 國立晉州博物館 · 慶尙南道 2001; 國立昌原文化財硏究所 · 慶尙南道 2001, 2002, 2003; 大田保健大學博物館 · 慶尙南道 2002; 東義大學校 博物館 2008; 文化財硏究所 1994; 鮮文大學校 · 慶尙南道 2001) 등 우리 청동기시대 사회와 문화를 이해하는 밑그림을 바꿔버릴 만한 (취락)유적들이 잇따라 조사된다. 1994년 白石洞유적의 발굴현장을 답사한 여러 연구자가 "이 한 유적에서 확인된 주거지 수가 현재(당시)까지 발견된 청동기시대 전기 주거지 숫자보다도 많다"는 농담 아닌 농담을 던지기도 했다. 이렇게 양적으로 확대된 자료는 우리의 인식을 변화시키기에 충분했다. 그러한 인식의 변화 탓인지 1994년 한국고고학대회는『마을의 고고학』의 제하에 이루어지게 된다. 인식의 변화도 변화이었겠지만 '住居址考古學'에서 벗어나 '聚落考古學(settlement archaeology)'을 할 수 있다는 자신감의 표현이 아니었나 싶기도 하다.

그 자신감의 실체란 "마을 전체를 노출하고 나니 마을에 대한 고고학을 할 수 있게 되었다"는 것인데…. 여기서 필자는 석연치 않음을 느낀다. 발원지인 미국에서 취락고고학은 취락을 다 노출하고 시작하자는 것은 전혀 아니었다. 다의적으로 해석될 수도 있고 또 그렇게 접근(Bermann 1994; Chang 1968)되기도 해서 마치 주거유적과 관련된 모든 차원의 언급을 해야 하는 것처럼 이해될 수도 있겠으나 적어도 취락고고학의 본류는 마을 내부를 속속들이 알고자 하지는 않았던 듯하다(Willey 1953; Billman and Feinman eds. 1999). 오히려 취락고고학의 발달과정에서 대규모 지표조사가 자료수집 단계의 중요한 통로로 활용되고 있다. 취락고고학의 가장 기본적인 추구는 (인간집단으로서) 취락과 외부와의 관계에 대한 탐색이다. 그 외부가 자연환경일 경우, 가장 쉽게 생각할 수 있는 것은 생태학적 입장에서의 적응, 자원에 대한 (최적화된) 접근 등이 될 것이다. 한편, 그 외부가 다른 인간집단, 대표적으로 다른 취락인 경우, 우리에게 떠오르는 것은 '連結網(network)'이니, '聚落體系(settlement system)'등의 개념일 것이다. 취락고고학은 그런 것을 하자는 것이다. 그렇다면, 굳이 마을 내부를 속속들이 아는 것이 급선무는 아닐 수도 있게 된다.

당시 구미에서 수행되던 聚落考古學 및 家口考古學의 취지나 개략적인 내용에 대한 소개(權鶴洙 1994; 秋淵植 1994)에도 불구하고, '方法論的 貫通'이 없었던 탓에, 실질적인 후속연구가 없었던 탓에, 주거자료를 바탕으로 한 과거사회의 이해는 그다지 성숙하지 못했던 듯하다. 그럼에도 불구하고, 편년과 계통 찾기의 재료였던 주거지자료로부터 사회현상을 복원 · 설명하고자 하는 바람이 고조되는 것은 충분히 감지할 만하다.

1990년 주거양상 연구 중에는 청동기시대 중기에 관련된 것들이 눈길을 끈다. 1970년대 후반부터 꾸준히 축적되어 온 松菊里類型의 주거 및 매장유적에 대한 자료를 바탕으로 그 편년적 위치를 분명히 하고 주거형의 형식학적 변이와 변천을 규명하고자 하는 연구가 눈에 띈다.(宋滿榮 1995; 安在晧 1992; 李健茂 1992). 이러한 연구들은 남한지역 상당부분에서 청동기시대 중기를 명확히 함은 물론 내용을 분명하고도 풍부하게 하는 역할을 하게 된다.

1980년대를 거치면서 축적된 松菊里式 주거에 대한 정보는 편년과 지역성 연구 외에도 上部構造에 대한 復原이 활성화되는 계기를 마련한 듯하다. 앞서도 살핀 바와 같이, 수혈만 남은 주거지에서 얻은 몇몇 정보를 통해 架構方式을 복원하고자 하는 시도는 간헐적이나마 1960년대부터 남 · 북한 학계 모두에서 있었다(김용남 외 1975; 金正基 1974a; 金鴻植 1977, 1978; 오규진 · 허의행, 2006). 그런데 이전의 작업이 주로 전기 (세)장방형 주거에 집중되었다면, 1990년대 중반에 이르러서는 그간 시도되지 않았던 송국리식 주거의 건축학적 복원이 이루어지게 된다(김경표 · 류근주 1994; 申相孝 1996; 趙亨徠 1996, 그림 3.06[9]).

2000년 이후 연구경향에도 지대한 영향을 미치는바, 1990년대 주거양상 연구에서 간과

9) 윤기준 1985의 그림 4 · 5(p.49)를 전재 · 변경 · 재제도하였다.

할 수 없는 부분이 청동기시대문화와 농경의 발달, 특히 稻作 발달의 관계에 대한 설명이다. 사실 도작의 발달에 대한 관심은 꽤 오래전부터이지만 그것이 본격화된 것은 1970년대 말에서 1980년대 초 주요 청동기시대유적에서 탄화미가 나오면서부터이다. 즉, 欣岩里, 松菊里, 그리고 북한의 평양 南京(1979~81년 발굴, 김용간 · 석광준 1984) 등 유적에서 탄화미가 나오면서 구체화될 수 있었다. 식물학적 접근, 특정 유물의 계통에 대한 복원을 통해 청동기시대 재배벼의 품종이나 전파경로를 탐색하는 것은 간헐적이나마 1970~80년대의 주요연구주제였다.

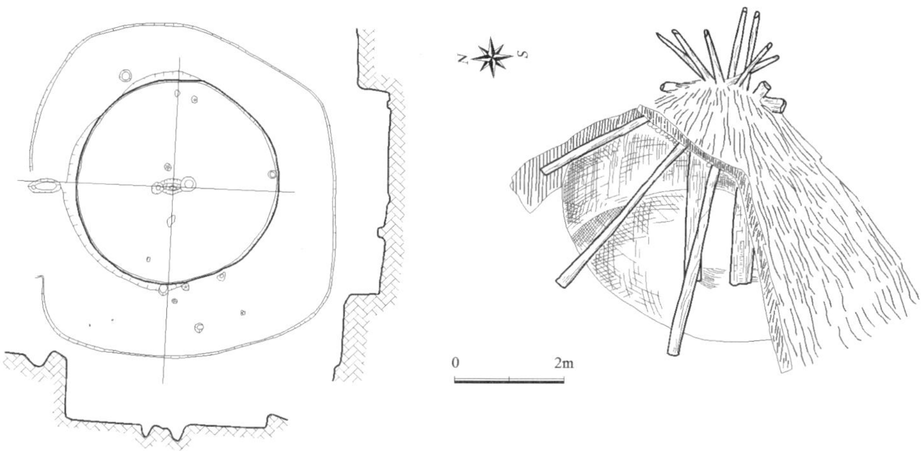

그림 3.06. 架構方式 복원의 사례(松菊里 55-6호 주거)

稻作이 고고학의 주거양상 연구와 연결되는 본격적인 고리는 우선 '취락입지'였다. '高地性-丘陵性-平地性' 구분과 水稻作이나 田作 遂行强度의 관계에 대한 탐색은 간헐적이나마 꽤 오랜 시간 진행(朴性姬 2006; 安在晧 2000; 鄭澄元 1991; 崔夢龍 외 1985; 後藤直 1995)되어왔으며, 실소를 금할 수 없는 '神話(myth)'를 창출하기도 했다. 그 대표적인 예가 欣岩里유적의 양상이다. 欣岩里유적의 주거는 해발 123m의 구릉 정상부에 입지하는바, '高地-田作型' 취락으로 분류된다. 주거구역의 입지만 보면 그럴 수도 있지만 과연 전작이 위주였을지는 의문이다. 그러나 별다른 반론이 없고 몇몇 유력한 연구자들이 주장하니 수용된 것처럼 보인다. 진실의 반대는 거짓이 아니라, 신화라고 하지 않던가? 그런데, 고지성을 인정하면서도 석제도구의 구성상 '田作型'에 의문이 제기(安在晧 2000)되기도 한다. 거주구역이 산정부에 있다고 해서 주민들이 협소한 산에서 생계를 해결하였을까? 欣岩里유적의 주거구역은 사실 협소한 산정부에 있지만 절벽(?) 아래에는 南漢江이 흐르고 지금도 가보면 주변이 모두 논이다(그림 3.07[10]). (정주)농경을 생계적 기반으로 하는 취락의 잠재적 생산성은 민족지연구를 참조하여 대략 반경 1㎞내의 토양에 대한 분석정도는 수행하여야 필요조건이 확보되는 것이다(金範哲 2005a, 2006b). 주거구역의 입지만으로 그 주민의 생계방식을 복원할 수 있다는 것은 다소 안이한 발상이다. 더러는 고도를 구분함에 있어 日人學者의 기준을 기계적으로 차용하거나 (취사선택된) 몇 되지 않는 유적을 대상으로 성급하게 결론 내리는 경우도 적지 않다. 기껏해야 10여 개소 유적을 표본으로 삼아 남한지역 청동기시대 전 · 중기 취락입지의 규칙성을 찾겠다고 하는 것 자체가 다소 억지스런 시도가 아닐까 싶다.

그림 3.07. 欣岩里유적의 주변경관

5) 2000년대 이후의 청동기시대 주거양상 연구

아마 후세가 2000년대(2000~2009년) 고고학조사를 평가하면서 '대규모 발굴의 전성시대'라고 하지 않을까 하는 생각이 든다. 그림 3.08[11]에서 보듯이, 발굴건수 대비 조사비용은 계속 증가하여 2009년에 정점을 달하게 된다. 비용과 규모가 비례한다고 하면 발굴 1건의

10) Google Earth가 제공하는 위성사진을 밑그림으로 사용하였다.

11) 문화재청 2015의 자료를 바탕으로 작성하였다.

규모가 가장 커지게 된 셈이다. 그에 원인이 있는 듯 청동기시대에 관한 한 거의 매년 '人口에 膾炙'되는 대형유적의 기록이 경신된다. 천안 白石洞(1994년~96년, 2000년, 2007년, 2006년~08년, 5차례 발굴, 公州大學校 博物館 · 忠淸南道 天安市, 1998, 2000; 忠淸南道歷史文化硏究院, 2008a · b; (財)忠淸文化財硏究院 · 韓國土地住宅公社, 2009), 화천 龍岩里(2001~03년 발굴, 江原文化財硏究所 2003, 2005; 江原文化財硏究所 · 華川郡 2007; (재)예맥문화재연구원 2009) 및 居禮里(2010~11년 발굴, 원주지방국토관리청 · 江原文化財硏究所 2013; (재)한강문화재연구원 · 원주지방국토관리청 2012), 울산 九英里(2004~05년 발굴, (재)蔚山發展硏究院 文化財센터 · 韓國道路公社 2007; 中央文化財硏究院 · 韓國道路公社 2005), 안성 盤諸里(2004~05년 발굴, (재)中原文化財硏究院 · 韓國道路公社 2007), 연기 행정중심복합도시(世宗市) 내 여러 지점(2006~14년 발굴, (財)慶尙北道文化財硏究院 2015; (財)國防文化財硏究院 2012; 百濟文化財硏究院 2012, 2013; 中央文化財硏究院 2009, 2011; 忠淸南道歷史文化硏究院 2012; (財)忠淸北道文化財硏究院 2014; 韓國考古環境硏究所, 2010, 2012a · b, 2015), 춘천 中島(洞)의 여러 지점(1980~83년, 2009년~11년, 2013년~2016년 3차례 발굴, (재)江原考古文化硏究院 · 江原道 2015; (재)江原考古文化硏究院 · 원주지방국토관리청 2014; 江原文化財硏究所 2013; (재)고려문화재연구원 2016, 2017; 國立中央博物館 1981, 1982, 1983, 1984; (재)국토문화재연구원 2016a · b; 엘엘개발주식회사 · 강원문화재연구소 2016a · b · c; (재)예맥문화재연구원 2012, 2016, 2017; (재)한강문화재연구원 2016a · b · c, 2017; (재)한강문화재연구원 · 원주지방국토관리청 2013; (재)한백문화재연구원 2017; (재)한백문화재연구원 · 원주지방국토관리청 2012; (재)한얼문화유산연구원 2017) 등 유적이 그런 경향을 선도했다.

대형 취락유적의 연이은 발굴과 주거자료의 축적이 청동기시대에 국한된 것만은 아니다. 학계 전반에서도 관심의 초점이 분묘에서 취락으로 전이하는 듯한 느낌도 갖게 한다. 비록 日本 연구기금이 기폭제가 되었다고는 하지만 韓日聚落硏究會의 발족(2005년)과 활동은 그런 심증을 굳혀주기에 충분하다. 활동의 목표(韓日聚落硏究會 2013)가 과도하게 다양하고 無定向的이어서 '理論化'나 '東아시아적 脈絡에서의 立論'으로 한 걸음 도약하기에는 부족함이 있는 듯도 하지만 광폭의 연구 스펙트럼을 견지한다는 점에서 고무적이다. 더욱이 상대적으로 연구의 축적이 오랜 일본학계와 대등한(?) 교류가 가능할 정도로 성장을 이루었다는 점을 반영하는 것이 아닐까 싶기도 하다.

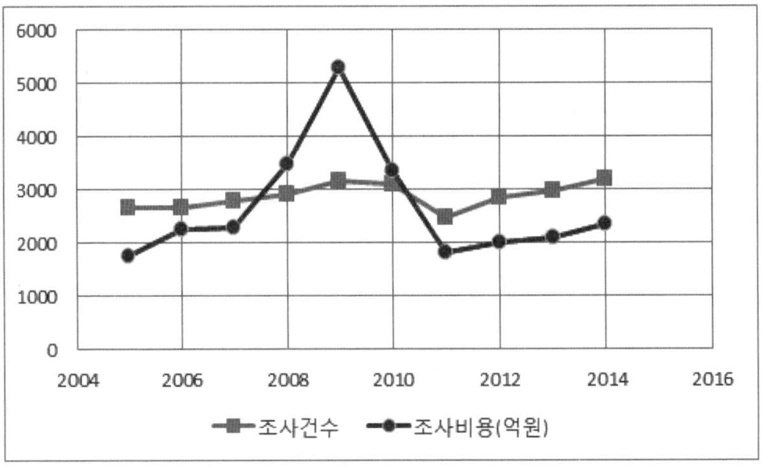

그림 3.08. 최근 10년(2005~14년) 발굴건수 · 비용 추이

이러한 성장은 역시 주거지 조사의 양적 확대에 힘입은 바도 크겠지만 내재적인 동력을 좀 더 세련된 논의로 유도할 경로를 모색하면서부터이기도 하다. 그러한 경로 중 가장 큰 영향력을 가진 논의는 청동기시대의 사회경제적 변동에 대한 논의 혹은 복합사회로의 진입에 관련된 논의이다. 당초 이러한 논의의 원조는 역시 1980년대 후반 신진화론의 社會形式論(societal typology, 예를 들어 Service 1962)을 청동기시대 사회성격 이해에 도입하려했던 시도이다. 그러나 이론적 배경에 대한 이해의 부족과 적용과정에서의 방법론적 한계를 노출시키면서 논의 자체가 사그라졌다(金範哲 2014c). 그러다가 1990년대 울산 檢丹里(1990년 발굴, 釜山大學校博物館 1995), 창원 (西上洞) 南山(1997년 발굴, 昌原大學校 博物館 · 昌原市 1996; 昌原大學校 博物館 2003) 등 방어시설(?)을 갖춘 취락, 창원 德川里 등 대형묘역을 갖춘 지석묘(1993년 발굴, 慶南大學校 博物館 2013)의 등장을 설명하는 과정(安在晧 1996)에서, 송국리형 취락의 방어시설과 매장유적을 설명하는 과정(金吉植 1994, 1998; 金承玉 2001)에서 재개의 기미를 보이게 된다. 하지만 본격적인 재점화는, 2000년대 중반 그간의 논의에 광역적 양상으로서 수도작 및 취락 간 위계에 대한 이해가 더해지면서 이루어지게 된다(金範哲 2005a, 2006b · c). 10여 년이 지나면서 더 이상 '上位有力層(the elite)'이니'位階(hierarchy)'니, '聚落體系(settlement system)'니, '政治體(polity)'니, '共同體(community)'니, '(농업)集約化([agricultural] intensification)'니, '社會政治的(sociopolitical)'이니, '政治經濟(political economy)'니 하는 용어들이 청동기시대 사회현상을 설명하는데 어색하지 않게 사용되고 있다. 여담이지만 필자가 2000년대 중반 '엘리트(the elite, 상위유력층)'란 용어를 쓴다고 '엘리트의식'에 젖어 있다는 등, '교복' 이름이냐는

둥 비아냥거림을 들었던 것이 가끔 기억난다. 그런 사람들이 국제학술발표회에서 버젓이 그 용어를 사용할 때 보면 시쳇말로 '웃프기도'하다. 물론 그런 기억만이 있는 것은 아니다. 그러한 통로를 열어주어 고맙다는 연구자들도 적지 않다. 뒷말이야 어쨌든, 이즈음부터 취락자료를 대상으로 한 연구의 초점이 달라진 것은 분명하다. 2000년 중반 이후 각 대학에서 배출된 박사학위논문의 후미를 보면 여실히 느낄 수 있을 것이다. '社會組織의 復原'이나 '社會性格'에 대한 설명이 논문의 핵심으로 부상하고 있다. 더 이상 편년이나 지역성에 대한 설명이 주를 이루고 거기에 '구색 맞추기' 정도로 사회상 복원에 대한 서술을 부가하지는 않게 되었다.

물론, 이러한 변화가 한 두 개인의 힘으로 나온 것은 아니다. 예를 들어 보자. 필자가 광역적인 취락자료에 의거하여 '水稻作의 運用'과 '位階的 聚落體系'를 연결(金範哲 2005a; Kim B.C. 2005)시킬 수 있었던 토대는 두 말할 나위 없이 활성화된 고고학조사였다. 각지에서 축적된 유적분포에 대한 정보, 토양이나 하천 분포에 대한 전산화된 정보 등이 그 핵심이라 하겠다. 그런 대량정보들은 개인의 힘으로 구축할 수 없는 것들이다. 또 다른 공헌도 있다. 논이나 저수시설, 수로 등 水稻作 관련시설의 발견이다(李弘鍾 2000; 郭鍾喆 2002). 이미 탄화미 등의 자료가 확보된 상태에서, 그러한 발견이 없었더라도 (수)도작을 전제한 연구를 진행하지 못할 것은 아니었다. 그럼에도 불구하고, 수도작 관련시설의 실존이나 그 규모에 대한 정보는 쌀 생산에 대한 다소의 의심을 불식시키는 것은 물론, 생산방식이나 기술운용에 대한 잘못된 생각—논이나 관련시설의 조성은 물론 파종이나 수확에 일시에 대규모 노동력이 필요했을 것이라는 생각(김권구 2005; 金壯錫 2003)—을 반박(金範哲 2005a, 2014a)할 수 있는 근거가 되기도 했다.

이상과 같은 논의와 더불어, 주거자료를 이용해 좀 더 기초적인 문제에 접근하는 다양한 시도도 관심을 끈다. 주거의 구조적 특징에 대한 지역연구(구준모 2013; 金賢植 2008b), 벽구나 화덕 등 주거 내부시설에 대한 분석(李炫錫 2003; 黃外植 2008), 架構材 잔재에 대한 식물학적 분석(김민구 2007), 주거구조물의 궤적(life cycle)을 복원하고자 한 실험적 분석(오규진 · 허의행 2006), 내부 공간의 활용 · 분할양상 복원(김현식 2006; 朴姿研 2002; 오용제 2012; 宮里修 2005), 주거의 폐기양상에 대한 분석(이현석 외 2004; 李炫錫 · 金鍾旲 2005), 주거지 바닥에서 검출된 식물유존체 분석(김민구 2009) 등이 대표적인 예이다.

이러한 시도들이 종국에 가구의 활동양상 복원에 체계적으로 병합될 토대를 마련하는 시각의 전이—단순한 住居(址)가 아니라 '家口'를 전제하는 접근방식이 도입—가 이루어지기도 한다(金範哲 2006a, 2011a, 2012). 물론, 단편적인 시도는 간헐적이나마 1990년대 중반부터 나타나기도 한다. 『屯山』(忠南大學校 博物館 1995)에서는 Robert Netting (1977)을 인용하여 전기 (세)장방형 주거지를 조방적 농경방식을 수행하던 대형가구와 연결시고 있는데, 그런 류의 시도의 효시로 평가할 만하다. 앞서 살핀 바와 같이, 송국리형 주거지의 군집현상을 세대공동체의 형성이라는 사회현상과 연결시킨 시도(權五榮 1995, 1997; 安在晧 1996)나 그 자체를 하나의 가구로 인식하고자 했던 시도(김권구 2004, 2005) 등도 유사한 맥락에서 평가할 만한 것들이다. 영어로 작성된 관계로 국내에는 거의 알려지지 않았지만 이 무렵 金承玉의 박사학위논문(Kim, S.O. 1996)에서 정확하게 'household archaeology'라는 용어가 사용되기도 한다. 더 나아가 최근에는 우리 청동기시대 가구자료를 분석하거나 해외자료와의 비교를 통해 이론화를 모색하는 시도도 나타난다(Grier and Kim, J.S. 2012; Kim, B.C. 2012, 2013).

그림 3.09. 제37회 한국고고학전국대회

이러한 국내외에서의 시도에도 불구하고, 여전히 우리 학계 대부분은 주거양상 연구에서 '거주자'를 상정하고 그 활동에 주목하는 작업에 그다지 열의를 보이는 것 같지는 않다. 그런 분위기 속에서도 2013년 '住居의 考古學'의 제하에 개최된 제37회 한국고고학전국대회(그림 3.09[12])가 시각의 전이를 반영하고자 하면서 기대감을 자극하기도 한다.

2. 主要分野의 연구경향

앞서도 몇 차례 언급했던 것처럼, 우리가 복원하고자 하는 '家口'는 청동기시대 어느 시점에 어느 집(들)에 살았던 사람들이다. 그들에 관한 정보는 청동기시대 (聚落)유적의 住居址로부터 얻어진다. 주거자료에는 형태와 입지, 내부시설 등 주거지 자체에 관련된 것, 주거지에서 출토되는 각종 (인공)유물은 물론, 의도하지 않았더라도 다양한 가내 활동 결과로 생긴 부산물이나 집 바닥에 남긴 흔적 등도 포함된다. 분석기술이 진보하고 문제의식이 다각화 · 광폭화할수록 고고학자료로서 '주거자료'의 종류와 양은 늘어나게 된다. 새로운 종류의 자료를 모으는 경우도 있겠으나 기존의 자료에서 다른 측면, 즉, 여태껏 간과했던 측면에 관심을 기울이더라도 자료의 양이 느는 효과가 난다. 사실, 특정 문제에 초점을 맞추어서 수집된 자료라 하더라도 반드시 그 문제에 관련된 정보만을 담고 있는 것은 아니기 때문이다.

우리가 제법 오래 전부터 해왔듯, 주거지 자체나 출토 토기의 특정 屬性에 주목하여 청동기시대 編年을 시도한다고 가정하자. 여기에 필요한 정보는 주거지 평면의 형태, 장단비, 출토된 토기의 양식적 특징에 관련된 것 정도일 것이다. 그렇다고 각 유물의 위치는 어디인지, 바닥면의 처리는 어떠한지, 석기의 조합상은 어떠한지에 대한 정보가 보고되지 않는 것은 아니다. 그다지 주목받지 못한 정보들이지만 일부 연구는 그러한 것들을 잘 살려 주거지연구에 활용하기도 했다. 선사시대 주거양상에 관련된 얼추 한 세기가량[13]의 고고학적 논의를 되짚어보면, 그 중에는 다수의 연구가 지향하는 것—편년과 지역성 파악, 계통 찾기 등—과는 다소 차이가 있지만 이 책이 추구하는 가구고고학적 접근과는 맥이 닿을 수 있는 사항들을 다루기도 했다. 다음에서는 이들을 ① 주거면적과 가구규모의 관계 설정, ② 거주자집단의 성격 추정, ③ 주거(군) 간 관계 설정 ④ 주거공간의 활용과 분할양상의 복원, ⑤ 거주자집단의 생산양상 복원 등 몇 가지 분야로 나누어 살펴보면서 이 책의 나

12) 한국고고학회 운영진이 현장을 촬영하여 제공하였다.

13) 1929년 雄基貝塚에서 발견된 주거지에 대한 조사와 보고를 현대 한국고고학에서 논의된 선사시대 주거양상의 최초사례로 본다면 거의 100년 가까이 되어 간다는 것이다.

머지 부분과 연결될 수 있는 단초를 찾아볼까 한다.

1) 住居面積과 家口規模의 관계 설정

앞서 보았듯, 家口考古學의 중요한 연구초점 중 하나가 家口의 規模와 構造, 즉 한집에 살고 있는 사람의 수와 관계를 복원하고, 그 변동의 궤적을 추적하고 원인을 추정하는 작업이다. 家口規模—거주자 수—가 주거구조물의 규모와 상당한 관련이 있음은 상식적으로도 알 수 있다. 물론 그렇지 않은 경우도 적지 않고 우리의 일상에서도 쉽게 찾을 수도 있다. 동일한 수의 구성원을 가진 가족들이 각기 다른 평형의 아파트에 살지 않던가? 그러나 이것은 수천 년 전 사회경제적 계층이나 빈부차가 발생하고 오랫동안 고착되어온 결과이다. 만약 계층 간 차별이나 빈부차가 상대적으로 덜 심화되었던 시기이고, 공간을 넓히는 건축기술의 적용이 현재보다 훨씬 어려웠던 시기라면, 가구의 규모와 주거(평)면적 사이에는 좀 더 직설적이고 비례적인 관계가 성립되지 않았을까?

우려되는 몇 가지 사항에도 불구하고 일찍부터 청동기시대 주거면적에 의거한 거주자 집단규모의 추정은 적잖이 단정적으로 이루어져왔다. 해방 이후 상당기간 동안, '1인당 주거면적을 3㎡로 추정하는 설'을 수용하였던 것이 그 대표적인 예이다.

그런데 어디에도 그 '3㎡' 가 어떻게 산출된 것인지는 분명하게 밝혀져 있질 않다. 어렴풋하게나마 '1인당 3㎡'의 설이 등장하는 것은 남 · 북한 공히 1960년대 저작부터이다(김용남 1967; 金良善 · 林炳泰 1968). 김용남(1967)의 경우, 당시까지의 발굴성과를 바탕으로 신석기시대 "집에 몇 명이 살았는가를 명백히 알 수는 없으나 집안에 화덕시설이나 때로는 저장움도 있고 그 밖에 가장집물[14]로 놓았을 것을 생각한다면 30㎡의 집이라도 많아서 10여명이 누운 자리밖에 남지 않았을 것"(p.10)으로 추정하고 있다. 金良善 · 林炳泰(1968)도 역시 '1인당 3㎡'안에 대해 직접적인 거명은 하지 않았으나 서울 驛三洞유적 주거지에 대한 발굴보고 과정에서, 면적이 약 48㎡에 달하는 주거에는 15~16명가량이 거주했으며, 단위가족의 규모를 부부와 자녀 3명 등 5명으로 설정했을 때, 세 가족이 거주했을 것으로 추정하고 있다. 尹武炳(1973)도 1인 주거면적을 3㎡로 설정하고, 15.7m×3.7m 크기의 파주 玉石里 주거지에서 약 17명이 거주한 것으로 보게 된다. 그리고 청동기시대 주거지 중 장축 5

14) 가장집물(家藏什物)은 집에 놓고 쓰는 온갖 살림도구, 즉 세간살이를 일컫는다. 원문을 인용하는 과정에서 생소한 단어를 사용하게 된다.

~6m, 단축 3~4m 규모가 많은 것으로 보아 5~6명으로 구성되는 가족이 한 집에서 생활했다고 추정한다.

남 · 북한 공히 근거를 밝히지 않고 있어 분명하지는 않으나 그나마 기본적인 자료축적이 나왔z던 日本 측 연구 성과를 수용했던 것이 아닌가 하는 추측은 해 볼 수 있다. 일본 선사시대 수혈주거지를 분석한 건축사학자 關野克(生沒: 1909~2001)은 한 사람이 필요한 주거면적을 3㎡, 爐의 면적을 3㎡라 보면서, 주거지면적(A)으로부터 거주자 수(n)의 관계를,

$$n = \frac{A}{3} - 1$$

로 설정(關野克 1938)하고 있는데, 原著보다는 繩文時代에 대한 개설서적 성격을 가지는 小野忠熙(1957)를 통해 우리 학계에 널리 알려지기도 한다. 최초로 발표된 연대나 이미 일본에서 보편적으로 수용되고 있었던 점을 감안할 때 필자의 추측이 그리 틀리지만은 않을 듯하다. 그런데 이 설이 수립되는 과정이 과연 정연하고 체계적이었는지에 대해서는 다소 의문이 든다. 누워서 위아래, 양옆으로 손(발)을 뻗었을 때 대략 2m, 1.5m인 바 1인당 3㎡이고, (정확한 근거는 없지만) 노지도 3㎡이니 위와 같은 계산식이 나온다는 것이 關野의 설명이다. 繩文 주거의 확장이 평균 3㎡씩 이루어진다는 자료(?)로부터 이런 추정을 한 듯한데, 일차자료가 어떤 상태인지를 알 수 없기도 하거니와 왜 굳이 '손을 뻗었을 때' 라는 상황을 연출해야 하는지에 대한 설명도 부족하여 선뜻 전제를 수용하기 어렵기도 하다.

이러한 의견을 수용하는 연구들과는 달리, 金正基(1974a)는 20개소의 남 · 북한 청동기시대유적에서 알려진 63개 주거지의 면적이 20㎡부터 60㎡에 이르는 등 다양하지만 10㎡의 배수에 해당하는 것이 많다는 점에 주목하면서 청동기시대 주거의 최소면적을 10㎡로 상정하게 된다. 더 나아가 이를 2인 부부의 필요면적으로 가정하고 성인 1인당 주거면적을 5㎡로 산정하게 된다. 이 의견은 현재까지도 가장 널리 통용되고 있다. 이미 같은 방식의 분석을 통해 신석기시대 대다수 주거지의 면적이 대략 4.5㎡의 배수에 해당하는 점을 들어 당시 성인 1인당 필요면적을 4.5㎡로 제시하기도 한다.[15] 이러한 차이를 시대에 따른 생활양상의 차이로 설명하고 있다(金正基 1974b). 실제자료의 분포를 관찰하고 있다는 점에서는 고무적이지만 어떻게 10㎡라는 수치가 등장했는지는 모호하다. 단지 매 10㎡에 속하는

15) 구체적인 수치와 상세한 설명은 1974년(金正基 1974b)에 나타나지만 이미 1968년「韓國竪穴住居址考(一)」을 발표할 당시 분석된 결과인 듯하다.

주거수를 명기(金正基 1974a:24~27)할 뿐이다.

북한의 공인 한국(?)고고학 개설서인 『조선고고학개요』(사회과학원 고고학연구소 1977)에서는 (별도의 논증 없이) 당시 건축기술의 발전정도를 고려하여 2.5㎡/명—어른 3㎡, 어린이 2㎡의 평균—의 기본 거주공간에, 화덕, 통로, 架構들이 차지하는 추가 공간 0.5㎡/인을 더하여 최종적으로 1인당 거주공간을 3㎡로 설정하게 된다. 더 나아가 虎谷洞유적이나 公貴里유적 등의 예에서 보듯이 여러 개의 주거지 중 동시기성이 인정되는 것은 3~4기에 지나지 않는 점에 착안하여 그러한 서너 채 주거의 거주자를 한 '가족공동체 단위집단'으로 정의하고, 주거지 면적과 대비하면서 가족공동체의 인적 규모를 추정하고 있다. 虎谷洞, 公貴里, 沈村里 등 당시 발굴되었던 청동기시대 주요 취락의 가족공동체 수를 20~67명으로 추산하게 된다(사회과학원 고고학연구소 1977:115~116). 그러한 수치는 김용남 등(1975)에 의해 이미 종합적으로 정리된 내용에 기초한 것으로 보인다.

윤기준(1985)은 기존의 논의를 정리하여 1인당 필요면적을 3㎡와 5㎡로 보는 견해로 대별하고 실제 주거지면적의 빈도분포와 비교하면서 전자의 타당성을 인정하게 된다. 그러나 청동기시대 주거면적 빈도분포에서 보이는 '불규칙성'이 구체적으로 의미하는 바가 불분명할 뿐만 아니라, 입론근거로서의 타당성도 의심된다.

다소의 시차도 있고 주거자료가 축적되었음에도 불구하고 1980년대 중반까지 유행하던 3㎡ 對 5㎡의 설은 별다른 비판 없이 수용된다. 김권구(2005)는 주거지면적에 의거해 주민수를 추정하면서 청동기시대 중·후기 영남지역의 취락 및 인구규모의 변동을 파악하고자 한다. 1인당 필요면적을 5㎡로 산정하여 산출된 수치를 최소거주인구수로 보고, 여기에 1.67—5/3—을 곱하여 최대거주인구수를 산출하기도 한다. 결국 최소인구수는 5㎡설을, 최대인구수는 3㎡설을 따라 추정함으로써 양자의 절충을 시도한 것이 된다.

이러한 (단순)절충적 수용과는 달리 나름의 선명한 논리로 설득력 있는 안을 제시한 경우도 있다. 朴姿研(2002)의 경우, 앞서 살핀 연구들과 유사하게 3㎡안과 5㎡안을 모두 받아들여 면적 당 최대거주인원을 산정하면서 출발하지만 주거지 내 유물 분포를 통해 작업공간과 저장공간 등을 구분하여 주거지 면적에 따른 공간 활용양상의 변화를 추적하고 있는 등, 진전을 보이기도 한다. 金賢植(2008b)은 기존의 1인당 필요면적의 일률적 적용의 한계를 지적하면서 수면공간에 주목하여 거주자 수를 산정할 것을 제안하고 있다. 당시 성인의 신장을 160cm 내외, 수면 시 점유 폭을 60cm 정도로 가정할 때 기둥 사이의 평균 거리가 166~222cm에 해당하는 蔚山式 주거의 경우 4주식일 때 2~3인, 6주식일 때 4~5인, 8주식일 때 7~9인이 거주하였을 것으로 추정하고 있다. 실제 주거자료에 의거하여 거주자의 구체적 행위—수면 혹은 휴식의 행위—를 근거로 추산하는 방식은 앞서 단순 계산이나 차용보다는 한 발 더 나아간 성과이다. 그럼에도 불구하고 한계는 보인다. 일괄계산식—예를 들어, 金正基(1974a)—의 경우, 수면, 취사, 저장, (도구와 집기의) 据置 등 모든 활동공간을 포괄하여 1인당 주거공간을 설정한 셈이 되지만 김현식의 경우, 수면을 기준으로 한 나머지 다른 활동공간을 설정해야 하는 부담이 주어지게 된 것이다. 한편, 실제 주거지 내부에서 실험을 하지 않은 탓에 사람이 누웠을 때 나타날 수 있는 변수들을 간과하고 있다.

주거면적—주거지 평면적—의 변화의 궤적을 추적하는 작업은 가구의 규모—거주자의 수—는 물론, 혼인 · 가족제도 및 거주율의 변화를 제시하는 기저가 되어왔다. 따라서 거주자집단의 규모에 대한 산정은 대부분 거주자집단의 성격을 추정하는 작업으로 이어지게 된다. 그러나 거주자집단의 수는 성격을 추정하는 선행요건의 하나일 뿐 필요충분조건은 아니라는 점은 주의를 요한다.

2) 居住者集團의 성격 추정

한 집에 산다고 모두 가족은 아니며, 또 (핵)가족이라고 해도 한 집에 살지 못하거나 않는 경우도 많기 때문이다. 이미 두어 차례 강조한 바이다. 그래서 고고학에서는 家族 대신 '家口'라는 개념을 선호하기도 한다. 그런데 우리 학계에서는 최근까지도 별다른 주의를 기울이지 않은 채 가족을 전제하는 관행이 팽배해 있었다. 청동기시대에는 한 집에 가족만이 살았을 것이라는 가정이 어디에서 비롯되었는지는 알 수 없다. 현재에도 그렇지 않고 과거에도 그런 사실이 없는데 왜 아무런 고민 없이 우리 학계—權五榮(1995, 1997)은 예외적이다—에서는 가족과 가구를 동일시해왔던 것일까? 적어도 우리(남한) 학계에서는 고고학자료로부터 대상집단을 복원해내는 작업에 대해 관심이 없었던 탓인 듯하다. '住居址' 연구에서 그런 문제는 중요하지 않으니 대충 해도 되지 않을까 하는 생각에서 그런 것 같다는 느낌도 갖게 된다. 분명한 것은 거주자집단의 실체는 논의의 과정을 거쳐 개연적인 방향으로 수렴되어야 하는 것이지, 도그마처럼 수용이 강요되거나 어설픈 합의로 정해질 수 있는 것은 아니다. 따라서 관련된 주장과 논의가 어떻게 진행되어왔는지가, 가구 양상을 본격적으로 다루기에 앞서 비판적으로 검토되어야 할 나름의 이유는 있어 보인다.

청동기시대에 관한 한 거주자집단의 구성에 대한 조직적인 설명은 1970년대 후반 북한학계에서 이루어진다. 물론 1950 · 60년대 개별 유적의 발굴보고에서도 거주자집단이 (어떤 형태이든) 가족이었을 것이라는 추정이 일반화되어있었지만 가족의 성격을 명확히 하면서 계급발생이라는 거시적 사회변화와 관련지어 설명하기 시작한 것은 황기덕의 연구(1978a · b)부터라 하겠다. 분묘의 양상, 도구상 등도 일조하지만 논리전개의 핵심적인 배경은 개별 주거의 면적, (소)住居群의 양태, 전체 취락규모의 변화이다. 그러한 고고학적 상황과 발전단계를 종합적으로 정리하면 '① 소규모 원형 · 방형계 주거로 표상되는 單婚的—對偶婚(pairing marriage)을 기반으로 한— 모계소가족(기원전 4000년기 이후) → ② 대규모 (세) 장방형 주거 3~4채 규모의 주거군으로 표상되는 '家父長的 (擴)大家族과 世帶共同體'의 형성(기원전 2000년기) → ③ 씨족적 세대공동체로 구성된 독립취락의 해체와 확대된 규모의 취락을 기반으로 한 '農業共同體' 형성(기원전 1000년기)'이라는 틀로 한반도 북부 新石器-靑銅器時代 사회변화를 설명하고 있음을 알 수 있다. 이렇게 조직적이고 체계적인 설명체계의 畵龍點睛은 그 動因(prime mover)의 상정이다. 家族 혹은 家口의 변화를 추동한 것은 결국 농경형태의 변화와 인구증가 및 그에 따른 사회적 갈등의 증폭이라는 것이다.

그런데 당시까지 축적된 고고학자료의 수량이나 수준, 1970년대 북한 사회의 정치적 분위기 등을 고려하지 않고 현재의 시각에서 보자면, 그러한 설명논리 곳곳이 허점투성이다. 일일이 개별사항을 비판하는 것은 다소 소모적일 수 있어, 피하고 총평하자면 폭넓은 논증과 과학적 추론에 의거하기보다는 당시까지 조사된 유적의 양상을 Lewis H. Morgan (1818~1881)나 Friedrich Engels (1820~1895) 등이 주창한 범주화된 지식이나 용어체계에 맞춰나가고 있는 것을 쉽게 알 수 있다. 그런데 앞서 살핀 바대로, 구미학계는 1970년대 이전 이미 가족과 가구에 대해, Morgan이나 Engels가 의존했던 것과는 비교가 되지 않을 수준의 민족지자료나 인류학적 연구 성과를 축적하고 있다. 그 성과는 이 설명논리에 반영되지 않는다. 그럼에도 불구하고 사회의 말단 조직과 거시적 체계의 변화를 조직적으로 연결시켜 설명하는 논리가 개발되었으며, 비슷한 시기 발간된 한국(?)고고학 개설서—『조선고고학개요』(사회과학원 고고학연구소 1977)—에도 반영되어있다는 점은 주의 깊게 볼 필요가 있어 보인다. 물론 그들이 적극적으로 수용했던 Engels의 저작, 『가족, 사유재산, 그리고 국가의 기원 *Der Ursprung der Familie, des Privateigenthums und des Staats*』(1884)는 제목에서도 단적으로 나타나듯 계급투쟁 역사의 시발이 私的所有의 발달에 있다고 보는 입장을 견지하는바, 그 주체인 家族(혹은 家口)에 주목하는 것은 어찌 보면 당연한 귀결이겠지만 말이다.

日本에서도 이미 1970년대 초까지 기층 사회조직으로서 世帶, 世帶共同體, 農業共同體에 대한 개념정의는 물론 고고학적 적용에 대해서도 상당히 심도 있는 논의가 진행되고, 제법 완성도 높은 논리가 제시되기에 이른다. 그런데 주요 논자들은 넓게 보자면, 고전적 마르크스주의(고고학)의 입장을 견지하고 있다(이기성 2013). 흔히 일본 좌파 학생운동세대인 '全共闘世代'의 끝자락 정도 되는 理念的 履歷을 가진 것으로 이해하면 될듯하다. 어쨌든, 그런 탓에 설명논리에 있어서 일본과 북한학계가 유사하게 된다.

한편, 남한의 상황은 어떠한가? 1960년대 말부터 남한학계에도 단편적이나마 거주자 집단으로서 가족에 대한 논의가 있었으나 즉흥적인 상식수준의 접근이 이루어진 정도였다(金元龍 1969; 崔夢龍 1987). 국가 공인은 아니지만 널리 통용되어온 개설인『韓國考古學概說』1~3판(金元龍 1977, 1981, 1986)의 어디에도 가구수준의 변화에 대한 설명은 없다. 사회적 이념과 역사관의 차이를 반영하는 것으로 이해해도 좋을 듯하지만 다소 아쉽기는 하나. 후속연구를 보면, 그 아쉬움의 이유를 알 수 있게 된다.

이 분야에 관한 좀 더 본격적인 논의는 1990년대 중 · 후반부터 나타나는데, 별다른 자체 배경이 없었던 탓에 일본이나 북한학계 용어와 논리를 적극 수용하게 되고, 그 결과 既視感(déjà vu)이 들 정도로 1970년대 일본이나 북한의 설명과 유사하다.

三韓 사회조직 형성과정 복원을 전제로 權五榮(1995)은 청동기시대 이래 취락 내 조직이나 단위의 발달과정을 추적하게 된다. 청동기시대 전기의 세장방형 주거 중기의 소규모 주거군에 반영된 세대공동체를 그러한 작업의 핵심에 놓고 그들 간의 경쟁과 긴장, 생산과 배분, 소유에서의 세대공동체의 역할 변화, 취락 간 경쟁 및 갈등의 고조 등이 삼한사회로의 전이에 중요한 작용을 하는 것으로 이해하고 있다. 용어는 물론 논리의 전개과정이 Engels (1884)의 틀을 수용했던 1970년대 북한학계 성과와 유사하다는 것을 알 수 있다.

그럼에도 불구하고 이 책이 견지하는 '家口考古學의 觀點'에서 보자면, 이즈음 權五榮(1995, 1997)은 이전 연구들과는 구별되는 분명한 인식의 진전을 보이고 있다. 미세한 혼동이 한두 곳에서 간취되기도 하지만 權五榮은 분명하게 家族과 家口를 별도의 개념으로 이해하고 있다는 점이 그러하다. 가구의 역할 혹은 기능에 초점을 맞추면서 世帶共同體의 구성 원리에 접근하고 있다는 점이 그러하다. 그러는 중에 주거 주변의 시설, 특히 야외노지(?)와 창고로 추정되는 高床建物이 주거와 일체—예를 들어, 산청 默谷里유적—로 다루어져야 한다는 지적을 하게 된다(權五榮 1997). 물론 사적소유의 발달과정을 구체화하고자 하는 의도에서 예시된 것이지만 매우 진전된 인식인 것만은 분명하다. 그러한 인식과 연결될 수 있는 개념이 '가구복합체(household cluster)'(Flannery ed. 1976; Kent 1984; Winter 1976)인데, 미주대륙(Berman 1994)은 물론, 유럽지역(Jongsma and Greenfield 2003)서도 분석단위로서의 효용이 인정되어왔다[16].

비슷한 시기에 安在晧(1996)도 청동기시대 주거와 주거군의 거주자집단의 성격에 주목한다. 仰韶나 屈家嶺 등 중국 신석기문화 취락유적 연구(岡村秀典 1991; 宮本一夫 1996)를 참조하여, 複數의 노지가 남은 청동기시대 세장방형 주거지—예를 들어, 보령 冠山里 4호 주거지—를 (노지와 같은 수의) 핵가족—單位家族—이 '家族共同體(family community)'를 이루며 동거했던 주거로 상정하게 된다. 나아가, 중기에 들어 단위가족의 독립적 거주가 유행하면서 주거가 소형화하는데, 그 소형주거 서너 채가 함께 이루는 군집은 가족공동체 분화에 따라 새로이 형성된 '世帶共同體(household community)'를 반영하는 것이라는 추정도 더하게 된다(安在晧 1996:54~58). 설명의 논리와 대상으로 하고 있는 문화의 내용은 權五榮(1995)과 매우 유사하다. 다소 차이가 있다면 그 초점이 청동기시대 전기 (세)장방형 주거에서 중기 松菊里式(혹은 休岩里式) 주거군으로의 변화에 대한 설명에 있다는 점이고, 고고학 자료를 좀 더 구체적으로 제시하고 있다는 점 정도일 것이다. 어쨌든 발간 시기가 조금이라도 늦었음에도 불구하고 權五榮이나 북한 측 연구 성과에 대한 언급이 없이 일본학자의 연구를 전거로 삼는 점은 다소 의아스럽다. 그러다보니, 權五榮(1995)에게서 보이던 인식의 진전이 반영되지 않고 있다. 가구와 가족을 구분하면서 시종일관 '血緣家口' 외의 가능성은 전혀 고려하지 않게 된다. 그럼에도 불구하고, 청동기시대 전기에서 중기로의 주거양상 변화를 가족관계(혹은 동거집단)와 연결시켜 '개연적인 설명'을 시도한 점은 고무적이다.

다만, 전제로 제시되었던 것을 어떤 방식으로든 논증(혹은 검증)하지도, 본인의 논지에 위배될 사항들에 대해 반박하거나 고민하는 시도가 없다는 점은 아쉽다. 합리성을 담보할 최소한의 노력이 없이 매우 중요한 문제를 다소 시대착오적 설명논리에 잇대버린 셈이다. (세)장방형 주거에서 화덕과 단위가족 사이에 비례적 관계를 설정하는 문제, 동거집단과 가족을 무비판적으로 同値시키는 문제, 주거면적과 거주자집단 규모 사이에 비례적 관계를 설정하는 문제 등은 논리의 전개 이전에 진지하게 검토되거나 해결되었어야 할 문제이

16) Kent Flannery (1983)는 어의의 혼동, 즉 '가구군집(cluster of households)'과의 혼동 등을 이유로, 당초 자신의 입장을 수정하면서, '가구단위(household unit)'를 대체 용어로 제안하기도 한다. 이를 채택하는 측도 있다(Bermann 1994)

다. 그에 대한 김종일의 비판(김종일 2006:58~59)은 통렬하다. 그러나 현재까지 安在晧의 가설이 그런대로 수용되고 있는 이유에 대해서는 다시 생각해볼 필요가 있다. 그것은 바로 설명논리의 (재)생산성이다. 그러한 기초에서 출발하여 청동기시대 사회변동과 주거양상 변화의 관계를 개연적으로 설명할 수 있다면 나름의 효용을 가질 수 있다고 판단된다(金範哲 2011c).

다소 곁가지 얘기가 될 수도 있으나 위의 논의와 맥이 닿는바, 이즈음에 한 가지 문제를 짚고 넘어가고자 한다. 한국고고학에서 언제부터인가 성숙하지도 않고 확인되지도 않은 지식으로, (우연히 발견한) 매우 이례적인 사실을 들어가며 논박을 하면 그럴듯해 보인다고 생각하는 풍조가 있다. 다소 우려스럽다. 그러한 예와 그렇지 않은 예가 있을 때, 소수의 그렇지 않은 예는 教訓的 談論(cautionary tales)으로 충분히 고려할 필요가 있다. 필자도 그 중요성을 십분 인정한다. 그러나 그러한 지적이 '索隱行怪'식의 꼬투리잡기가 되어서는 곤란하지 않을까 싶다. 만약 지극히 소수의 그렇지 않은 사례를 들어 어떤 설명이 옳지 않다고 하면 그에 부합하는 (대)다수의 사례는 무엇이 되나? 적어도 소수의 예로 교훈적인 담론 이상을 효과를 가지려면, 기존 고고학 자료나 현상에 대해 그 사례에 기초한 代替的 설명이 가능해야 한다.

어쨌든, 김종일(2006)이 우려한대로 전제에 대한 심도 있는 논의가 진행되지도 않은 채, 적어도 청동기시대 전기의 (세)장방형 주거에 관한 한 안재호의 의견은 널리 수용되면서 그럴 듯한 分室案이 제안되기도 한다(이형원 2009). 앞서 언급한 재생산성이 그 이유이다. Ⅲ장에서 좀 더 깊이 다루겠지만 필자도 단위(핵)가족의 공동거주 및 분실 등에 대한 생각에 상당부분 공감한다. 그렇다고 그러한 가설이 입론되기까지의 과정에 동조하는 것은 아니다. 오히려 그 부분은 김종일의 지적에 적극 공감한다.

과정이야 어찌 되었건 결과적으로 동조를 얻게 된 전기 분실안과 더불어 중기의 '(송국리형) 住居群 形成'이라는 현상에 대한 權五榮(1995, 1997)이나 安在晧(1996)의 관찰과 관심도 이후 청동기시대 중기 사회변화에 대한 좀 더 확장된 논의를 가능하게 한다. 다만 접근방식에는 다소의 한계가 있었다는 점은 지적하지 않을 수 없다. 그 출발은 용어의 문제이다. 필자는 말꼬리 잡기로 용어에 집착하는 논쟁을 즐기지도 않거니와, 용어의 통일이 학문발전에 전제되어야 한다고 생각하지도 않는다. 다른 한편으로, 사회 전반이 쓰는 용어로도 개념이 포괄될 수 있다면 현학적인 신조어를 만들기보다는 기존의 보편용어를 쓰자는 편이다. 물론 사용하는 단어 수나 사전에 수록된 용어의 수나 확대되는 것은 그 사회의 문화적 역량을 평가하는 지표가 된다는 사실도 충분히 인지하고 있다. 그런데 그것은 새로운 개념의 발명, 새로운 패러다임의 창출에 따른 단어와 용어의 증가이지 동일한 개념을 복잡하고 현학적으로 설명하면서 파생되는 것은 아니다.

그런 의미에서 보자면, '세대공동체'란 용어의 사용은 재고되어야 할 것 아닌가하는 생각이 든다. 이미 사회적으로 世帶란 용어의 대체어인 家口가 공식 · 보편화[17]되어 있고, 공동체란 용어가 책 몇 권은 써야할 정도의 복잡한 논쟁을 유발할 소지가 있다는 점(김종일 2006; Varien and Wilshusen 2002; Yaeger and Canuto 2000)에서 고고학적 현상을 좀 더 직접적이고 명확하게 설명하기에는 부족함이 있기 때문이다. 게다가, 19세기 자료에 의거한 사회주의적 설명모형의 (教條的) 適用이 얼마나 실효성을 가질지도 의문스럽다. 그렇다고 그러한 논의를 전체적으로 부정하는 것은 아니다. 오히려, 북한고고학이 그러한 논의를 진전시키지 못한 채, 1970년대 이후 사그라져온 것이 아쉽다. 비록, 사회주의 고고학의 논리로 논의를 진전시켰을 것이지만 남한고고학 또한 그런 분야에 관심을 가지면서 대응논리를 발전시켜왔을 것이기 때문이다. 사실 경쟁만큼 발전을 촉진하는 것이 어디 있던가?

2000년대 중반, 청동기시대 전-중기 전이과정에 일어났던 사회경제적 변동에 대한 이해가 증진되면서 (세)장방형에서 송국리식 주거로의 변화가 가지는 의미가 재조명되기 시작한다. 수도작의 확산이라는 (생계)경제적 변화와 사회조직상의 변화를 연결시키려는 시도가 그 핵심에 있다. 보편적 관심을 받을 주제로서 거시적 사회변화와 가내양상 변화의 관련성을 탐색한 작업은 주목할 만하지만 그 연결방식이 선진학계의 흐름에서는 상당히 동떨어져 제자리걸음을 하고 있는 점은 지적하지 않을 수 없다. 어찌 보면 제자리걸음이라기보다는 오히려 1990년대 중반에 제기했던 문제의식의 일부를 유실한 듯한 느낌마저 들게 한다. 가족과 가구의 구분이 가지는 의미는 말할 것도 없고, 농경형태와 가구양태 간 관계에 대한 일반화된 이해나 통용되는 민족지정보에도 주의를 기울이지 못하고 있기 때문이다. 예를 들어보자. 핵가족체로의 전환이 (노동)집약적인 벼농사의 형태인 수도작의 확산과 맞물렸다는 점에 대해,

> "…노동집약적인 벼농사를 하면서 생업전략상으로도 대가족 거주전략이 여러모로 유리하였을 것이기 때문이다. 아무래도 벼농사가 집약화되는 청동기시대 후기에 가족제도가 대가족제도에서 핵가족제도로 바뀌었다고 보는 것은 어딘지 이상하다."(김권구 2005:149)

17) I 장에서 이미 밝힌 바와 같이, 여러 사회과학분야나 정부 공식조사 용어로도 '家口'가 선호되고 있다.

라고 의문을 제기하면서 송국리식 주거의 군집현상을 "…대가족이 가까이에 송국리식 주거지를 여러 동 지어놓고 함께 사는 方式"이라고 평가(김권구 2005:149)한다. 그러한 결론을 도출하는 과정에서, 한 가옥 내 거주자집단이 가족이 아닐 수도 있다는 일말의 고민도 없어 보인다. 이점 權五榮(1995)의 문제의식으로부터도 오히려 퇴보하는 모습이라 하겠다. 더구나 집약화된 농경체제가 '소규모가구'를 선호한다는 사실은 다수의 민족지 사례에서 확인되는 바이기도 하다(Wilk and Netting 1984). 아마도 우리의 그리 멀지 않은 과거에 대한 모호한 기억, 즉 전통 소농사회에는 대가족이 압도적인 형태였을 것이라는 기억에 의존하면서 민족지자료도 그러할 것으로 착각하고 있는 듯하다. 과연 과거 우리 사회가 산아제한의 정책이나 의료기술이 부족하여 가족의 수가 많았던 것인가, 아니면 (확)대가족의 형태가 압도적이어서 가족 수가 많았던가? 또 노동집약적 농경을 해서 대가족이 유리했다는 것인가, 아니면 다른 산업기반이 없어 농업에 치중하다보니 모든 가구 구성원이 농업에 매달릴 수밖에 없어 그런 것인가? 곰곰이 생각해볼 문제다.

다른 한편으로, 반복적으로 언급되는 '大家族'에 대해서도 의문이 제기될 수밖에 없어 보인다. 대가족이 그저 수가 많은 가족을 의미한다면, 다소 문제의 소지가 적을 수도 있다. 그러나 대가족을 그런 의미로 쓰지는 않은 듯하다. 위의 인용에 나타나는 대로 핵가족에 대응되는 되는 개념이라면 확대가족을 의미함이 분명하고, 그렇다면 그러한 비판에서 전혀 자유로울 수 없다. 확대가족이란 무엇인가? 그 다양한 형태에 대해서는 Ⅲ장에서 좀 더 상세히 논의하기로 하고 가장 일반적인 형태에 비추어 간단히 얘기하자면, 복수의 成婚한 世代(generation)가 동거하는 가족형태이다. 그렇다면 위의 짧은 인용에서는 또 다른 문제가 불거질 수밖에 없다. 다름 아닌 불분명한 논리에 따라 사실에 위배된 개념정의이다. 한집에 살아야 확대가족이다. 조부모, 부모와 같은 집에 살지 않으면 친족이기는 하지만 확대가족은 아니다. 단지 한 연구의 부주의를 지적하자는 것이 아니다. 김승옥(2006)도 중기의 송국리식 주거를 각기 경제적으로 독립된 핵가족체와 동일시하기보다는 세대공동체 내 생활단위가 한 주거지 내에서 공동으로 생활하느냐와 아니면 개별주거지에서 독립적으로 생활을 영위하느냐는 점이 다를 뿐이므로 주거지 소형화는 가족체의 변화가 아닌 주거방식의 변화로 이해하는 것이 타당하다고 설명하고 있다. 적절해 보이지는 않는 설명이다. 다시 한 번 강조하거니와, 한 집에 친족관계를 가진 여러 핵가족이 같이 살아야 (확)대가족이다.

3) 住居(群) 간 관계의 설정

2000년대 중반 이후, 취락 내 개별 주거의 (군집)배치상태에 착안하여 사회조직이나 취락 내 공간구성방식을 복원하고 시기에 따른 변화를 탐구하는 시도가 확대되기 시작한다. 그 중 대표적인 것이 청동기시대 전기 취락에서 주거군을 인지하고 그 의미와 역할을 추정하는 시도이다(羅建柱 2010, 2013; 나건주 외 2011). 이는 청동기시대 중기 '세대공동체 혹은 주거군'을 인지하고 그 의미를 설명하고자 했던 작업(權五榮 1995, 1997; 金範哲 2006a, 2011a, 2012b; 安在晧 1996)이나 (송국리형) 취락 내 주거의 배치를 통해 취락구성의 원리를 이해하거나 주거 간 관계를 설정하고자 한 연구(李弘鍾 2007)나 개별 구성요소—주거, 분묘, 의례공간 등—의 存否에 따라 취락의 위계성을 파악하고자 하는 시도(이형원 2009) 등에 고무된 것으로 보인다.

청동기시대 중기 세대공동체나 주거군에 대한 논의가 거주자집단에 성격에 주력하면서 일부분 주거 간 관계에 대한 논의와 연결된다는 점을 감안하자면, 전기 주거를 대상으로 한 작업은 대체로 住居群 간 관계에 좀 더 집중하고 있는, 대상의 수준이 높아진 셈이다.

그런데, 그런 시도들의 일부는 흥미로운 관찰에도 불구하고 방법론의 불비로 인해 좀 더 생산적인 설명을 도출하지 못하고 있다는 아쉬움을 갖게 한다. 예를 들어 보자. 송국리식 주거지는 원형인데다 상대적으로 소형이어서 해상도를 낮추면 점처럼 인지되는바, 단순한 관찰로도 군집의 인지가 가능하고 그 성격이나 출현의 배경에 대해서도 (적어도 개념적으로나마) 개연적인 설명이 가능해질 수도 있다(金範哲 2012b). 반면, 전기의 세장방형 주거지의 경우 해상도를 낮추더라도 직선과 같은 형태여서 어지간히 이격하지 않고는 단순한 관찰로 군집을 인지하기가 어렵다. 그 결과, 설정된 군집이 논란거리가 되기 일쑤다(金範哲 2013a). 더구나 그런 군집을 형성하고 있는 가구 간 관계, 즉 군집구성의 원리를 밝힐 만한 분석과 논증 또한 현재로선 미약하다.

4) 住居空簡의 활용과 分割樣相의 복원

주거 내 공간 이용에 대한 연구는 주로 청동기시대 (세)방형주거를 대상으로 이루어져 왔다. 그 대표적인 것이 확대가족가구 내에서의 단위가족—혹은 핵가족—별 공간분할, 기능별 공간분할, (사회적) 성별 공간분할 등이다. 먼저 가족구성과 관련된 공간분할 및 활용양태(安在晧 1996; 이형원 2009)는 앞서도 자세히 다룬 바 있어 여기에서 더 이상 설명을 덧붙이지 않는다. 다만 그러한 논의에서 동일한 주거를 대상으로도 다양한 방식의 공간분할이 가능할 수도 있다는 사실을 간과한 점, 가구와 가족체(또는 생활단위)의 연결 근거가 부족하다는 점이 비판(김종일 2004)의 대상이 되었다는 것만은 분명히 한다.

한편, 거주자집단의 성격 규명을 전제하지는 않되 좀 더 가내 활동에 초점을 맞추는 공간분할에 대한 연구가 이어지게 된다. 이들은 저장 및 보관, 수면, (도구제작)작업, 일상적 소비 등 가내에서 이루어진 몇 가지 주요 활동에 관련된 공간들이 분리되었을 가능성에 주목하면서 노지, 주공, 저장공(?) 등 내부시설은 물론 출토 유물의 위치 등의 자료를 분석하고 있다(宮里修 2005; 김현식 2006; 朴姿研 2002; 오용제 2012). 한편 주거 내 특수하게 처리된 작업구역을 인지하여 편년과 유적성격 규명에 적극 활용하는 시도(金權中 2005; 洪周希 2009)도 주목할 만하다. 결론의 타당성 여부를 떠나 이러한 일련의 연구들은 이 책이 지향하는 접근과 부합할 수 있는 기초를 제공하고 있다. 종합적인 접근 외에도 유적발굴보고서를 통해 특정 주거지의 기능이나 주요활동에 대한 좀 더 자세한 관찰과 복원을 시도하는 사례도 눈에 띈다. 하남 渼沙里 崇實大 A-1호주거지(渼沙里先史遺蹟發掘調查團 1994), 대전 龍山洞 1호주거지(忠南大學校 博物館 · 大田廣域市 2002), 철원 瓦水里 4호주거지(江原文化財研究所 · 農業基盤公社 鐵原支社 2006), 평택 素沙洞유적 가-10호주거지(高麗文化財研究院 · YM綜合建設株式會社 2008) 등은 대표적인 사례이다.

가내 활동과 더불어 성별 공간 분할에 대한 의견도 개진된다. 朴姿研(2002)은 한반도 청동기시대 전기 장방형주거의 내부 공간을 활동(activity)의 종류에 따라 구분하고, 개별 활동의 성별 분담에 주목하여 성에 따른 공간분할의 가능성을 제시하기도 한다. 평택 素沙洞유적의 보고자들도 가-10호 화재 주거지 내 내부 유물 출토 양상을 근거로 소비, 저장, 휴식 등 기능성 외에 남성/여성의 구분도 가내 공간 분할의 주요한 원리였을 것으로 파악하고 있다(高麗文化財研究院 · YM綜合建設株式會社 2008). 金鐘一(2011) 역시 이 주거지와 欣岩里 12호 주거지 유물 출토 양상을 근거로 사회적 성(gender)의 관련성을 제기한다.

5) 거주자집단의 生產樣相 복원

앞서 가구고고학의 연구 분야와 초점을 살피면서 지적한 바와 같이, 주거지 출토 도구조합이나 동 · 식물유존체 및 기타 부산물 혹은 쓰레기 등을 분석하여 거주자집단의 生產活動을 복원하고 이를 家口의 形態나 거시적 사회경제체제의 변화와 연결시키는 작업은 구미학계에서 제법 오래전부터 빈번하게 수행되어왔다. 반면, 우리 학계에서는 현재까지도 그다지 활성화된 분야가 아니다.

다만 2000년대 이후, 주거지에서 출토된 석제도구를 기능별로 분석하여 당시의 거시적 생산형태를 복원하는 시도(孫晙鎬 2008; 安在晧 2000; 李基星 2001; 兪炳一 2007)가 심심치 않게 등장하고 있어 기대감을 갖게도 한다. 이들의 핵심적인 관심은 주로 '田作 대 水稻作의 대비'를 통해 水稻作의 擴散이라는 (생산)경제적 변화를 가시화하는 것이다. 이러한 시도는 물론 가구의 시각에서 당시의 사회경제적 변화를 이해하는 기저로서는 작동하겠으나 일단 비교의 단위가 취락 이상의 수준이고, 그 관심도 가구의 적응이나 전략이라기보다는 거시적 경제현상에 집중되어있다는 점에서 대상은 동일하지 모르겠으나 시도의 방향과 취지는 이 책과 다소 구별된다.

도구조합상 분석 외에 주거지 내 식물유체 분석 또한 가내 생산 활동 복원의 경로가 되어왔다. 밭작물과 벼가 같이 출토된 점과 유적 입지를 근거로 欣岩里유적에서의 화전농경을 추정한 이후, 많은 유적에서 식물유체를 통해 당시의 환경과 생계경제를 복원하려는 시도가 있어왔다(국립중앙박물관 2006). 그러한 분석결과의 축적은 매우 고무적이다.

다만 자료가 제한적일 뿐만 아니라, 작물유체 자체의 후대 혼입이나 동정오류가 자주 발생하며, 작물유체 검출과정이 유발하는 오차 등 위험이 상존하고 있어 해석에 주의가 필요하다는 지적(安承模 2008)에는 주목할 필요가 있어 보인다. 한편, 주거지별로 시료를 채취하지 않고 유적 전체의 토사를 대상으로 시료를 채취하여 부유법(浮游法, floating 기법)에 의해 검출하는 경우, 식물유체를 통해 당시 환경을 복원한다거나 취락의 식량자원 활용 등을 알 수는 있어도 주거별 양상은 파악하기 어렵다는 근원적인 한계가 있기도 하다. 이는 도구조합상 분석에서 지적되었던 것과 같이 시도의 방향과 취지에 관련된 문제라 하겠다.

청동기시대 유적을 대상으로 한 것은 아니지만 주거지 내 식물유존체 분석을 근거로 주거양상의 복원을 시도한 김민구의 최근 연구(2009)는 조명할 만하다. 그는 해남 新今((財)湖南文化財硏究院 · 益山地方國土管理廳 2005)유적 화재주거지 출토 炭化穀物 분석을 통해 식료구성의 복원을 시도하면서, 출토맥락과 단조로운 조성을 근거로 그것이 저장물이었을 것으로 추정하고 있다. 더 나아가 곡물조성을 통해 주거 폐기시점까지 추정하게 된다. 한편 탄화곡물 분석은 동정만이 아니라, 수량, 출토유구의 성격 · 폐기 방식, 유구와 유적 내 탄화물의 분포양상 등 다양한 정보에 대한 종합적 검토에 기초하여야 함을 강조함으로써, 식물유존체를 통한 주거양상 복원연구의 방향을 제시하기도 한다.

Ⅳ

한국 青銅器時代 家口樣相의 변화

거창한 제목을 걸고 마련되는 학술대회의 십중팔구는 그에 관련된 선진학계의 동향을 소개하는 '기조발표'를 서두에 배치한다. 우리는 그런 현장을 제법 여러 차례, 제법 오랫동안 경험했다. 그런데 기획의도와는 달리 들을 때는 "아 그렇구나!"했지만 이내 돌아서서는 잊어버리거나 들을 때조차 "그래서 뭐 어쨌다는 거야?"하고 무감하게— 좀 더 심한 경우, 반감을 품으며— 지나쳐버리기 일쑤다. 이유인즉, 끊임없이 무엇을 해야 한다는 얘기는 계속하는데, 정작 피부에 와 닿을 수 있도록 어떻게 하라는 설명이 없어서가 아닐까 싶다. 시쳇말로 "'what to do'만 강요할 뿐, 'how to do'는 알려주지 않는다."는 것이다.

물론, 30~40분 발표에서 사례를 들어가며 구체적 방법까지 알려주기를 기대하 는 것 자체가 무리한 요구다. 그러나 문제는 발표자 자신도 실제로 그런 주제가 어떻게 다루어지고 있는지를 발표를 맡은 다음에야 개괄적 성격을 글을 읽으며 습득하기 때문에 실전에서 어떤 자료를 어떻게 분석해서 어떤 결론을 내릴 수 있는지 모르는 경우가 태반이라는 사실이다. 적어도 주거나 취락에 관한 한 발표자 대부분은 그들이 소개했던 가구고고학이나 취락고고학의 주요주제에 따라 실제 우리의 자료를 다룬 경험이 없었다. 주거유적 발굴 몇 번 했다고 넘어갈 문제가 아니다. 1994년『마을의 고고학』(제18회 한국고고학전국대회)이란 이름 아래 처음 소개(權鶴洙 1994; 秋淵植 1994)되었던 '家口考古學'과 '聚落考古學'은 거의 사반세기가 지나도록 우리 고고학에 착근하지 못하고 있다. 발표 자체에서는 포함하지 못하더라도, 별도의 場을 통해 그러한 이론적 논의에 대한 소개가 실제 우리자료로서 어떻게 표현될 수 있는지를 구체적으로 제시하지 않았기 때문은 아닐까 싶다.

다음은 실제로 우리 청동기시대 주거자료로 가구고고학을 어떻게 할 수 있는지 제시하는 場이 될 것이다. 그렇다고 앞 장에서 언급한 가구고고학의 접근 방식이 확산하기를 바라며, 사례소개를 더하는 場은 아니다. 오히려 주된 목적은 우리 청동기시대 사회경제적 변화를 더욱 역동적으로 설명하기 위해 '家口'라는 분석 · 해석의 단위를 적용하는 것이다. 실제 우리의 (주거)자료에 적용된 단위로서 '青銅器時代 家口'는 어떤 모습인지 살펴보는 것으로 시작하자.

1. 청동기시대 전 · 중기 家口의 考古學的 정의

무엇의 변화를 이해 · 설명하기에 앞서 '무엇', 그 자체가 定義되어야 한다는 것은 상식 수준의 얘기일 것이다. 사회조직의 한 단위로서 '家口'를 정의하는 작업이 가구양상 변화에 대한 이해에 선행되어야 함은 분석과 서술의 절차상 당연해 보인다. 그럼에도 우리를 혼란스럽게 하는 것은 사회조직을 염두에 둔 고고학연구에서 '認知 · 分析의 單位'를 설정하는 작업이 태생적으로 논란의 소지를 안고 있다는 사실이다. 연구자마다 상이한 정의에 기초한 탓이기도 하거니와, 물질자료로부터 '인간집단'을 인지하는 방법의 차이 때문이기도 하고, 대상이 되는 지역이나 시기의 사회경제적 배경이 상이해서이기도 하다(Bermann 1994). 어쨌든, 家口 또한 그러한 논란에서 자유로울 수 없는 단위임은 분명한 듯하다.

그렇다고 그 개념의 활용을 피할 수만은 없다. 만약 모든 (사회조직) 단위들이 배태한 문제만을 강조하여 활용을 기피한다면, 결국 남는 것은 '개인' 밖에 없을 것이다. 그러나 최소한 역할과 동력이라는 측면에서 개별 구성원의 총합이 곧바로 특정 (사회)조직단위와 등가가 될 수 없음은 주지의 사실이다. 따라서 문제의 소지에 대한 지적이 '教訓的 談論(cautionary tales)'은 될 수 있더라도 실제 연구를 진행하는 데 있어서 실질적인 해결책이 되지는 못한다.

많은 연구에서 그러하듯, 논지전개를 생산적으로 진행할 분석과 인지의 단위는 부단히 정의되고, 이를 바탕으로 한 모형화작업도 시도된다. 단위의 설정은 어찌 보면, '必要惡'이라고도 하겠다. 다시 한번 지적하거니와, 가구양상을 살펴보기에 앞서 가구를 정의하는 작업도 그에서 예외일 수는 없으며, 정의가 선행되지 않는다면 후속작업이 진행될 수도 없다(Souvatzi 2008:31).

II장에서 지적했던 대로, 家口는 다양하게 정의되어왔다. 그럼에도 한두 요소는 공약수처럼 등장한다. '同居性(co-residency)'이야 말로 가구를 정의하는 가장 핵심적이고 보편적인 요소로 거명되어왔다. 따라서 '동일한 건축구조물 내 거주하는 사람의 무리'가 가장 기초적인 수준에서 정의될 수 있는 '家口'이다. 물론 동거성의 공간적 범위는 역사적 맥락에 따라 달리 나타나기도 하는바, 그 점을 고려하여 가구를 규정하는 작업이 이루어져야 함은 강조할 필요도 없다(Souvatzi 2008). 다만 '歷史的 脈絡을 고려한 家口의 規定'이란 작업이 과연 우리 청동기시대에도 가능할지는 의문이다. 그러한 제안은 현존집단의 史的 변화에 대한 정보를 고려하여 가구를 이해해야 한다는 점을 강조한 정도로 받아들여도 무방할 듯하다.

일반론이 그러하듯, 이 책의 초점인 (湖西地域) '靑銅器時代 家口'를 定義하는 작업도 그리 직설적이지만은 않을 듯하다. 기존의 논의만 보더라도 그러한 예측이 현실화될 가능성이 매우 높음을 알 수 있다. 앞장에서 살핀 바와 같이, 청동기시대 '家內集團'의 성격에 관한 논의는 다소의 휴지기를 끝내고 1990년대 중반 재등장(權五榮 1995, 1997; 安在晧 1996)한 후 간헐적이나마 계속되어오고 있으며 특히 2000년대 중반 이후 본격화(김권구 2005; 金範哲 2006a; 김승옥 2006)된다. 이 과정에서 핵심적으로 다루어져 온 것이 전-중기의 전이과정에서 관찰되는 '住居群'의 형성이다(權五榮 1995, 1997; 金範哲 2006a; 安在晧 1996). 이러한 주거군을 '世帶共同體'로 규정하려는 시도의 저변에는 '單一 住居(址)가 單一 家族(家口)을 반영'한다는 생각이 자리 잡고 있다. 다른 한편, 일부 연구자는 물리적 인접성을 강조하여 '住居群(그림 4.01[左][1])' 자체를 하나의 단위가구로 보는 견해를 피력하기도 한다(김권구 2005). 물론 일면 타당한 측면이 있고 중남미유적들에서 나타나는 '內園家屋集團(patio group, 그림 4.01[右])'과도 일부나마 유사한 양상을 보이는바, 의미 있는 지적이라고 판단되기도 한다.

그러나 住居群을 아우르는 物理的 區劃이나 共同炊事의 흔적 등이 부재하다는 측면에서 보자면 내원가옥집단과 같은 결속력을 찾기가 쉽지 않다. 뿐만 아니라, 후술할 바와 같이 청동기시대 사회변화를 보다 개연적으로 해석하기에는 적절하지 않은 점도 눈에 띈다. 따라서 선불리 住居群을 개별가구로 규정하기보다는 개별주거 자체를 개별가구로 상정하고 논의를 진행하는 것이 타당해 보인다. 더욱이 住居群을 하나의 家口로 파악하고자 하는 견해가 주로 靑銅器時代 前-中期 轉移過程에서 '가족관계의 영속성'을 상정하기 위한 의도(김권구 2005; 김승옥 2006)에서 비롯되었고, 문제의 소지를 내포하고 있다는 점(Ⅲ장 참조)을 상기하지 않을 수 없다. 앞서도 지적한 바와 같이 前期에는 단일 (세)장방형주거에 거주하던 확대가족이 中期로 넘어오면서 거주의 물리적 공간은 분리되지만 '대가족체(김승옥 2006)'를 유지하기 때문에 住居群을 한 가구로 보아야 한다는 가정은 本末顚倒 혹은 爲人設官의 논리와 다를 바 없다. 요즘의 세태를 생각해보자. 종종 결혼 후 분가하더라도

1) 왼쪽 그림은 대전 방동뜰유적에서 보이는 송국리식 주거 군집의 사례(忠淸南道歷史文化硏究院 · 鷄龍市 2011, 原色圖板 2[p.4])를, 오른쪽 그림은 고전기(Classic Period) Yucatan반도(Mexico) 서북부의 Chunchucmil유적의 내원가옥군집의 사례(Hutson et al. 2004, Figure 3[p.79])를 제시하고 있다. Chunchucmil유적 외에도 중남미 특히 고전기 사회에서 담장, 축대 등으로 구별된 공간에서 동일한 내원을 바라보며 모여 있는 臺上家屋(house on the platform)들을 하나의 가구로 파악하고 기초적 사회조직으로서 內園家屋集團이 가지는 의미의 중요성에 주목한다(Ashmore 1980).

부모와 같은 아파트단지 내, 혹은 같은 棟에, 더 극심하게는 아래 위층에 거주하는 신혼가구를 볼 수 있다. 그들은 육아를 위해 그러하지만 부모 집에서 종종 끼니를 때우기도 한다. 그들은 부모와 한 가구인가? 그렇지 않다.

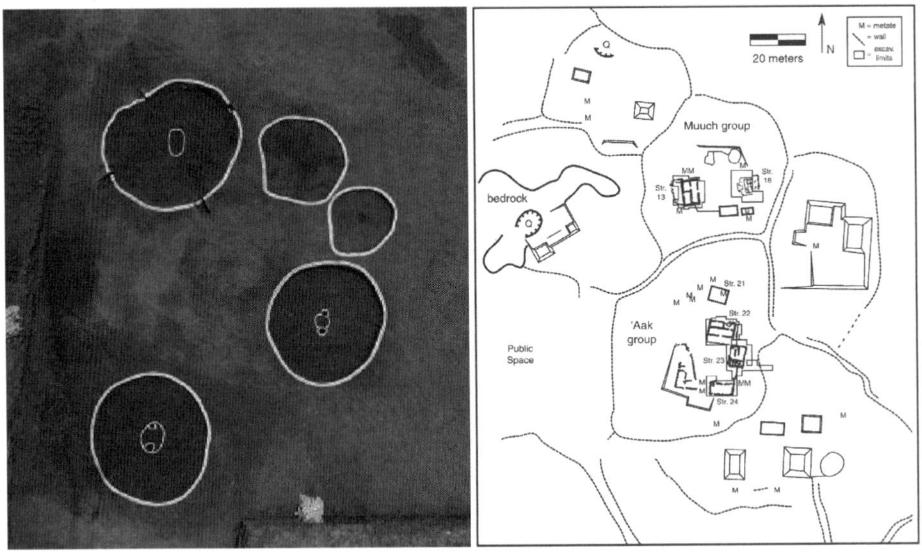

그림 4.01. 중기 住居群(左)과 중남미 內園家屋群(右)의 사례

住居群에 대한 해석을 둘러싼 논란이 있는 중기와는 달리 전기 (세)장방형주거를 다룸에 있어 가구와 주거의 관계는 상대적으로 직접적이다. 개별 (세)장방형주거가 한 가구라는 점에 대해서는 별다른 이견이 없어 보인다. 물리적으로 단일한—한 지붕 아래 있는—(세)장방형주거가 복수의 핵가족을 수용할 만한 공간을 포괄하고 있어 중기와 같은 논란의 소지가 없기 때문이다. 더구나 (세)장방형주거의 군집을 상정하며 더 포괄적 규모의 취락 내 집단을 상정하는 일각의 주장(羅建柱 2010, 2013)이 그다지 합리적 반향을 불러일으키지 못하는바(金範哲 2013a, 2014b), 전기의 가구를 정의하는 작업에 관련된 논란의 소지는 거의 없어 보인다.

2. 청동기시대 전-중기 家口構成의 변화

고고학자료로 남은 '住居址'로부터 그 집에 살았던 사람의 수, 즉 '家口의 規模'를 추정할 수 있게 해주는 결정적 요소는 '주거면적'이다. 물론 가구규모와 주거면적, 그것도 바닥의 면적을 직접 연결하는 것은 적지 않은 위험을 내포하고 있다(김종일 2004). 실제 가옥에는 복수의 층이 있었을 수도 있고, 사람마다—좀 더 정확히 표현하자면, 집안마다— 주거공간을 활용하는 양태가 달랐을 수도 있다. 특히 부와 신분의 차이가 나타나면서 개인별 활용공간의 차이는 심화되어왔다. 궁전 對 서민가옥 간 일인당 주거면적의 차이와 같은 극단적인 예를 들지 않더라도 충분히 이해할 수 있는 부분이다. 계층화가 진행되는 과정에서 사회적 성향에 따라 주거구조물의 규모차가 심화할 수도, 덜할 수도 있다. '集團指向的(group-oriented)' 對 '個人中心的(individualizing)'성향의 사회에 관련된 대비를 예로 들어보자. 전자의 성향을 가진 사회에서는 위세의 표현이 주로 내 · 외장제의 화려함보다는 (외형상) 규모에 주목하는 경향이 있다고 한다(Renfrew 1974; Wilk 1990).

이렇게 여러 함정(?)이 있기는 하지만 개별 주거구조물의 내부면적은 가구의 규모 및 구성과 직접적인 상관관계가 있을 가능성이 크다는 점 또한, 부정하기 어렵다. 또한 우리 青銅器時代 前期와 中期 사이의 비교에 있어서는 심각하게 우려해야 할 정도는 아닐 뿐만 아니라, 양 시기의 전이과정에서 부와 신분의 차이가 (물적 표현으로) 가시화되어 주거면적에 상당한 차이가 발생했다 하더라도, 각각에 대한 검토를 거친 후에야 두 시기 자료를 비교의 대상으로 활용할 것인 바, 충분히 통제가 가능하다. 따라서 이 장에서 주거면적을 비교하면서 가구규모를 복원하고 변화상을 파악하는 데 심각한 문제는 없다고 하겠다.

Ⅲ장에서도 몇 차례 등장하듯, 적지 않은 연구들이 주거면적의 규칙성을 탐색하여 가구규모를 복원하고자 했다. 그러나 그런 시도들에서 앞서 언급한 여러 가지 위험요소에 대한 어떤 관심과 우려도 없었던 점은 아쉽다. 그럼에도 불구하고, 그러한 시도들을 고무적으로 평가하고 싶은 것은 가구규모 복원이 가지는 의미가 분명하게 인식되고 있다는 점 때문이다. 주지하다시피, 가구가 어느 정도 규모인가에 대한 판단은 家口構成(composition of household), 즉 그 집에는 어떤 (관계에 있는) 사람들이 (같이) 살았었던가 라는 질문에 답하기 위한 기초가 된다. 만약 진주 平居洞(3-1지구)유적(慶南發展硏究院 歷史文化센터 · 한국토지주택공사 2011)에서 발견된 165.9㎡가 넘는 청동기시대 早期의 초대형 주거지(그림 4.02[2])가 흔히 추정하는 대로 30명[3]이 넘는 사람들의 가옥이었다면 이 사람들이

2) 慶南發展硏究院 歷史文化센터 · 한국토지주택공사 2011의 도면 113(p.255)을 전재하였다.

3) 앞서 살핀 金正基(1974a)의 안을 따라 1인당 주거면적을 5㎡로 계산한 경우에 그러하다는 것이다. 만약 3㎡안을 따르게 되면 그 수는 55명이 넘게 된다.

핵가족이었다고 상정하기는 쉽지 않을 것이다. 1세대가 상당히 장수하고 자손이 번성하지 않는다면 웬만해서는 (擴)大家族으로 보기도 어려울 정도의 수이다. 가족이 아닌 사람이 가구의 구성원이 되었을 수도 있고, 친족관계가 아니더라도 몇 가족이 연합한 가구일 수도 있고, 一夫多妻의 가구[4]일 수도 있는 등 여러 상상이 가능하다.

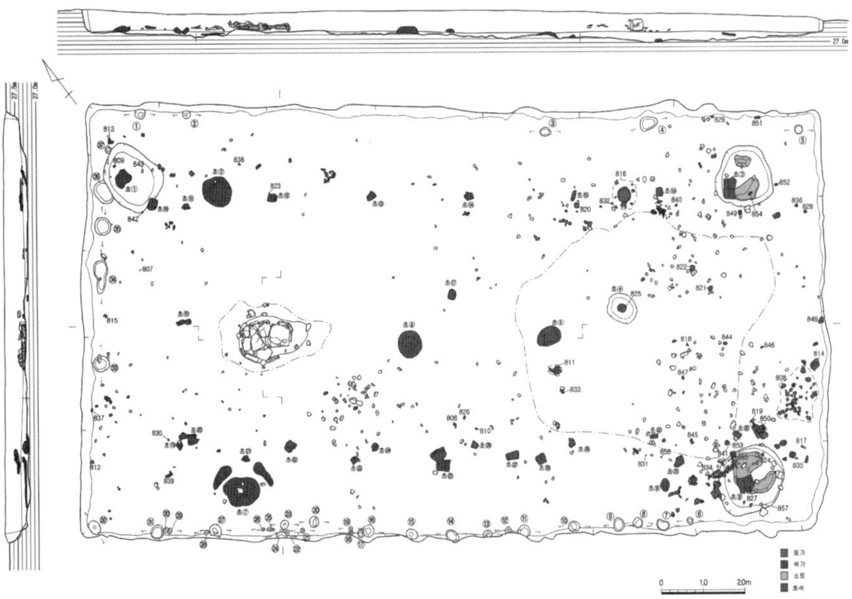

그림 4.02. 조기의 초대형주거(진주 平居洞 3-1지구 7호)

다만, 어떠한 고고학적 추론도 마찬가지이겠지만 직관으로 얻어지는 것은 아니며, 실제 주거자료의 분석결과나 민족지연구 및 이론화된 성과를 비교하면서 몇 가지 가능할 설명 논리를 개발하고 그중 가장 생산적인 논리[5]를 채택하는 과정을 거쳐 얻어지는 것이 합리적이다.

그러한 합리적 과정이 담보되어야 '이론적 교조주의', '적폐적 관행'을 극복할 수가 있

4) 청동기시대 가구나 취락에 관련된 문제를 다루는 연구에 있어 '一夫多妻'의 문제는 주목을 받지 못하고 있다. 하지만 복합화 이전 가구 간 생산력의 차이, 결국에는 富의 편차를 발생시키고 심화시키는 요소로 일부다처가 거명되기도 한다(Clark and Blake 1994). 一夫多妻는 정도에 따라, 심각하게 출산력, (생산)노동력, 부의 축적에서 차이를 발생시킬 수 있는 요소이기도 하다.

5) 결론이 관련되는 다른 현상의 설명에도 개연적으로 연결될 수 있는, 더 나아가 선순환적으로 후속연구를 추동할 수 있는 논리를 의미한다.

다. 정치적 선언 같아 거부감이 들 수도 있으나 어조를 낮추면 우리 학문 곳곳에 이러한 요소들이 있음을 알 수 있다. 한국 고고학에서 예를 하나 찾아보자. 관찰되는 형태적 차이를 무조건 單線的 時間軸에 세우는 일이 가지는 논리적 한계나 설명력의 제한성에 대한 지적이 어제오늘의 일이 아니다. 특정 연구에 그러한 비판을 가하면 손사래를 칠 것이다. 당사자의 거부감과는 달리 현재에도 대다수 연구는 그런 관행에서 벗어나지 못한다.

靑銅器時代 前期 주거지에 대한 연구도 대체로 그 틀에서 벗어나지 못해왔다. 청동기시대 전기 주거지의 주류가 (세)장방형의 평면을 띠는 것은 주지의 사실이다. 그런데 (정)방형에 가까운 주거지도 적지 않고 장축과 단축의 비가 큰 편차를 보이는 탓에, 청동기시대 전기 주거의 전형을 설정하기는 어렵다(그림 4.03[6]). 이런 현저한 변이에 대한 설명이나 답변은 매우 다양할 것이다. 그런 다양함은 관련 연구자를 고민스럽게 한다. 그러한 문제의 소지를 일거에 해소할 논리는 장단축비가 시간성을 반영한다는 것이다. 그러나 후술할 바와 같이, 실전에서 이러한 논리는 한계에 봉착하는 경우가 적지 않다. 그러한 관행이 오랜 시간 우리의 인식을 누르고 있어 불편을 겪으면서도 단번에 극복하기 어렵게 된 것이다.

더욱 납득하기 어려운 것은, 주거형태와 가족관계를 결부시킨 설명(安在晧 1996, 2006)이 제기된 후의 상황이다. 이러한 설명의 지지자 중 상당수도 기존의 논리와 자신이 지지를 표한 설명의 관계를 정확히 알지 못한 채, 두 문제에 대해 분리 접근을 시도하고 있는 것을 볼 때 당황스럽기까지 하다. 두 설명논리 사이의 관계가 왜 문제되어야 하는지 설명하면서 청동기시대 전기 개별주거의 형태적 변이—좀 더 정확히 하자면, 장단비의 변이—가 어떻게 해석될 수 있고 그러한 해석이 중기로 이어지는 가구구성의 변화에 대한 이해와 어떻게 개연적으로 연결될 수 있는지 살펴보도록 하자.

1) 前期 住居의 變異와 家口發達週期

Ⅲ장에서 간단하게나마 언급한 대로, 청동기시대 전기에 유행하는 (세)장방형 평면의 주거는 복수의 방형 '(單位)住居'가 병렬적으로 연결된 것이며, 방형의 단위주거는 핵가족의 거주공간이라는 추정이 일반화되어 있다. 그러한 생각은 청동기시대 전기의 居住律

6) 1은 한신대학교 박물관 2006의 도면 35(p.75)를, 2 · 3 · 4 · 6은 각각 (財)忠淸文化財硏究院 · 韓國土地住宅公社 2009(본문Ⅰ)의 도면 22(p.47) · 도면 102(p.168) · 도면 52(p.92) · 도면 15(p.38)를, 5 · 8은 각각 (財)忠淸文化財硏究院 · 韓國土地住宅公社 2009(본문Ⅱ)의 · 도면 13(p.23) · 도면 53(p.92)을, 7은 (財)忠淸文化財硏究院 2009의 도면 21(p.41)을 전재 · 변경하였다

(residence rules)[7]과 家族形態가 '父居制的 擴大家族(patrilocal extended family)'이라는 인식(安在晧 1996, 2006)[8]으로 발전하게 된다.

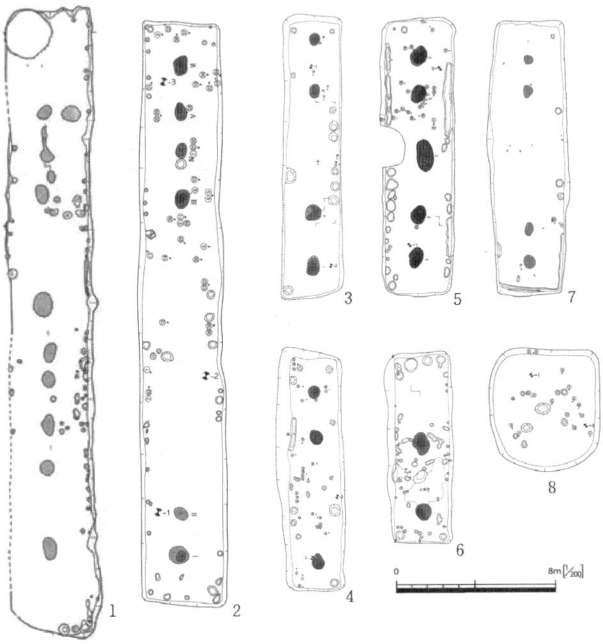

그림 4.03. 전기 주거의 변이

1. 화성 泉川里 7호, 2. 천안 白石洞(고재미골) Ⅱ-2호, 3. 천안 白石洞(고재미골) Ⅱ-23호, 4. 천안 白石洞(고재미골) Ⅱ-8호, 5. 천안 白石洞(고재미골) Ⅲ-5호, 6. 천안 白石洞(고재미골) Ⅰ-4호, 7. 아산 龍禾洞(가재골) 6호, 8. 천안 白石洞(고재미골) Ⅲ-18

필자 또한 그러한 인식에 커다란 문제가 있다고 생각하지 않는다. 다만 그러한 작업의 생산적 측면을 인정(이형원 2009)하되, (細)長方形 住居를 '固定된 文化的 實體'로만 파악

---

7) 혼인한 부부가 장차 어디서 살림을 차릴 것인지는 대체로 그 사회의 관습을 따르고 있는데 이것을 거주율, 거주규정 또는 주거율이라고도 한다. 혼인과 함께 아내가 남편의 집으로 옮겨와서 사는 것을 父居制(patrilcoality 혹은 rules of virilocal residence)라 하고, 남편이 처가살이를 하는 관습을 母居制(matrilocality 혹은 rules of virilocal residence)라고 한다. 이 둘 중 하나를 택하는 것을 兩居制(ambilocality)라 한다. 어느 쪽으로부터 독립하여 전혀 새로운 곳에서 살림을 차리는 경우도 적지 않은데, 이를 親居制(neolocality)라고 한다. 이외에도 외삼촌의 권력이 강한 모계제집단에서 결혼 후 어머니의 고향, 즉 외삼촌이 있는 곳에 가서 거주하는 外叔處制(avunculocality)가 있다.

8) 안재호의 글(2006)에서 '부거제적 확대가족'이라는 용어를 사용하지는 않는다. 다만 취지를 종합하여, 필자가 인류학적 용어로 표현했을 뿐이다.

하려는 관행의 문제점은 지적하지 않을 수 없다. (세)장방형주거지는 청동기시대 전기 사회의 가구구성, 한편으로는 가족구성의 결과물이다. 가구나 가족의 구성은 고정된 실체가 아니다. 시간의 흐름에 따라, 구성원의 수와 역할이 변하기 마련이다. 설혹 부거제적 확대가족이 보편적인 모습이라 하더라도 모든 가족이 그러한 구성을 갖추지는 못할 수도 있고, 소규모의 새로운 핵가족이 세대를 거치면서 대형 확대가족으로 성장하기도 한다. 그 거주 공간이었던 (세)장방형 주거와 잔존물로 남은 (세)장방형주거지는 고정적 실체가 아니다.

결국, 병렬적 결합주거형태를 특정 시기의 고정된 실체로 파악할 경우, 당시 사회상을 역동적으로 설명하지 못할 뿐만 아니라, 고고학자료의 일차적인 평가에도 좋지 못한 영향을 미칠 수 있다. 사실, 청동기시대 연구에서 그러한 고정적 시각은 현재 많은 연구자가 생각하는 것보다 훨씬 더 많은 문제를 배태하고 있다. 한 유적에서 공존하는 단위 (장)방형주거지와 (세)장방형주거지의 관계를 시기적 차이로 해석하려는 경향은 바로 그러한 문제 중 대표적인 것이다.

물론, 거시적이고 장기적인 관점에서 볼 때, 청동기시대 前-中期 轉移過程에서 (세)장방형주거지가 방형 혹은 원형의 주거지로 바뀌는 경향에 대해서는 필자 또한 인정하는 바이다. 그 전이과정에서 나타나는 '(세)장방형→소형방형 혹은 休岩里式'의 관계는 상당 부분 집단적이며, 출토유물상의 차이로도 검증이 가능하다(나건주 2009; 玄大煥 2010). 그러나 이러한 관계를 확대해석하여 모든 청동기시대 전기 취락유적에 적용하는 것이 정당화될 수는 없다. 사실, 전기 유적에 (세)장방형주거지만 있는 것도 아니고, (세)장방형주거지와 소규모 (정)방형 주거지 사이에는 유물상의 차이가 없는 경우가 대부분이며, 중복현상도 매우 미약하다. 즉, 시기차—고고학적 同時期性을 부정할 만한 차이—를 입증할 만한 증거는 없다는 것이다(宮里修 2005). 물론, 중복관계가 있더라도 유물상의 차이가 보이지 않을 경우에는 고고학적 시기차를 상정하는 것이 위험스러울 수 있다는 점은 널리 인식되고 있는 듯하다. 그러한 상황에 대한 고민은 적지 않은 발굴보고에서 찾을 수 있다. 그러한 보고서에서 도출하는 결론이란 '시간차는 있으나 시기차를 언급하기는 어렵다' 정도이다. 그러나 방형 대 (세)장방형주거지의 관계에 대해서 더 이상 진전된 결론은 없다.

이러한 모호한 상황에 대한 해결책 중 현재로서 가장 생산적인 것은 결국, 가족구성과 주거양상을 연결할 설명모형을 수립하고 이를 실제자료와 비교하면서 개연적인 설명을 도출해 보는 것이라고 판단된다. 이러한 판단은 선진사례에 대한 이해에서 비롯된 것이다. 사실 가족과 가구의 성립-성장-붕괴에 관한 (문화)인류학적 연구는 1940 · 50년대 이후, 세계 각지에서 활발하게 이루어졌었다(Fortes 1945; Goody 1958). 이를 고고학에 응용하여 선사와 고대의 취락 형성에 대한 설명에 활용한 사례는 상대적으로 적지만 매우 개연적인 결과를 도출하고 있는 것은 분명하다. 특히 中 · 南美의 선사 · 고대유적을 대상으로 한 家口考古學의 접근이 그 대표적인 예가 될 것이다(Haviland 1988; Tourtellot 1988).

다음에서는 湖西地域 驛三洞 및 欣岩里類型 취락에서 발견된 방형계 주거지[9]의 양상을 분석하고, 이를 가족구성 변화 대 주거양상 변화를 연결하는 고고학적 설명모형과 비교해 가면서, 家口發達週期에 관한 인식이 청동기시대 전기 주거양상의 역동적 측면을 부각할 수 있는지를 탐색해 보기로 하겠다. 그 출발은 既存의 認識과 惰性의 限界를 분명히 하는 작업이 된다.

(1) 전기 住居의 變異에 대한 기존 인식

앞서 살핀 바와 같이, 청동기시대 前期에서 中期로의 이행과정을 설명하는 대부분의 연구는 (세)장방형주거에서 (소형)방형주거로의 변화를 중요하게 인식하고 있다(김승옥 2006; 김장석2006; 李眞旼 2004; 宮里修 2005). 전기 諸 유형—특히, 驛三洞 및 欣岩里類型—의 주거로부터 休岩里式 주거나 중기의 (소형)방형주거로의 전이과정에서 나타나는 '(세)장방형→방형'의 도식이 인정된다는 점과 전기 취락에서 제한적이나마 중복관계가 확인된다는 점이 그러한 인식의 주요 근거다. 물론, 큰 틀에서 '(세)장방형→방형'의 변화와 같은 단일 家屋規模의 縮小나 形態變化는 인정된다.

그렇다고 해서, 청동기시대 역삼동 및 흔암리유형 취락에서 개별 가옥 축조의 역동적 측면을 무시해도 된다는 것은 아니다. 전반적이고 거시적인 경향을 개별 사례의 판단에 그대로 적용하는 것은 내부에 실재했을 역동성을 무시하는 결과를 초래할 뿐만 아니라, 부당한 해석을 내릴 소지가 다분하다. 즉, 편의주의적인 발상으로 모든 방형주거지가 (세)장방형주거지보다 후행한다고 판단해서는 곤란하다는 것이다. 또한 '方形化' 혹은 '小形化'를 일률적이고 점진적인 경향으로 이해(國立中央博物館 1995; 公州大學校 博物館 · 忠淸南道 天安市 1998)해도 곤란하다. 사실, 많은 경우, 장단비에 따라 분류된 주거지 형태 간 중복양상이 일관적이지 못함은 많은 발굴조사보고서에서도 피력된 바이다. 이러한 사례는 특히, 장방형과 세장방형의 관계에서 매우 심하게 나타나는데, 보고자마다, 개별 유적의 양상에

9) 여기에서 '方形系 주거지'라고 표현하는 것은 단순히 '正方形'의 주거지뿐만 아니라, 장방형과 세장방형 등, 원이나 타원의 평면 형태를 띠는 주거지와 구별되는 사각형 계통의 주거지를 통칭하는 의미로 사용한다.

따라, 상이한 결론을 내리기 일쑤다. 만약 '방형화' 혹은 '소형화'가 일률적이고 점진적인 현상이라면, 세장방형과 장방형 주거지의 선후관계에 대해서는 왜 그리 관대한가?

현장조사 시 유구의 중복관계에 대한 해석은 종종 조사자를 고민스럽게 한다. 과연 그러한 현상을 현재의 편년체계상 분기 설정의 유의한 지표로 볼 것이냐 혹은 단순한 유구 축조시기의 차이일 뿐 고고학적 시기차라는 측면에서는 무시해도 좋을 정도의 것이냐는 의문이 그 핵심이다. 그 해답의 실마리는 출토 유물상에서 나타난 각종 양식적 속성들의 '時期差'에 관한 문제로 귀결된다. 출토유물의 양식적 속성이 시기차 판별에 유의미한 경우, 중복관계를 시기차로 규정하지만 그렇지 않은 경우, 매우 미온적으로 그러한 관계를 표현한다.

청동기시대 전기 방형계 주거지의 형태 간 관계에 대한 인식은 그러한 상황을 가장 극명하게 보여주는 사례이다. 주거지 간 중복은 가장 매력적인 단계 설정의 근거가 되지만 출토 유물상의 뚜렷한 차이가 보이지 않을 때, 시간차—결국, 주거지 축조 시점의 차이—는 있으나 단계—고고학적으로 의미 있는 구분이 가능한 시간대—를 설정할 수는 없다고 결론 내린다. 어느 정도 시간 폭을 갖고 형성된 취락에서 住居構造物의 廢棄, 增·改·新築은 매우 빈번히 일어나는 현상이었을 것이다. "주거 축조 시점의 차이는 있으나 편년상 유의한 단계로 설정할 수는 없다"는 해석은 바로 그러한 현상에 대한 이해가 반영된 것이라 하겠다. 그러한 현상을 감안할 때, 고고학의 상세편년에서 유구의 중복관계는 결정적인 단서임이 분명하지만, 그것을 기계적으로 편년에 도입하기는 어렵다고 할 것이다. 중복관계를 통한 편년이 가능하려면 최소한 다음과 같은 몇 가지 전제가 있어야 한다. 우선, 재차 삼차에 걸친 점유가 (상당한) 시간차를 가지고 일어나야 하며, 그 결과로 어떤 단서가 되었건, 유물상에서 의미 있는—최소한 그간의 경험으로 볼 때 충분히 인지될— 시간차를 반영할 요소가 드러나야 한다. 만약, 유물상에서 우리의 경험부족으로 인지되지 않은 차이를 인정하더라도 절대연대, 장축방향 등에서라도 차이가 인지되어야 한다.

과연 遺物相에서 유적 내 개별 주거지, 최소한 중복관계가 있는 주거지 간의 고고학적 시기차를 인지할 정도로 우리의 형식학적 편년관은 정치한가? 그럴 수도 있지만 많은 수의 주거지에서 편년의 기준이 될 요소들이 발견되지 않은 경우가 대부분이라는 점, 대략 500년가량을 점하는 청동기시대 전기 동안 유형별로 유물·유구상의 변화가 그다지 확연하지 못하다는 점 등, 근본적인 제약이 있다. 또한 유형 간 관계, 유형의 형성에 대한 이론적 입장이 바뀔 때마다 개별 주거지의 시간적 위치에 대한 평가가 변화한다는 문제도 작용한다.

예를 들어, 전기 欣岩里類型(?)의 형성을 驛三洞 · 可樂洞類型의 接變(金壯錫 2001; 李白圭 1974)으로 설명하는 편년관에서는 토기문양의 복합화를 개별 유구의 시간성 반영 요소로 판정하는 것이 조류인 반면, 청동기시대 早期 설정의 영향으로 등장한 '可樂洞→欣岩里→驛三洞' 식의 편년관(김현식 2008a; 쇼다신야 2009)에서는 문양의 해체과정이 그 조류가 된다. 이러한 경향은 개별 보고서들에서 빈번하게 관찰된다. 그러나 청동기시대 조기 및 전기의 제 유형 간 관계에 대해서는 아직 논의가 진행 중인 상태이고 早期 설정의 문제(김장석 2008b)가 해결되지 않은 상태에서 억지스럽게 유물상을 분류하여 유적 내 개별주거지의 서열적 편년을 제시하는 것은 문제의 소지가 있다.

한편, (세)장방형과 방형의 일률적인 관계를 설정하는 인식의 이면에는 전기 제 유형에 대한 정의를 제한적으로 해석한 관행이 자리 잡고 있기도 하다. '驛三洞類型'은 부가시설이 없는 토광형 노지를 갖춘 (세)장방형주거와 孔列(+口脣刻目)토기, '欣岩里類型'은 부가시설이 없는 토광형 노지를 갖춘 주거와 二重口然+短斜線+孔列(+口脣刻目)토기의 핵심적인 유물조합상으로 정의 · 인지된다. 소위 '類型'을 설정하는 과정에서 典型性(typicality)을 확보하려다보니, (세)장방형을 강조한 것일 뿐, 실제에서는 방형의 주거도 양 유형을 구성하는 무시할 수 없는 요소이다. 개별 연구의 설명을 자세히 보면, 분명히 각 유형에는 방형의 주거지도 포함되고 있음을 알 수 있다(李眞旼 2004).

이상의 이론적 측면 외에 기술적인 측면에서도 문제점을 지적하지 않을 수 없다. '방형'이라는 어휘에 압도되어 기계적으로 혹은 다소 억지스럽게 주거지의 형태를 장단비에 따라 구분하려 하거나 개별 유적 간 변이를 무시한 채, 다른 유적의 기준을 적용하는 사례가 적잖이 눈에 띈다. 그러나 후술할 바와 같이, 모든 유적을 일괄하여 장단비로 주거지 평면형태를 구분할 기준을 제시하기는 어렵기도 하고, 그런 잣대로 가족구성과 주거지 형태의 관계에 접근하는 것도 부적절하다. 장단비에 따라, 주거지 평면형태를 구분하는 작업에는 좀 더 미시적인 접근이 필요해 보인다.

한편, 中期에 비정될 (소형)방형주거지의 인지과정 또한 앞서 살핀 이론적 측면의 문제와 기술적인 측면의 문제가 결합 · 확대 · 재생산된 사례 중 하나다. "일반적인 형태는 방형 또는 말각방형을 띠고 있으며, 장단비에 있어서 1~1.5:1 사이에 해당하는 주거지로 면적은 15㎡ 이내에 해당되는 것이 일반적이나 대형의 경우 30㎡를 상회(玄大煥 2010:43)"하는 방형주거지의 출자를 찾는 과정에서 명확한 근거 없이, 적지 않은 전기 주거지들이 소위 '(소형)방형주거지'로 인식되는 것은 납득하기 어렵다.

이사의 여러 가지 문제를 감안하여 다음에서는 호서지역에서 조사 · 보고된 청동기시대 전기 취락, 특히 驛三洞 및 欣岩里類型 주거유적 52개소에서 알려진 460여기의 방형계 주거지 중 장축 및 단축의 길이, 장축의 각도 등 각종 수치의 복원이 가능한 주거지 317기를 대상으로 몇 가지 계량적 분석을 통해 시간성을 지나치게 강조해온 기존의 시도와는 다른 각도에서 주거형태의 변이—예를 세장방형, 장방형, 방형의 변이—를 다룰 기초를 마련하도록 하겠다.

(2) 전기 住居址 분석의 전제와 유의사항

청동기시대 전기 주거지의 평면 형태는 장 · 단축의 비를 계산하여 '방형-장방형-세장방형(-초세장방형)'으로 구분하는 것이 일반적이다. 이 중 '방형'은 원칙적으로는 장단비가 1:1인 '정방형' 주거지를 의미해야 하지만 실제 자료의 분석결과, 다소의 오차가 있는 경우가 대부분이다. 즉, 분류상의 편의를 위한 용어일 뿐 어의에 집착할 필요는 없다는 점이 이미 시사되고 있는 셈이다. 기술적으로 히스토그램을 이용할 때를 생각해보자. 연속적 급간의 빈도분포에 따라 주거지의 형태를 구분하게 되는데, 이 때 '방형', '장방형', '세장방형', '초세장방형' 등의 명칭은 도표에서 봉우리를 이루는 개별 범주들의 이름에 지나지 않는다.

그런데, 청동기시대 전기의 주거지 형태로부터 가족형태를 추정하는 작업에서는 그러한 범주에 좀 더 사회적인 의미가 부과된다. 즉, '방형'은 핵가족의 주거, (세)장방형은 확대가족의 주거라는 의미가 부과된다. 결국 (세)장방형은 복수의 방형이 병렬적으로 결합된 형태라는 전제 하에, '방형'은 그것을 구성하는 단위형태를 의미하게 된다. '방형'이 단순히 분류상의 명칭이고 '單位住居(unitary dwelling)'의 반영이라고 전제한다면, 그것을 규정하는 과정을 절대적인 수치에만 의존하기보다 유구의 실상을 살피는 작업을 포함해야 할 듯하다. 유구의 現狀을 살폈을 때, 단위주거의 범주에 속해야 함에도 불구하고, 장단비에 집착한 나머지 장방형주거지로 분류하는

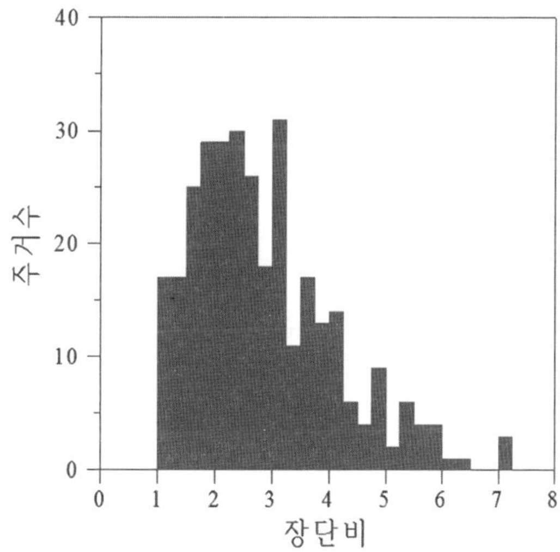

그림 4.04. 전기 주거의 장단비 분포

경우를 종종 발견하게 된다. 물론, 기술적으로 잘못되었다고 할 수는 없지만 고고학적 해석에 도움이 될지는 의문스럽다. 사실, 호서지역의 사례에서도 나타나는 바와 같이, 도표 자체만을 보고 장단비를 구분하기 어려운 경우가 있다. 특히 문제의 핵심인 '방형'의 구분이 어렵다(그림 4.04[10]).

이러한 문제의 해결 방안으로 제시할 만한 것이 장단비에 면적이라는 기준을 병합하는 작업이다. '장방-소형'이니 '세장방-대형'이니 하는 명칭들이 등장하는 것은 바로 그러한 작업의 결과다. 단축의 변이가 심하고 장단비와 장축의 상관관계도 그다지 확연하지 않아서, 동일한 장단비를 갖더라도 주거지 간 면적의 편차가 적잖이 발생하는바, 이러한 상황에서 장단비와 면적을 동시에 고려하는 것(그림 4.05[11][右])이 단순히 장단비만으로 주거지를 분류할 때 생기는 문제의 극복에 도움이 될 수도 있다.

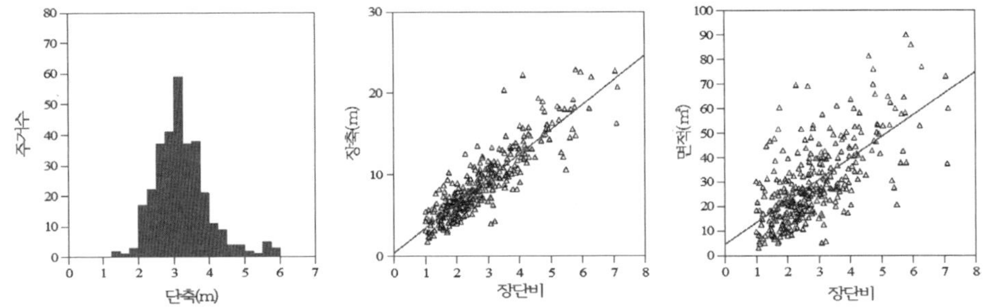

그림 4.05. 전기 주거의 몇 속성에서 보이는 특징
(左: 단축의 변이, 中: 장단비와 장축의 관계, 右:장단비와 면적의 관계)

하지만 이 방안도 결국 '단위주거 면적'에서 보이는 장단비의 변이를 고찰한 것 이상의 의미를 가지기 어렵다는 점을 분명히 인식해야 한다. 그러한 변이에는 다양한 요소—단위주거지에 거주했을 인원수의 미세한 차이, 공간 활용의 차이, 미세지형상의 차이, 여타 주거와의 공간적 관계 등—가 작용했을 것이고, 개별 요소가 어떻게 작용했는지를 밝히는 것도 중요한 연구주제가 될 수 있지만 여기서처럼 주거지 형태에 가족형태를 연결하는 작업에서는 개별 주거지, 특히 단위주거의 변이에 주목할 필요는 없어 보인다.

한편, 주거지 형태에 가족형태를 연결하는 작업에서 노지의 수도 '단위주거'를 구별해

10) 金範哲 2011b의 도면 1(p.36)을 전재 · 변경 · 재제도하였다. 기술적인 측면에서 장단비 1:1부터 3:1 사이는 하나의 범주로 묶이게 된다.

11) 金範哲 2011b의 도면 2(p.37)을 전재 · 변경 · 재제도하였다.

내는 중요한 기준으로 이용되고 있다. 필자도 일부 동조하지만 실전에서는 문제의 소지가 없는 것도 아니다. 그림 4.06[12]에서 보듯이, 장단비와 노지수 사이에 일목요연한 관계를 찾기가 매우 어렵다. 화덕은 주거구조물의 존속기간 동안 그 위치가 변하거나 한 단위주거에도 복수의 화덕이 설치될 수도 있기 때문이다.

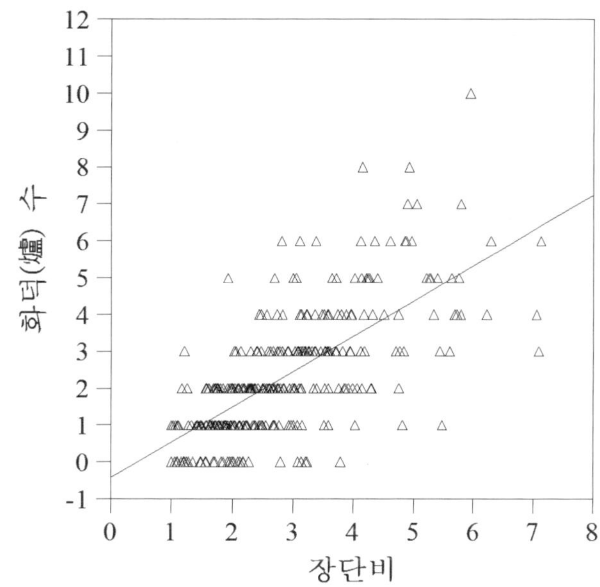

그림 4.06. 전기 주거 장단비와 화덕수

이러한 한계에도 불구하고, 기왕에 해오던 방법 이상의 대안을 제시하지 못하는 것 또한 인정할 수밖에 없는 사실이다. 결국, 이 책이 현실적인 대안으로 생각하는 작업은 위에서 기술한 두세 가지 계량적인 방법을 사용하되, 주거 특히 단위주거가 될 만한 것들의 크기나 배치상태에 대한 관찰을 병행함으로써 더 개연적인 결론 도출에 도움이 되게 하자는 것이다. 다음에서는 그러한 점을 염두에 두고 개별 유적들의 상황을 살펴보도록 하겠다.

(3) 遺蹟別 관찰과 분석

본격적인 상세 관찰의 대상이 되는 유적은 앞서 언급한 52개소 중, 주거지 간 중복이 있어 반복적인 점유나 (상대적으로) 장기적 점유의 흔적이 보이는 경우, 유적의 규모가 커서 장기적인 점유의 가능성이 상대적으로 높고 방사성탄소연대 측정의 결과를 통해 장기적인 점유를 입증할 수 있는 경우 중에서 주거수가 20기 이상 확인된 6개소를 선택한다. 아산 大興里(큰선장)과 龍禾洞(가재골), 천안 佛堂洞, 新芳洞, 白石洞, 서산 副長里 등 유적이 그에 해당한다.

12) 金範哲 2011b의 도면 3(p.37)을 전재 · 변경 · 재제도하였다.

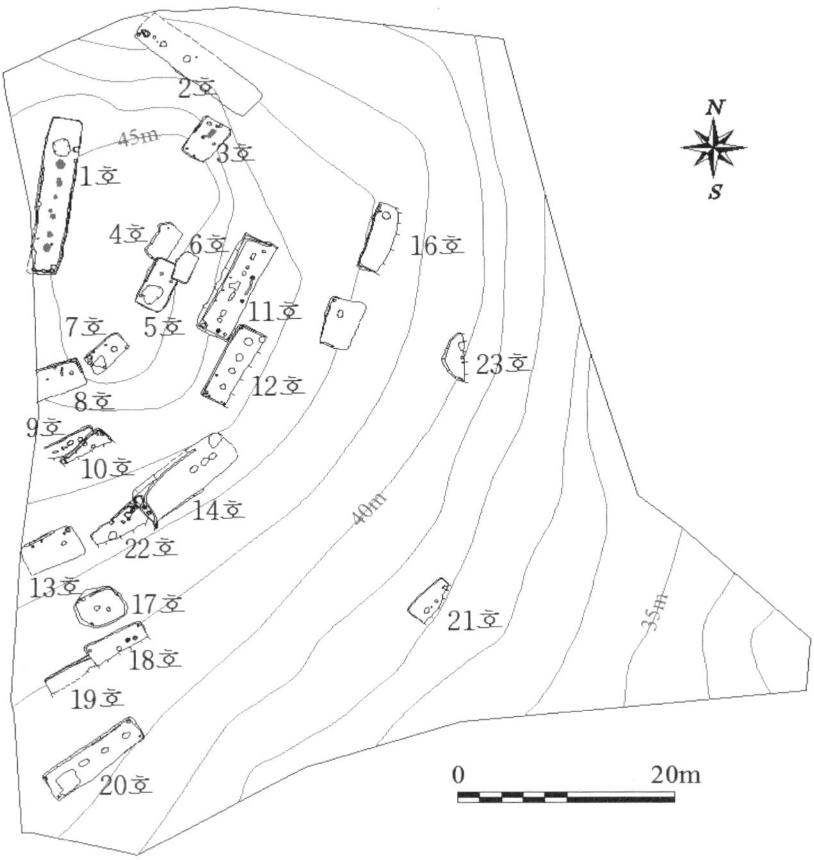

그림 4.07. 大興里(큰선장)유적 주거 분포

① 아산 大興里(큰선장)유적

아산 大興里(큰선장)유적((財)忠清文化財研究院 2008)에서는 23기의 청동기시대 방형계 주거지가 확인되었다(그림 4.07[13]). 대체로 무시설식 토광형 노지를 가진 방형계 주거지와 공렬토기의 조합이 우세한 驛三洞類型 유적[14]으로 볼 수 있다.

적지 않은 주거지에서 유물이 전혀 발견되지 않거나, 시기 판정이 불가할 정도만이 나타나고 있어 분명하게 역삼동유형 주거지로 판정할 수 있는 것은 8기 정도에 불과하지만, 전기에 속할 주거지로 보는데 무리가 없고, 평면형태를 복원할 수 있는 것은 15기에 이른

13) (財)忠清文化財研究院 2008의 圖面 8(p.16)을 전재 · 변경 · 재제도하였다.

14) 보고자는 '단사선문 토기의 동체부'라는 표현을 통해, 흔암리유형의 존재를 시사하고 있으나 매우 모호하고 부적절한 표현이다. 동체부만을 보고 구연부의 문양을 추정할 정도로 청동기시대 전기토기가 규격화되어 있던가!

다. 이들은 그림 4.08[15]에서 보듯이 장단축의 비와 평면적을 기준으로 3개 부류—Ⅰ류(1.10~1.85:1), Ⅱ류(2.59~3.37:1), Ⅲ류(3.99~4.89:1)—정도로 구분이 가능하며, 면적과 장단비의 관계도 상당히 안정적인 비례관계($r=0.846$, $p<0.0005$)[16]에 있다.

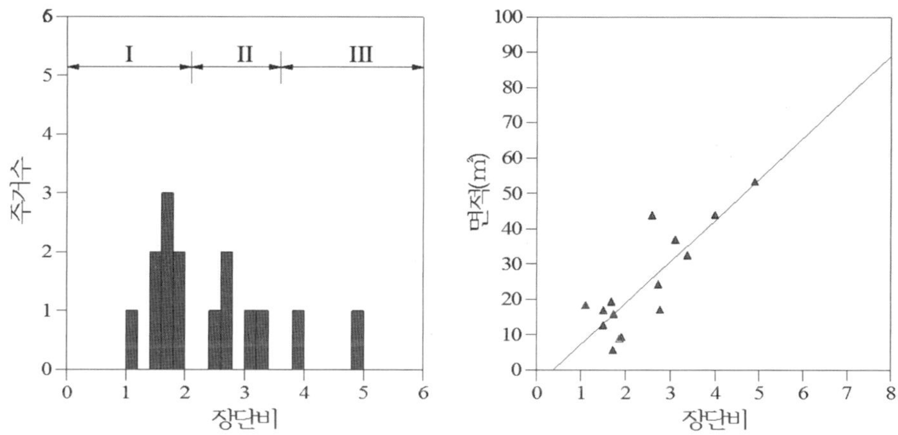

그림 4.08. 大興里(큰선장)유적 주거 장단비 분포(左) 및 장단비-면적 관계(右)

Ⅰ류에 속하는 주거지는 총 8기로, 宮里修(2005)의 분류안에 따르면 대부분 A1형—화덕이 한쪽 단변에 치우쳐 있는 형태—이고, 이 부류에 속한 주거지들의 평균 장단비는 1.62이다. Ⅰ류 중에는 화덕이 발견되지 않은 주거지(4호, 6호)나 말각방형의 주거지(17호)[17]가 포함되어 있는데, 6호는 화덕이 갖춰져 있지도 않은 것뿐만 아니라, 규모도 수혈유구와 유사해 주거지로 보기 어렵다. 한편 17호는 나머지 주거지와는 다소 다른 양상을 띠는 것으로 판단할 수도 있다.

Ⅰ류를 單位住居로 간주할 경우, Ⅱ · Ⅲ류 주거를 복수의 Ⅰ류가 병렬적으로 연결된 '결합주거'로 보기 어려운 점이 없지 않다. 그러나 단위주거의 결합이 반드시 동일 비율로 이루어지지 않을 수 있다는 점을 감안해야 할 것이다. 결합의 과정에서 작업 · 저장공간—宮里修(2005)의 표현을 빌자면, '機能空間'—이 공용화되어 전체적으로는 축소될 가능성이

15) 金範哲 2011b의 도면 4(p.38)를 전재 · 변경 · 재제도하였다.

16) 그림 4.08의 우측 도표에서 점들을 관통하는 직선은 선형(혹은 단순)회귀분석에 의해 생산된 것이다. 괄호 안의 수치는 그 회귀선(을 표현하는 공식)이 가지는 설명능력과 유의수준을 제시하고 있다. 그 수치의 의미에 대해서는 드레넌 저 · 김범철 역 2009의 271~278쪽에서 상세히 설명하고 있다. 이후 유적별 사례에서 등장하는 수치도 그러한 의미를 가지는 바, 다시 설명하지 않는다.

17) 23호 주거지도 17호와 같은 말각방형의 주거지일 가능성이 높다.

다분하기 때문이다. Ⅱ류에 속한 5기 주거지의 평균 장단비가 2.91, Ⅲ류에 속한 2기 주거지의 평균 장단비가 4.44이어서 단위주거의 장단비가 1.45:1 정도라면, 거의 완벽한 등비례관계를 설정할 수도 있다. 이러한 점을 고려할 때, Ⅱ류와 Ⅲ류 주거는 단위주거가 각각 두 채와 세 채 연결된 것으로 보아도 무방할 듯하다. 기술적인 측면에서 단위주거 중 '방형'에 속하지 않는 것이 대부분이지만 방형이 핵가족의 주거이며, (세)장방형은 확대가족의 주거라는 인식과 함께, 장방형과 세장방형이 각각 두 채, 세 채 이상의 단위주거가 결합된 결과라는 가정을 인정한다면, 이 유적에서 분석대상이 된 주거지는 세장방형에 속하는 것이 2기, 장방형에 속하는 5기, 방형에 속하는 것은 8기 등으로 평가할 수 있을 것이다. 비율이라는 측면에서 볼 때, 분석대상이 된 주거지들이 임의표본으로 큰 문제가 없다면, 장방형(33.3%)이나 세장방형(13.3%)보다 방형(53.3%)이 주류를 점했을 가능성은 다분하다고 할 수 있다.

표 4.01. 大興里(큰선장)유적의 주거지 중복관계

연번	先	後	장축교차각
1	4호(Ⅰ류, 방형)	5호(Ⅱ류, 방형)	17.2°
2	5호(Ⅰ류, 방형)	6호(Ⅰ류, 방형)	7.5°
3	9호(Ⅱ류?, 장방형?)	10호(Ⅰ류?, 방형?)	80.2°
4	19호(Ⅱ류?, 장방형?)	18호(Ⅰ류?, 방형?)	2.5°
5	22호(Ⅰ류?,방형?)	14호(Ⅱ류, 장방형)	0.1°

이 유적에서는 주거 간 중복이 다섯 사례 확인된다(표 4.01[18]). 보고자는 주거지의 중복관계 및 방사성탄소연대의 분포에 대한 관찰 결과, 세장방형으로부터 방형으로의 변화를 상정할 수 있다고 한다. 그러나 좀 더 자세히 관찰해 보면, 단순히 장단비에 의해 장방형으로 분류하고 있으나 단위주거지로 평가할 만한 22호 주거지가 장방형(Ⅱ류)인 14호 주거지에 선행함을 알 수 있다(그림 4.07)[19]. 한편, 절대연대 측정결과를 보면 14호 주거지는 세장방형(Ⅲ류)인 1호 주거지보다 빠를 가능성이 다분하다. 그렇다면 이 유적에서 '세장방형→장방형→방형'의 순차적인 편년관계는 설정하기 어렵다고 할 수 있다. 그렇다고 방형이 빠

18) 金範哲 2011b의 표 1(p.39)을 전재·변경하였다.

19) 보고자가 각 주거지의 형태를 구분한 기준은 명확히 제시하지 않고 있으나 장단비를 기계적으로 평가하여, 22호 주거지를 장방형주거지로 평가한 듯하다. 그러한 결과가 필자와의 해석상의 차이를 유발한 것으로 보고자의 관찰이 잘못되었다고 할 수는 없지만 앞서 누차 밝힌 바와 같이, 그러한 기계적 평가는 고고학적 설명에 도움이 되지 못한다.

르다고 보기도 어렵다. 방형(I 류)일 가능성이 다분한 10호 주거지와 장방형(Ⅱ류)인 9호의 중복관계에서 흔히 중복주거지 간 시차를 반영할 수도 있는 요소인 장축교차각이 확연한 바, 방형이 분명 어느 정도 시차를 두고 장방형을 파괴하고 축조되었다고 할 만하다(그림 4.09[20]).

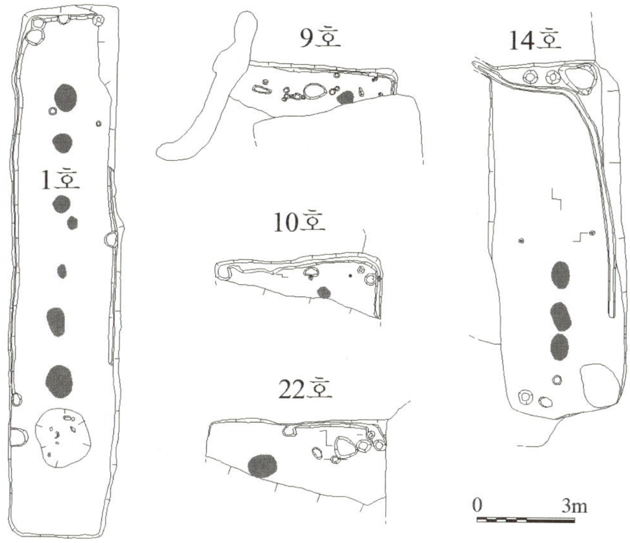

그림 4.09. 大興里(큰선장)유적 예시주거

보정된 방사성탄소연대 중 안정적인 값을 종합하면, 이 유적은 대략 기원전 11~10세기를 중심(표 4.02[21] 참조)으로 하여 일정기간 존속한 취락으로 평가할 수 있다. 그런데, 보고자도 인정한 바대로, 유물상에서 주거 간 시기차를 인지할 만한 요소는 발견되지 않는바, 중복을 인정하더라도 장기간의 점유를 상정하는 것은 다소 무리가 따를 듯하다.

표 4.02. 大興里(큰선장)유적의 방사성탄소연대

주거지	BP (절대연대)	보정연대		형태
		1σ (68.2%)	2σ (95.4%)	
1호	2820±60	BC 1060~890	BC 1130~820	Ⅲ류(세장방형)
1호	2830±70	BC 1120~1100 BC 1090~900	BC 1210~820	
1호	2690±60	BC 895~805	BC 980~770	
3호	2520±100	BC 800~520	BC 830~400	Ⅰ류(방형)
11호	2850±50	BC 1120~1100 BC 1090~930	BC 1210~890	Ⅱ류(장방형)
14호	2890±50	BC 1190~1170 BC 1160~990	BC 1260~1230 BC 1220~920	Ⅱ류(장방형)
14호	2830±50	BC 1050~910	BC 1130~840	

20) (財)忠淸文化財硏究院 2008의 圖面 9(p.18), 圖面 35(p.55), 圖面 37(p.58), 圖面 49(p.75), 圖面 67(p.99)을 전재 · 변경 · 재제도하였다.

21) 金範哲 2011b의 표 2(p.40)를 전재 · 변경하였다.

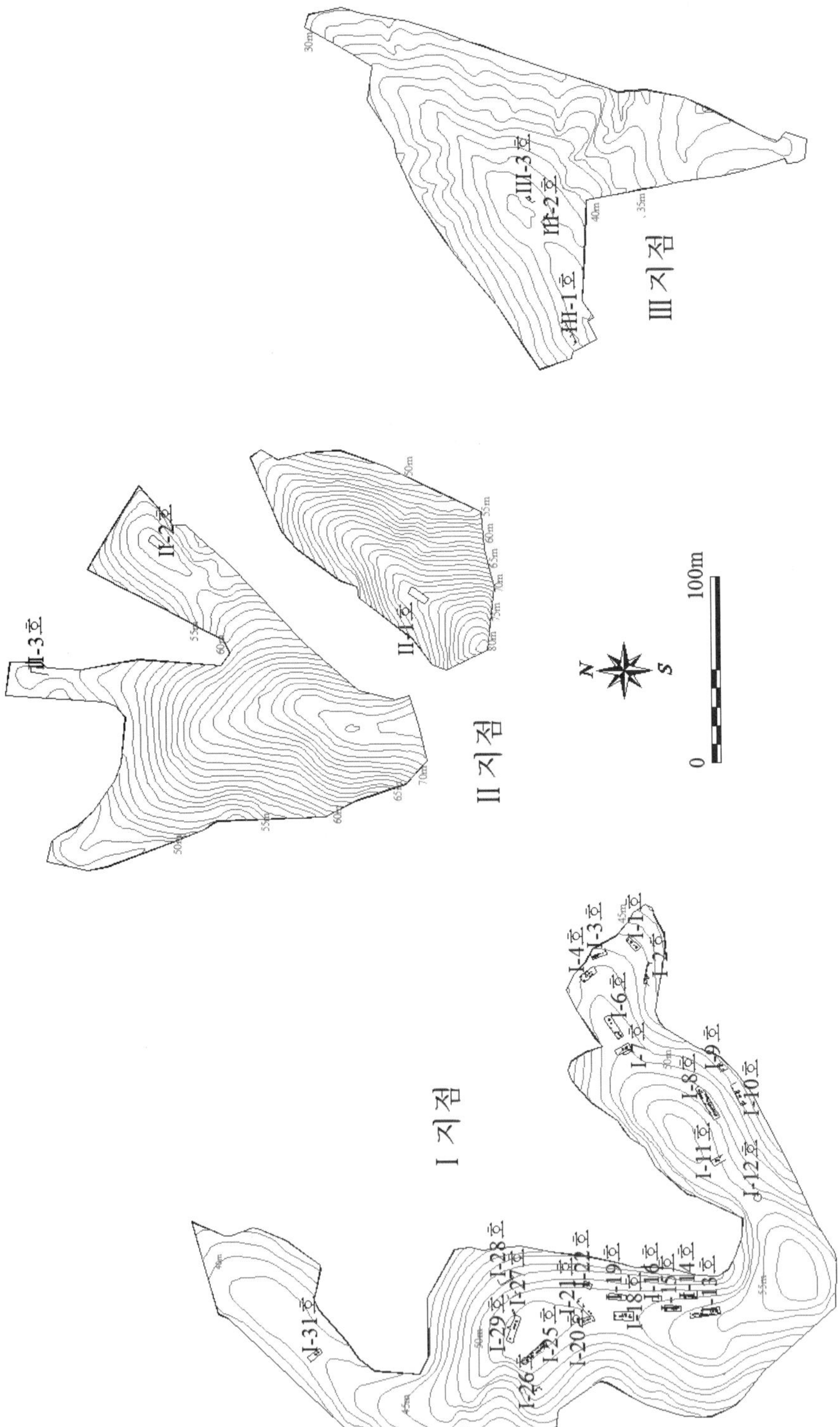

그림 4.10. 龍禾洞(가재골)유적 주거 분포

② 아산 龍禾洞(가재골)유적

아산 龍禾洞(가재골)유적((財)忠淸文化財硏究院, 2009)에서는 37기의 청동기시대 주거지가 발굴되었는데, 전기 방형계라 할 수 있는 주거지는 28기이다(그림 4.10[22]). 적지 않은 주거지에서 유물이 발견되지 않거나 유형 판정이 불가할 정도의 유물만이 나타나고 있어 분명하게 역삼동 혹은 흔암리유형 주거지로 판정할 수 있는 것은 8기 정도에 불과하다. 그럼에도 불구하고 대체로 무시설식 토광형 노지를 가진 방형계 주거지와 공렬토기 및 이중구연+단사선문토기의 조합이 우세한 欣岩里類型 유적으로 볼 수 있는바, 나머지 20기도 전기 방형계 주거지로 간주하여도 큰 문제는 없어 보인다.

28기 중 장단비와 면적을 복원할 수 있는 것은 총 20기로, 그림 4.11[23]에서 보듯이 장단축의 비를 중심으로 3개 부류—Ⅰ류(1.83~3.09:1), Ⅱ류(3.11~4.87:1), Ⅲ류(7.14:1)—정도로 구분이 가능하며 면적과 장단비의 관계는 제법 안정적인 비례관계(r =0.751, p < 0.0005)에 있다.

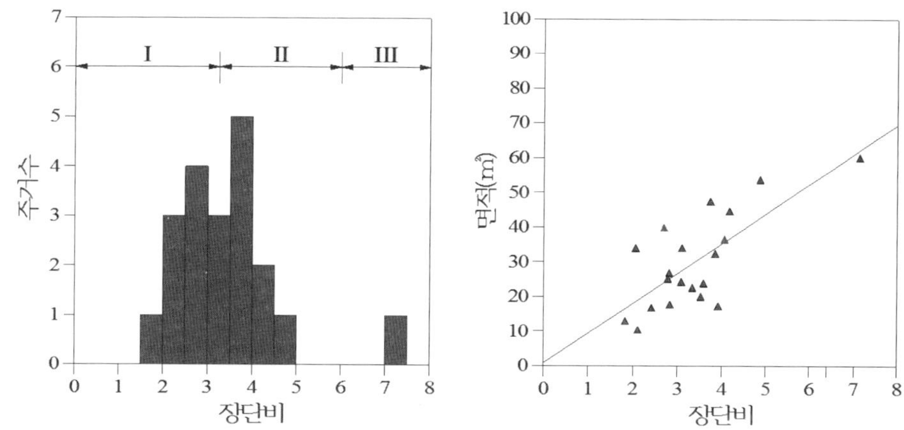

그림 4.11. 龍禾洞(가재골)유적 주거 장단비 분포(左) 및 장단비-면적 관계(右)

Ⅰ류에 속하는 주거지는 총 10기인데, 앞서 기술한 大興里(큰선장)유적과는 달리, 이들을 단위주거로 파악하는 것은 다소 무리가 있어 보인다. Ⅰ류 중 장단비가 작은 순서로 두 번째에 속하는 Ⅱ-2호부터 2기 이상 화덕이 설치되어 있기도 하고, 이 주거지부터는 장단

22) (財)忠淸文化財硏究院 2009의 도면 6(p.17), 도면 130(p.203), 도면 160(p.248)을 전재 · 변경 · 재제도하였다.

23) 金範哲 2011b의 도면 6(p.41)을 전재 · 변경 · 재제도하였다.

비도 2:1을 확연히 넘는 것들이어서, 단위주거지라고 보기보다는 2채의 단위주거지가 결합된 형태로 보는 것이 타당할 듯하다(그림 4.12[24]). 한편, Ⅰ류 주거지 중 가장 장단비가 작은 Ⅰ-16호 주거지는 노지도 하나이고 宮里修(2005)의 전형적인 A1형인 바, 결합주거지로 평가하기는 어렵다(그림 4.12). 만약 이 주거지를 단위주거지로 파악할 경우, 비율이 맞지 않는 점이 문제로 지적될 수 있다. 앞서 다룬 大興里(큰선장)유적의 양상, 즉 결합시 단위주거의 장단비가 다소 축소될 수도 있다는 점을 인정하고 Ⅰ-16호 주거지를 Ⅰ류에서 제외한다면, 어느 정도 개연적인 설명이 가능하다. 이 유적의 주류를 차지하는 Ⅰ·Ⅱ류 주거지의 장단비 평균이 각각 2.58과 3.87인 바, 대략 1.3~1.4:1의 단위주거가 두셋 결합된 것이라면, 매우 등비례적인 관계를 상정할 수 있겠다. 같은 맥락에서 보면 가장 세장한 주거지인 1-8호는 5~6채의 단위주거가 합쳐진 것으로 간주할 수 있는데, 6개의 화덕이 있어 그러한 추정이 개연적일 것으로 보인다. 기존의 표현을 빌자면, 이 유적에서는 단위주거인 '방형'은 비율이 매우 낮고, '(세)장방형'의 비율이 매우 높다고 할 수 있다.

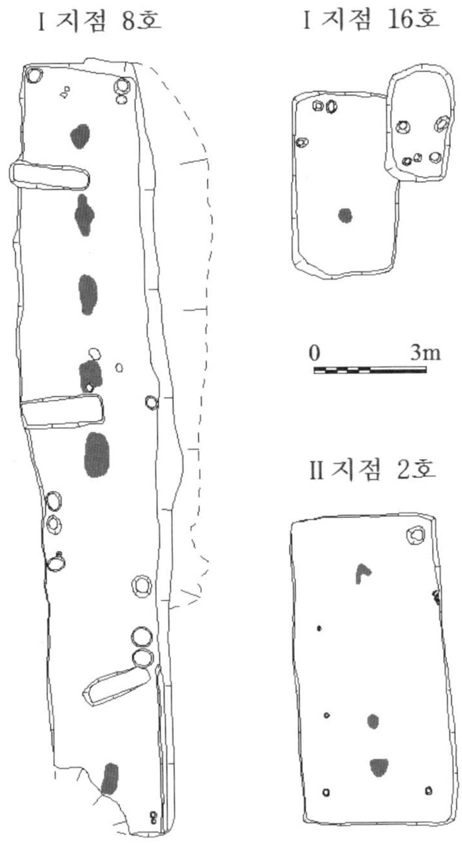

그림 4.12. 용화동(가재골)유적 예시주거

이 유적에서 전기 주거지 간 중복은 확인되지 않는다. 그러나 유구가 넓은 범위에 분포할 뿐만 아니라, 보정된 방사성탄소연대 중 안정적인 값을 종합한 결과가 대략 기원전 12~10세기를 중심으로 하는바, 앞서 다룬 大興里(큰선장)유적에 비해서는 다소 긴 기간 동안 (재)점유된 취락으로 평가할 수 있겠다(표 4.03[25]).

24) (財)忠清文化財研究院 2009의 도면 26(p.50), 도면 49(p.85), 도면 133(p.208)을 전재·변경·재제도하였다.
25) 金範哲 2011b의 표 3(p.42)을 전재·변경하였다.

표 4.03. 龍禾洞(가재골)유적 방사성탄소연대

호수	BP (절대연대)	보정연대		형태
		1σ (68.2%)	2σ (95.4%)	
Ⅰ-13호	2810±50	BC 1040~900	BC 1120~830	Ⅱ류(세장방형)
Ⅰ-22호	2850±50	BC 1120~1100 BC 1090~930	BC 1210~890	Ⅰ류(장방형)
Ⅱ-3호	2840±60	BC 1120~1100 BC 1090~910	BC 1210~840	Ⅱ류? (세장방형?)
Ⅱ-3호	2920±60	BC 1220~1020	BC 1310~930	
Ⅱ-3호	2830±50	BC 1050~910	BC 1130~840	
Ⅱ-3호	2870±50	BC 1130~970 BC 960~940	BC 1220~910	

③ 천안 佛堂洞유적

천안 佛堂洞유적(忠淸南道歷史文化院 · 天安市經營開發事業所 2004)에서는 41기의 청동기시대 주거지가 확인되었는데, 전기 방형계라 할 수 있는 주거지는 27기이다(그림 4.13[26]).

전기 방형계 주거지 중 장단비와 면적을 복원할 수 있는 것은 총 18기로서, 그림 4.14[27]에서 보듯이 장단축의 비를 중심으로 4개 부류—Ⅰ류(1.48~2.04:1), Ⅱ류(2.16~3.15:1), Ⅲ류(3.97~4.35:1), Ⅳ류(5.61~5.99:1)—정도로 구분이 가능하며 면적과 장단비의 관계도 상당히 안정적인 비례관계(r =0.814, p < 0.0005)에 있다.

Ⅰ류에 속하는 주거지는 총 4기인데, 대부분 宮里修(2005)의 분류안에 따르면 A1형이며 이 부류에 속한 주거지들의 평균 장단비는 1.86이다. Ⅰ류 중에는 화덕이 발견되지 않은 주거지(Ⅱ-19호)도 포함되어 있기는 하지만 나머지는 모두 1개의 화덕이 설치된 주거지들이다. Ⅱ류에 속한 8기 주거지의 평균 장단비가 2.82, Ⅲ류에 속한 4기 주거지의 평균 장단비가 4.18, Ⅳ류에 속한 2기 주거지의 평균 장단비가 5.79인 바, Ⅰ류에 속한 주거지가 단위주거지로서는 비율이 맞지 않는 듯도 하다. 그러나 Ⅱ · Ⅲ · Ⅳ류는 1.4의 장단비를 보이는 단위주거가 2~4채 합쳐진 것이라면 거의 완벽한 비례관계를 보인다고도 할 수 있다. 비록 Ⅰ류가 단위주거지로서는 다소 세장한 듯도 하지만, 앞의 大興里(큰선장)유적 및 龍禾洞(가재골)유적에서와 마찬가지로, 병렬적으로 결합되면서 작업 · 저장공간이 공용화되어 다소 축소될 수 있다는 점을 감안한다면, Ⅰ류를 단위주거지로 보아도 무방할 듯하다. 기존

26) 忠淸南道歷史文化院 · 天安市經營開發事業所 2004의 圖面 3(p.33)과 圖面 94(p.161)을 전재 · 변경 · 재제도하였다.

27) 金範哲 2011b의 도면 8(p.43)을 전재 · 변경 · 재제도하였다.

의 표현을 빌려 단위주거를 '방형', 결합주거를 '(세)장방형'으로 구분하자면, 이 유적에서는 (세)장방형이 압도적—분석된 주거지 중 78%—이라 할 수 있겠다.

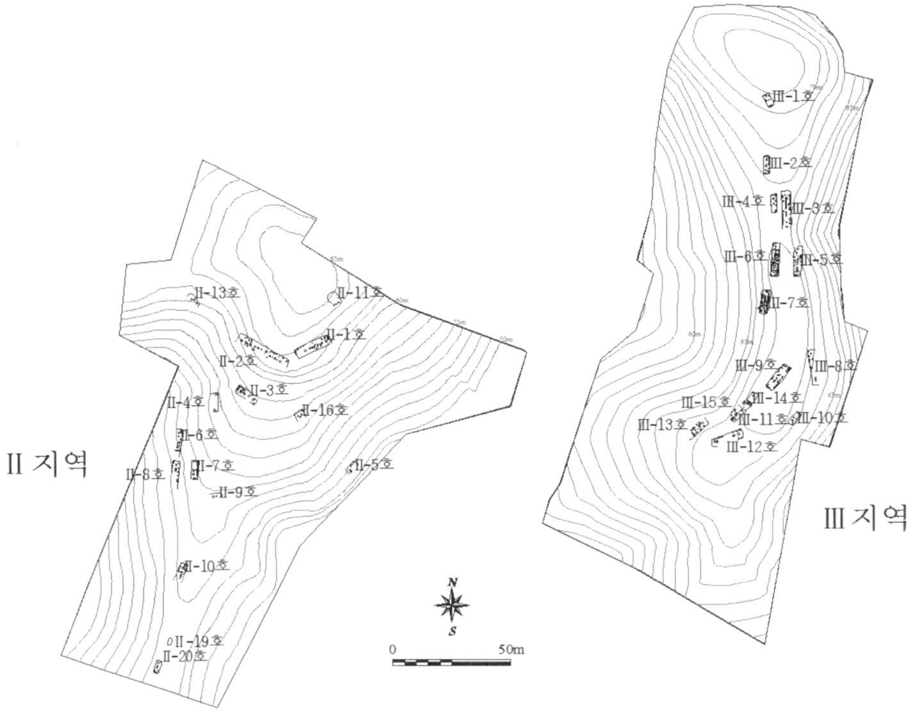

그림 4.13. 佛堂洞유적 주거 분포

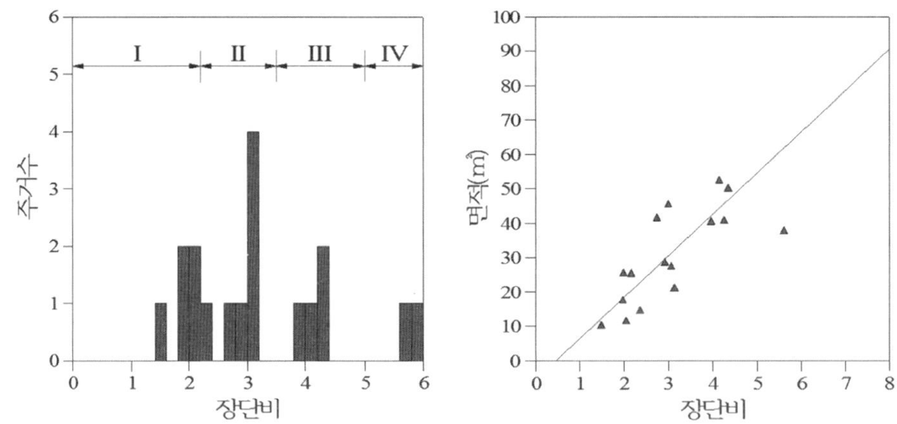

그림 4.14. 佛堂洞유적 주거 장단비 분포(左) 및 장단비-면적 관계(右)

이 유적에서는 주거지 간 중복이 한 예 확인된다. Ⅲ류(세장방형)에 속할 가능성이 다분한 Ⅲ-11호가 Ⅰ류(방형)에 속할 가능성이 높은 Ⅲ-15호에 선행한다. 두 주거지 장축의 교차각도 87.8°로 어느 정도의 시차가 있었던 것으로 파악해 볼 수 있다(그림 4.15[28]). 선행하는 주거지는 유물상으로 보아 전기에 속함이 분명하지만 후행 주거지에서는 유물이 발견되지 않아, 유물상에서 두 주거지 간 편년적인 의미가 있을 시차의 존재여부를 분명히 평가하기는 어렵다.

전기 방형계 주거지 간 중복관계가 확연하지는 않지만 유구가 넓은 범위에 분포할 뿐만 아니라, 보정된 방사성탄소연대 중 안정적인 값을 종합한 결과 대략 기원전 11~9세기를 중심으로 하고 있는바, 앞서 다룬 大興里(큰선장)유적에 비해서는 다소 긴 기간 동안 존속한 혹은 (재)점유된 취락으로 평가할 수 있겠다(표 4.04[29]).

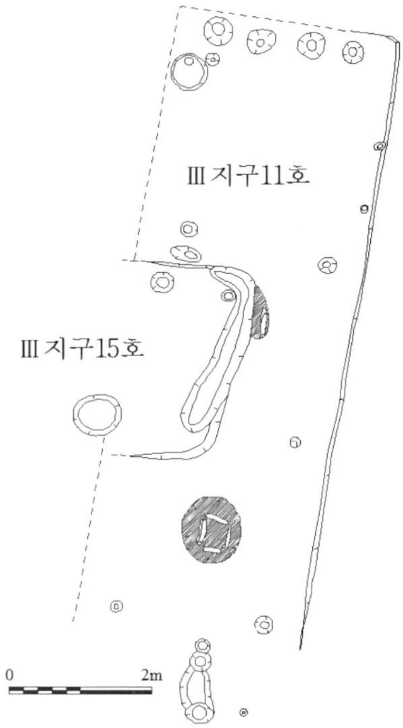

그림 4.15. 佛堂洞유적 예시주거

표 4.04. 佛堂洞유적 방사성탄소연대

유구명	BP (절대연대)	보정연대		형태
		1σ (68.2%)	2σ (95.4%)	
Ⅱ-2호	2830±35	BC 1020~920	BC 1120~900	Ⅳ류(세장방형)
Ⅱ-10호	2810±35	BC 1005~915	BC 1060~890 BC 880~840	Ⅲ류?(세장방형?)
Ⅱ-19호	2310±80	BC 510~430 BC 420~340 BC 320~200	BC 750~150	Ⅰ류(방형)
Ⅲ-3호	2834±39	BC 1050~920	BC 1130~900	Ⅳ?(세장방형?)
Ⅲ-6호	2708±40	BC 895~815	BC 930~800	Ⅲ류(세장방형)
Ⅲ-9호	2747±40	BC 925~830	BC 1000~810	Ⅱ류(장방형)
Ⅲ-13호	2834±39	BC 1050~920	BC 1130~900	Ⅲ?(세장방형?)

28) 忠淸南道歷史文化院 · 天安市經營開發事業所 2004의 圖面 122(p.221)를 전재 · 변경 · 재제도하였다.
29) 金範哲 2011b의 표 4(p.43)를 전재 · 변경하였다.

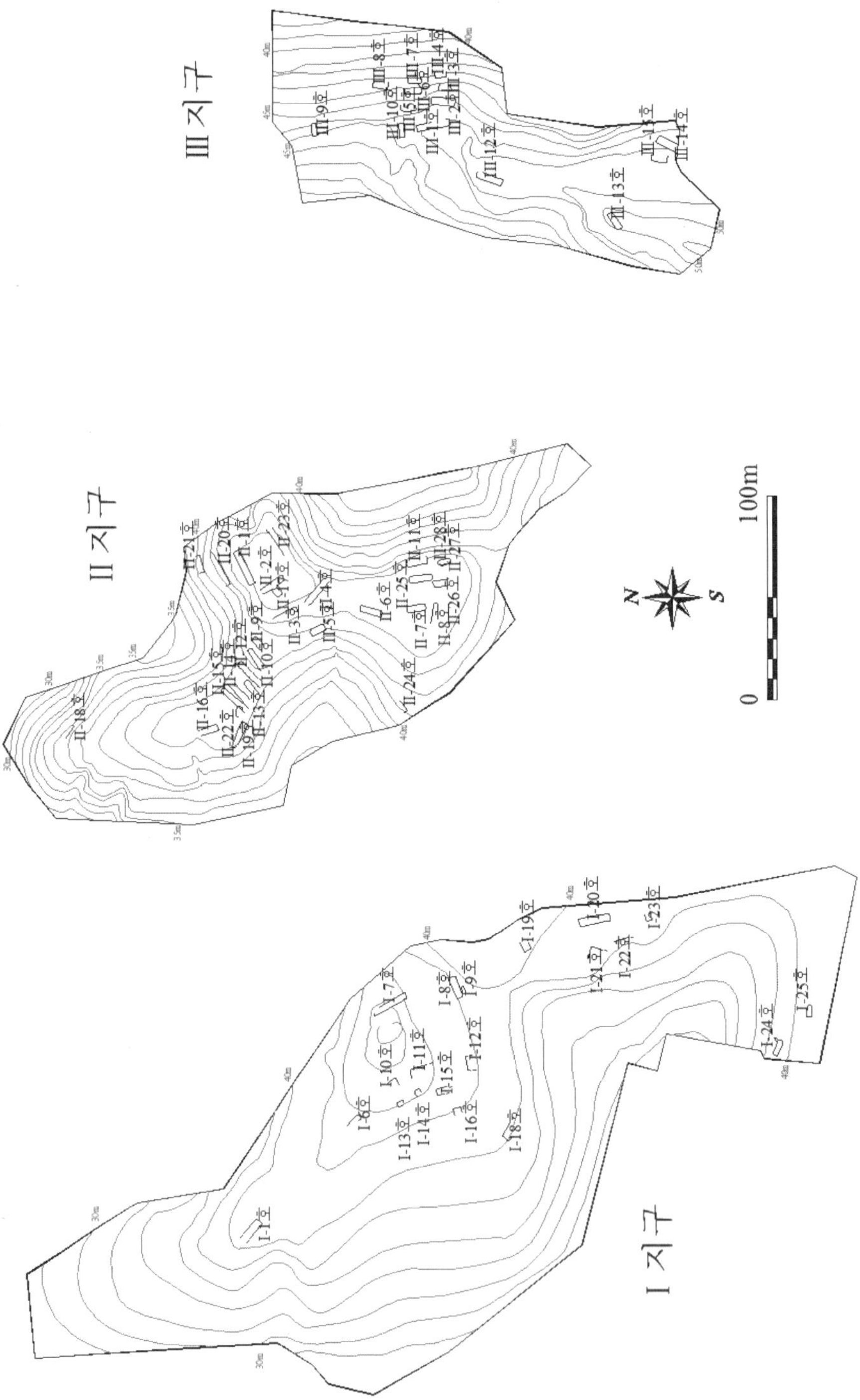

그림 4.16. 新芳洞유적 주거 분포

④ 천안 新芳洞유적

천안 新芳洞유적(中央文化財硏究院 · 天安市 2008)에서는 69기의 청동기시대 주거지가 확인되었는데, 전기 방형계라 할 수 있는 주거지는 54기이다(그림 4.16[30]).

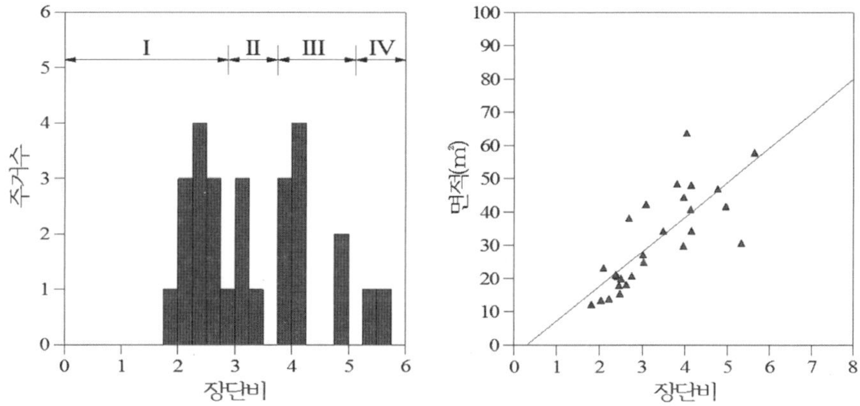

그림 4.17. 新芳洞유적 주거 장단비 분포(左) 및 장단비-면적 관계(右)

전기 방형계 주거지 중 장단비와 면적을 복원할 수 있는 것은 총 27기로, 그림 4.17[31]에서 보듯이 장단축의 비를 중심으로 4개 부류— I 류(1.81~2.76:1), II 류(3.02~3.80:1), III 류(3.95~4.96:1), IV류(5.33~5.64:1)—정도로 구분이 가능하며 면적과 장단비의 관계도 상당히 안정적인 비례관계($r=0.777$, $p<0.0005$)에 있음을 알 수 있다. I 류에 속하는 주거지는 총 12기로 평균 장단비는 2.37이다. II 류에 속한 5기는 평균 장단비가 3.28, III 류에 속한 8기는 평균 장단비가 4.26, IV류에 속한 2기는 평균 장단비가 5.49이다.

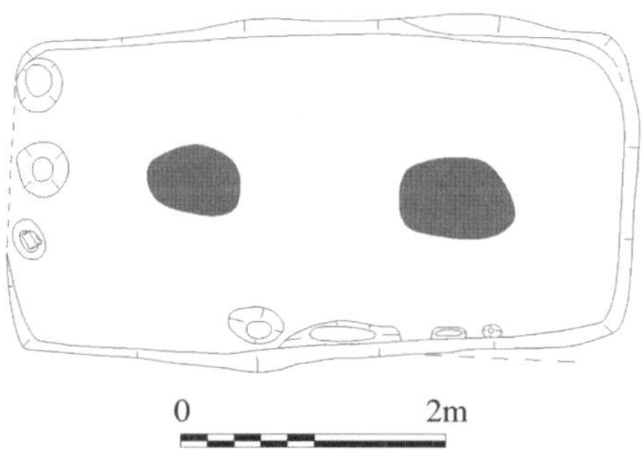

그림 4.18. 新芳洞유적 예시주거

그런데 이 유적에서도 I 류를 단위주거로 보기 어려운 몇 가지 이유가 있다. 그 첫째는 장단비의 평균이 지나치게 높아 다른 유적의 결합주거와 유사하다는 점이고, 둘째는 장단비가 가장 작은 II-17

30) 中央文化財硏究院 · 天安市 2008의 I 地區 圖面 5(p.15)와 II 地區 圖面 1(p.3), III 地區 圖面 1(p.2)을 전재 · 변경 · 재제도하였다.

31) 金範哲 2011b의 도면 10(p.45)을 전재 · 변경 · 재제도하였다.

호 주거지부터 2개 이상의 화덕이 설치되며, 2기 이상의 화덕이 설치된 주거지가 7기(58%)라는 점이다(그림 4.18[32]). 따라서 분석대상이 된 주거지 중에는 단위주거로서 '방형주거지'는 없고, 분석에 포함되지 않은 것 중에도 전기에 속할 단위주거는 거의 없다.

표 4.05[33]에서 보는 바와 같이, 유적에서는 주거지 간 중복이 3례 확인된다. 단위주거지가 거의 없는 상태에서 장방형과 세장방형의 관계가 일정하지 않고, 중복된 각 주거지의 장축교차각이 현저하여 주거지 조성이 다소 시차를 가진 것으로 보인다.

표 4.05. 新芳洞유적의 주거지 중복관계

연번	先	後	장축교차각
1	Ⅱ-17호(Ⅰ류, 장방형)	Ⅱ-2호(Ⅲ류, 세장방형)	88.6°
2	Ⅱ-15호(Ⅲ류, 세장방형)	Ⅱ-22호(Ⅰ류, 장방형)	57.9°
3	Ⅱ-28호(Ⅰ류, 장방형)	Ⅱ-27호(?, 중기 방형?)	0.1°

어느 정도 시차가 인정되는, 전기 방형계 주거지 간 중복관계도 확인되고, 유구도 넓은 지역, 여러 지점에 분포할 뿐만 아니라, 보정된 방사성탄소연대 중 안정적인 값을 종합한 결과 대략 기원전 11~9세기를 중심으로 하는바, 앞서 다룬 大興里(큰선장)유적에 비해서는 다소 긴 기간 동안 (재)점유된 취락으로 평가할 수 있겠다(표 4.06[34] 참조).

표 4.06. 新芳洞유적 방사성탄소연대

주거지	BP (절대연대)	보정연대		형태
		1σ (68.2%)	2σ (95.4%)	
Ⅰ-14호	2740±40	BC 920~830	BC 980~800	방형?
Ⅰ-21호	2810±60	BC 1050~890	BC 1130~820	Ⅰ류?(장방형?)
Ⅱ-1호	2360±40	BC 510~430 BC 420~380	BC 740~690 BC 550~370	Ⅳ류(세장방형)
Ⅱ-2호	2850±60	BC 1120~920	BC 1220~890 BC 880~840	Ⅲ류(세장방형)
Ⅱ-11호	2820±50	BC 1050~900	BC 1130~840	Ⅱ류?(세장방형?)
Ⅱ-17호	2890±60	BC 1200~970	BC 1270~910	Ⅰ류(장방형)
Ⅱ-19호	2930±60	BC 1260~1230 BC 1220~1040	BC 1320~970 BC 960~930	Ⅱ류(세장방형)

32) 中央文化財硏究院 · 天安市 2008의 Ⅱ地區 圖面 42(p.97)를 전재 · 변경 · 재제도하였다.

33) 金範哲 2011b의 표 5(p.46)를 전재 · 변경하였다.

34) 金範哲 2011b의 표 6(p.46)을 전재 · 변경하였다.

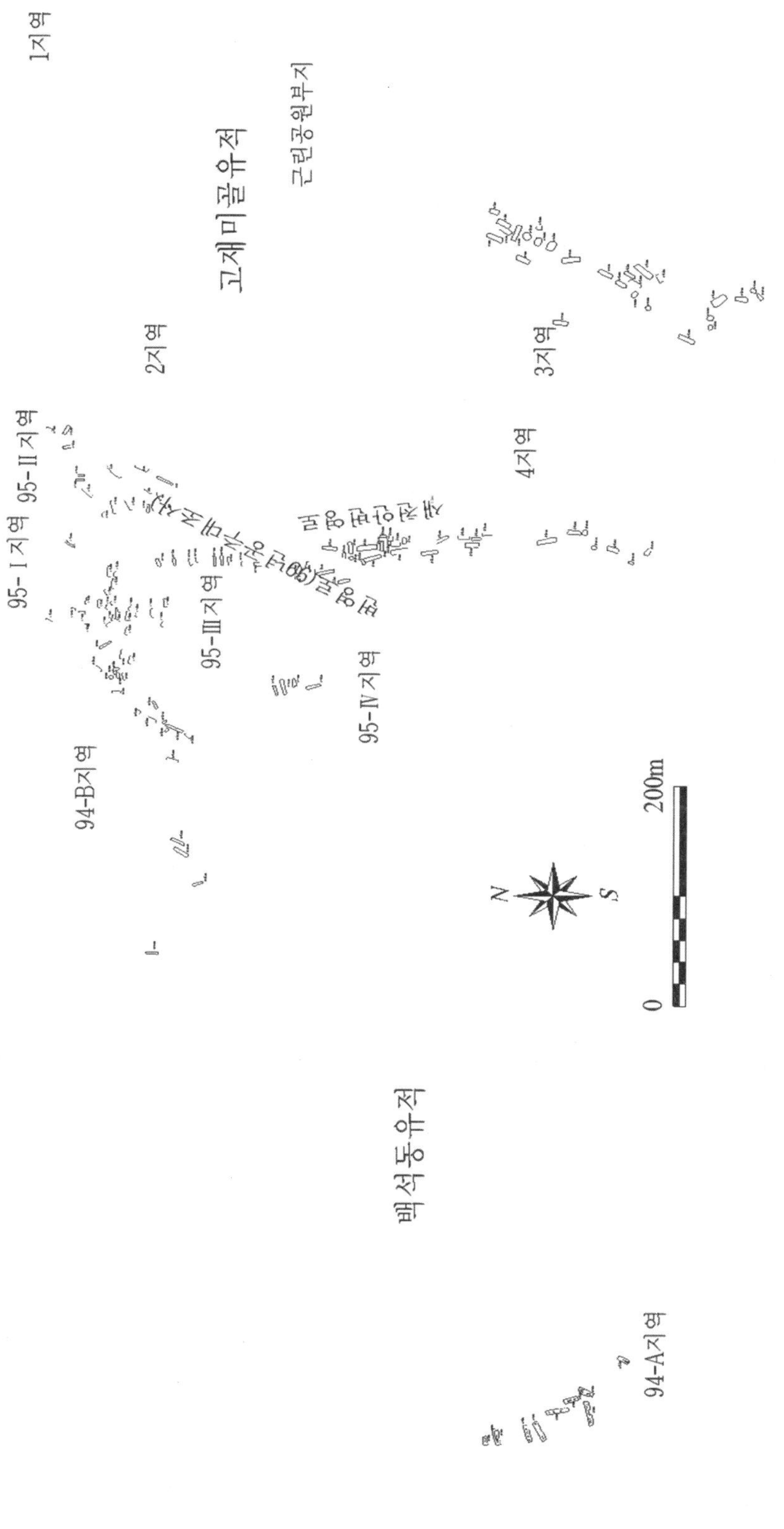

그림 4.19. 白石洞유적 주거 분포

⑤ 천안 白石洞유적

천안 白石洞유적(公州大學校 博物館 · 忠淸南道 天安市 1998, 2000; 忠淸南道歷史文化研究院 2008a · b; (財)忠淸文化財研究院 · 韓國土地住宅公社 2009)은 5차례 걸친 조사에서 205기의 청동기시대 주거지가 확인되었다(그림 4.19[35]).

보고된 것[36]중 청동기시대 전기에 속하는 방형계 주거지로 평가될 수 있는 것은 96기이며, 평면형태가 온전하거나 복원이 가능한 것은 49기 정도이다. 그림 4.20[37]과 표 4.07[38]에서 보듯이 장단비와 평면적을 중심으로 5개 부류 정도로 구분이 가능하며 면적과 장단비의 관계도 제법 안정적인 비례관계($r = 0.853,\ p < 0.0005$)에 있다.

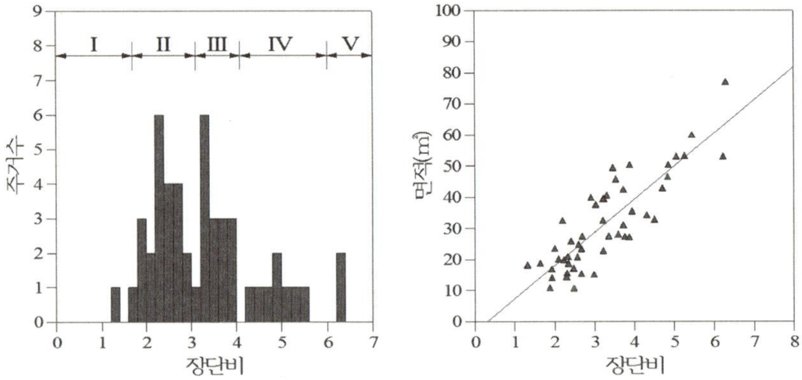

그림 4.20. 白石洞유적 주거 장단비 분포(左) 및 장단비-면적 관계(右)

표 4.07. 白石洞유적의 주거지 장단비 분포

부류	장단비	주거지수	평균장단비
I	1.32~1.93 : 1	5	1.74
II	2.01~2.91 : 1	17	2.43
III	2.99~3.94 : 1	17	3.47
IV	4.31~5.44 : 1	8	4.87
V	6.22~6.99 : 1	2	6.26

35) 公州大學校 博物館 · 忠淸南道 天安市 1998 · 2000, 忠淸南道歷史文化研究院 2008a · b, (財)忠淸文化財研究院 · 韓國土地住宅公社 2009의 자료를 취합하여 직접 작성하였다.

36) 본장에 활용된 자료는 1994년과 1995년(이상 『白石洞遺蹟』(公州大學校 博物館 · 忠淸南道 天安市 1998)), 1998년(『白石 · 業成洞遺蹟』(公州大學校 博物館 · 忠淸南道 天安市 2000)), 2005년(『天安 白石洞 새가라골遺蹟』(忠淸南道歷史文化研究院 2008b)) 발굴에 관련된 것이다.

37) 金範哲 2011b의 도면 12(p.47)을 전재 · 변경 · 재제도하였다.

38) 金範哲 2011b의 표 7(p.47)을 전재 · 변경하였다.

Ⅰ류에 속하는 주거지는 전형적인 방형이라고 보기에는 장단비가 다소 크기도 하고, Ⅱ~Ⅴ류와의 비례관계 설정에도 다소 무리가 따르지만, Ⅰ류 주거지들에는 모두 화덕이 한 개만 설치되어 있는 등, 앞에서 다룬 大興里(큰선장)이나 佛堂洞유적의 사례에 비추어보면 단위주거지로 파악해도 무방할 듯하다. Ⅰ류를 제외한다면, Ⅱ~Ⅴ류 주거지는 단위주거의 장단비를 1.2~1.3:1로 설정했을 때, 어느 정도 일관적인 비례관계가 상정될 수도 있어 앞의 유적들→유적의 사례와 일맥상통하는 점이 있다.

표 4.08. 白石洞유적의 주거지 중복관계

연번	先	後	장축교차각
1	A-2호(Ⅲ류, 세장방형)	A-3호(Ⅱ류, 장방형)	0.8°
2	A-9호(Ⅱ류, 장방형)	A-10호(Ⅰ류, 방형)	4.8°
3	B-8호(Ⅱ류, 장방형)	B-4호(Ⅲ류, 세장방형)	3.4°
4	B-8호(Ⅱ류, 장방형)	B-7호(Ⅱ류, 세장방형)	87.9°
5	B-5①호(Ⅰ류, 방형)	B-5②호(1류, 방형)	82.3°
6	Ⅰ-13①호(Ⅳ류, 세장방형)	Ⅰ-13②호(Ⅱ류, 장방형)	23.9°
7	Ⅰ-16①호(불명, 세장방형)	Ⅰ-16②호(불명, 세장방형)	3.3°

이 유적에서는 13기 주거지가 관련된 7례의 중복이 확인되었다. 표 4.08[39]에서 보듯이, 이 중복관계에서는 (세)장방형주거지가 선행하는 것으로 나타났지만 장방형과 세장방형의 관계는 그다지 일관적이지 못하다. 또한 방형 간 중복도 보일 뿐만 아니라, 중복된 주거지의 유물에서도 편년상 차이를 인지할 증거는 없다. 중복 주거지 간 시차를 반영할 수도 있는 장축의 교차각를 볼 때도 장방형-세장방형 간에는 일관적인 경향이 관찰되지 않는다.

보정된 방사성탄소연대 중 안정적인 값을 종합해 보면, 이 유적은 대략 기원전 11~10세기를 중심(표 4.09[40])으로 하여 일정 기간 존속한 취락으로 평가할 수 있다. 유물상에서 어느 정도 변화가 인정(李賢淑 1997)되고, 장축교차각이 큰 중복관계도 제법 있으며, 유적이 매우 넓은 지역, 여러 지점을 포괄하고 있다는 점(그림 4.19)을 고려한다면, 白石洞유적은 제법 장기적인 존속 혹은 반복적인 재점유를 상정해도 무리가 없을 듯하다.

39) 金範哲 2011b의 표 8(p.48)을 전재 · 변경하였다.

40) 金範哲 2011b의 표 9(p.48)를 전재 · 변경하였다.

표 4.09. 白石洞유적 방사성탄소연대

주거지	BP (절대연대)	보정연대		형태
		1σ (68.2%)	2σ (95.4%)	
B-2호	2690±60	BC 895~805	BC 980~770	Ⅲ류, 세장방형
B-13호	2850±50	BC 1120~1100 BC 1090~930	BC 1210~890	Ⅳ류, 세장방형
B-14호	2820±60	BC 1060~890	BC 1130~820	Ⅲ류, 세장방형
B-15호	2780±60	BC 1010~890 BC 880~840	BC 1090~800	Ⅲ류, 세장방형
B-19호	2550±60	BC 800~740 BC 690~660 BC 650~550	BC 820~480 BC 470~410	Ⅳ류, 세장방형
B-19호	2640±60	BC 900~860 BC 850~770	BC 930~740 BC 690~660 BC 650~550	
Ⅱ-2호	2840±60	BC 1120~1100 BC 1090~910	BC 1210~840	Ⅱ류, 장방형
Ⅱ-2호	2780±50	BC 1000~890 BC 870~840	BC 1050~810	
Ⅱ-7호	2820±60	BC 1060~890	BC 1130~820	Ⅱ류?, 장방형?
Ⅱ-7호	2800±60	BC 1030~890 BC 880~840	BC 1120~820	
Ⅲ-1호	2760±60	BC 980~830	BC 1050~800	Ⅱ류, 장방형
Ⅲ-5호	2770±70	BC 1000~830	BC 1120~800	Ⅲ류?, 세장방형?
Ⅲ-5호	2790±40	BC 1000~890	BC 1040~830	

⑥ 서산 副長里유적

서산 副長里유적(忠淸南道歷史文化硏究院 · 李昌綜合建設㈱ 2009)에서는 31기의 청동기시대 주거지가 발굴되었는데, 전기 방형계라 할 수 있는 주거지는 13~15기이다(그림 4.21[41]).

관심대상인 주거지 수는 적지 않으나 장단비와 면적을 복원할 수 있는 것은 7기정도 밖에 되지 않는다. 워낙 소수여서 분류가 의미 있을지는 의문이다. 그럼에도 불구하고, 전체적 양상 파악의 실마리를 찾고자 분류를 시도하면 그림 4.22[42]에서 보듯이 장단축의 비를 기준으로 3개 부류—Ⅰ류(1.50~1.64:1), Ⅱ류(2.26~2.79:1), Ⅲ류(4.74:1)—정도의 구분이 가능하다. 면적과 장단비의 관계도 상당히 안정적인 비례관계($r = 0.909$, $p < 0.002$)에 있다.

Ⅰ류에 속하는 주거지는 총 2기로, 宮里修(2005) 분류안의 A1형이며, 이 부류에 속한

41) 忠淸南道歷史文化硏究院 · 李昌綜合建設㈱ 2009의 圖面 3(p.13)을 전재 · 변경 · 재제도하였다.

42) 金範哲 2011b의 도면 14(p.50)를 전재 · 변경 · 재제도하였다.

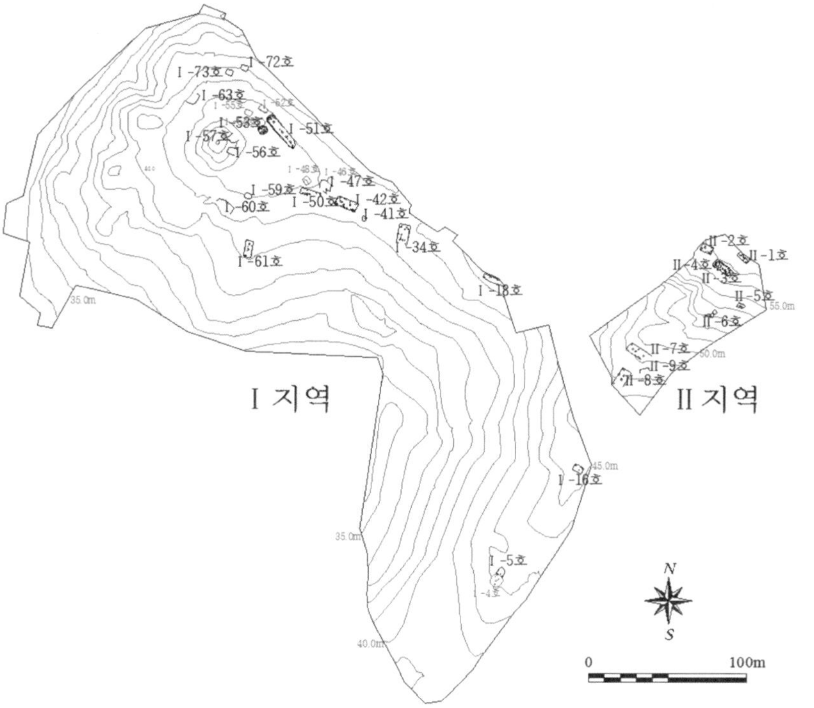

그림 4.21. 副長里유적 주거분포

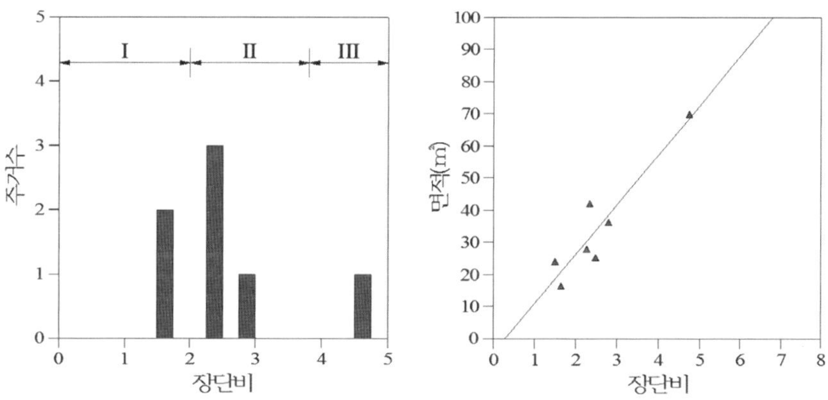

그림 4.22. 副長里유적 주거 장단비 분포(左) 및 장단비-면적 관계(右)

주거지들의 평균 장단비는 1.57이다. Ⅰ류에 속하는 것들은 모두 1개의 화덕이 설치된 주거지들이다. Ⅱ류에 속한 4기의 주거지는 평균 장단비가 2.46인 바, Ⅰ류를 단위주거지로 설정하고 복수의 Ⅰ류가 결합된 형태로 파악하기에 비율상으로는 다소 석연치 않다. 그러나 Ⅱ-4호를 제외하고는 모두 두 개의 화덕이 설치되어 있고 복수의 단위주거가 결합하면서 공유되는 공간을 감안한다면, Ⅰ류의 결합형태로 보아도 무방할 듯하다. 한편 Ⅲ류에 속하는 Ⅰ-51호 주거지는 장단비가 4.74로 거의 완벽하게 단위주거지가 3채 결합된 것으로 파악할 수 있다(그림 4.23[43]).

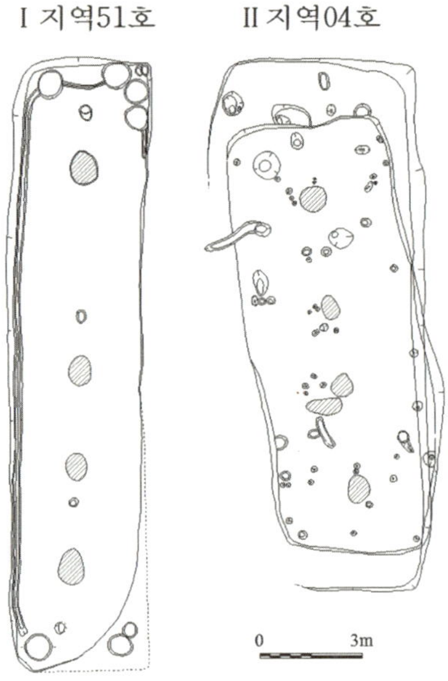

그림 4.23. 副長里유적 예시주거

표 4.10[44]에 제시된 방사성탄소연대를 가감 없이 해석하자면, 이 유적은 매우 장기적인 존속기간 혹은 시차를 둔 반복점유로 형성된 유적으로 상정해 볼 수도 있겠지만, 측정치가 소수여서 다소 무리가 따른다. 면적은 앞서 살핀 佛堂洞, 新芳洞, 白石洞 등 유적에 비해 좁고, 두 지점으로 이루어져 있기는 하지만 한 지점은 면적이 매우 좁을 뿐만 아니라, 면적이 큰 지점에 인접하고 있어, 장기간 확대된 유적으로 보기는 어렵다(그림 4.21).

표 4.10. 副長里유적 방사성탄소연대

주거지	BP (절대연대)	보정연대		형태
		1σ (68.2%)	2σ (95.4%)	
Ⅰ-18호	2750±40	BC 925~830	BC 1000~810	Ⅲ류, 세장방형
Ⅰ-42호	3150±60	BC 1500~1380 BC 1340~1320	BC 1540~1260	Ⅱ류, 세장방형

③ 전기 住居의 形態 간 관계

앞서 밝힌 바와 같이, 주거지 장·단축의 비로 청동기시대 전기 주거지의 형태를 구분하고 각 형태의 선후관계를 추출하는 작업에서 중요한 판단의 근거 중 하나가 중복관계이다. 앞서 살핀 大興里(큰선장), 佛堂洞, 新芳洞, 白石洞, 副長里 등 유적에서는 청동기시대 전기 주거지 간 중복이 확인되었다. 이 중 大興里(큰선장)유적에서는 단위주거지로서의 방

43) 忠淸南道歷史文化硏究院·李昌綜合建設㈱ 2009의 圖面 35(p.51)와 圖面 58(p.75)을 전재·변경·재제도하였다.

44) 金範哲 2011b의 표 10(p.50)을 전재·변경하였다.

형이 선행하고 결합주거지로서의 장방형이 후행하는 사례도 확인되었다. 이 예를 제외하고는 단위주거지가 결합주거지에 선행하는 사례는 발견되지 않는다. 한편, 결합주거지 중 장방형과 세장방형 간의 선후관계가 일관적이지 않음도 확인할 수 있었다. 이러한 결과를 종합해 볼 때, 적어도 호서지역에서 만큼은 중복관계에 기초하여 청동기시대 전기 주거지의 평면형태를 일률적으로 구분하는 것은 어렵다는 점을 확인할 수 있다.

앞서 살핀 유적 외에도 아산 臥牛里유적((財)忠淸埋藏文化財硏究院 · 대림산업(주) 2001), 천안 龍谷洞(눈돌)유적((財)忠淸文化財硏究院 2006), 천안 雙龍洞유적(忠南大學校博物館 · 天安市 · 大韓住宅公社 2002), 아산 新達里유적(國立中央博物館 1995) 등 호서지역 청동기시대 유적에서도 청동기시대 전기 주거지 간 중복이 확인된다. 이들에서도 방형이 선행하는 사례는 없으나 적어도 장방형과 세장방형의 관계는 일률적이지 못함을 알 수 있다. 이 유적들과 앞서 개별적으로 고찰한 유적들을 포괄하여 총 23사례의 중복관계 중 선행하는 주거지가 세장한 경우가 8례(34.8%), 양자가 비슷한 경우가 9례(39.1%), 후행하는 주거지가 세장한 경우가 6례(26.1%) 등으로 나타나, 적어도 湖西地域에서는 일관적인 흐름이 없이, 무작위적으로 중복관계가 발생할 수 있다는 사실을 알 수 있다.

유물상에서 중복주거지 간 시간차에 확신을 가질 만한 사례는 확인되지 않는다. 이는 다른 연구에서도 종종 확인되는 바이다. 중복된 주거 간 시차가 거의 없어 그럴 수도 있지만 근본적으로 주거지가 중복될 경우, 둘 중 한 주거지의 출토유물상은 현저하게 줄어들 수밖에 없기 때문이기도 하다. 따라서 유물상으로 조성시차를 분명히 하기는 어려워 보인다.

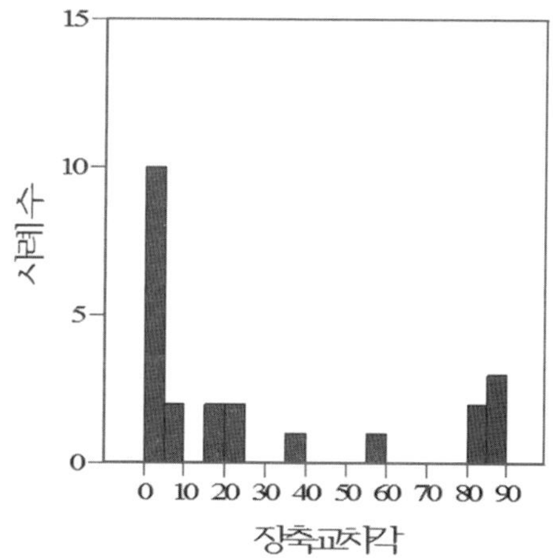

그림 4.24. 중복된 주거의 장축교차각 분포

한편, 중복이 발생한 23례 중 장축방향이 30°이상 현저하게 차이가 나서 양 주거지 간 어느 정도 시간차를 암시하는 것은 7례(30%)이고, 대부분—16례(70%)—은 장축방향이 거의 차이가 없는 것으로 나타나고 있다(그림 4.24[45]). 즉 중복주거지 간 교

45) 金範哲 2011b의 도면 16(p.52)을 전재 · 변경 · 재제도하였다.

차각으로 보건대 시차가 큰 것이 상대적으로 소수임을 알 수 있다.

이러한 사항들을 종합해 보면, 주거지 평면형태에 대한 시간적 상대서열관계 파악의 중요한 기준인 중복관계를 통해 볼 때, 일관적으로 관계를 입증할 자료는 없다고 하거나 고고학적 해석에서 중복관계를 의미 있는 시차반영요소로 설정하는 것은 다소 위험하다고 결론 내려야 할 것이다.

다음으로 우리가 주거지 평면형태 간 시간적 차이를 보여줄 것으로 기대해 볼 수 있는 자료는 절대연대이다. 그러나 그림 4.25[46]에서 보듯이, 연대가 올라갈수록 (세)장방형이 많이 분포하고 연대가 내려오면서는 세 가지 형태가 섞여 있는 것을 알 수 있다. 그러나 한 주거지에서 여러 시료가 채취된 경우도 적지 않게 있고, 대부분의 시료가 (세)장방형에 집중되었으며, 현재의 편년관에 쉽게 흡수되지 못할 측정치들이 많은 것을 고려하면, 앞선 관찰과 크게 다른 결론을 유도하기는 어려울 것으로 판단된다.

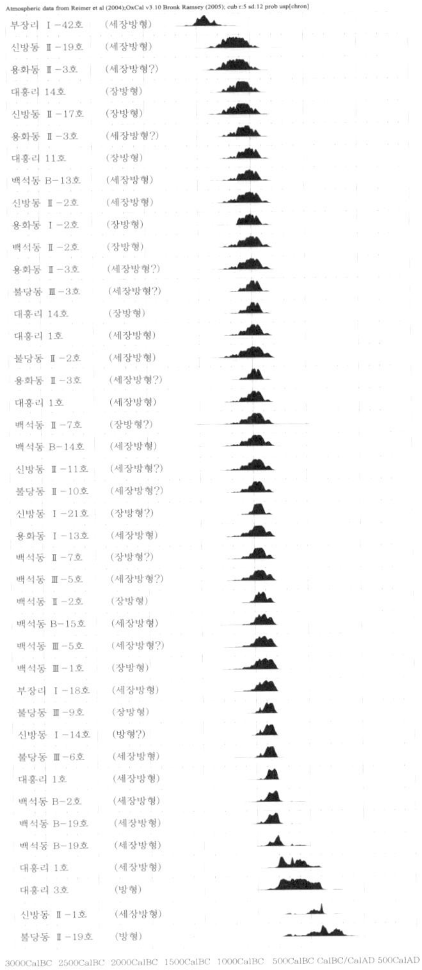

그림 4.25. 전기취락의 방사성탄소연대 분포

이상에서 언급한 양상을 종합해 보면, 적어도 호서지역 驛三洞 및 欣岩里類型 취락에서는 일률적으로 주거지 형태 간 상대서열을 매기는 것이 불합리함을 알 수 있다. 결국, 대부분의 시기 동안 방형, 장방형, 세장방형의 형태가 공존한 것으로 판단해 볼 수 있겠다. 그렇다면, (세)장방형이 우세하고 방형이 소수이며, 개별유적별로 고찰할 때 다소 불투명하지만, 방형의 유물상이 다소 후행하는 인상은 왜 나타나는가 하는 문제가 제기될 수 있다. 그러한 문제에 대한 해결을 위해 다음과 같은 개연적 설명모형으로 해답을 찾아보기로 하겠다.

46) 金範哲 2011b의 도면 17(p.54)을 전재 · 변경 · 재제도하였다.

(4) 家口發達週期와 주거양상변화에 대한 考古學的 이해

앞 장들에서 피력한 바와 같이, 구미고고학이 가구에 대한 관심을 갖게 된 데에는 여러 이유가 있겠으나 그로부터 파생된 양상 중에서 사회조직의 말단(혹은 기층)단위인 가구가 대규모, 거시적 사회변화를 (어떤 방식으로든) 반영하는 적응적 실체인 동시에 그러한 변화를 창출하는 시발이 된다는 인식이 확산된 점과 행위의 주체인 '인간'을 좀 더 적극적으로 고고학연구에 흡수하게 되었다는 점 등은 빼놓을 수 없다(Robin 2003).

한국고고학에서 청동기시대 前期 住居의 變異를 家族構成과 연결하려는 시도(安在晧 2006; 이형원 2009)는, 관련된 개별 연구자가 그러한 조류를 인지하였는지 여부를 떠나 분명 시각을 미세화하고 주거지라는 고고학적 자료를 사회조직의 최소단위인 가족과 결부시킴으로써, 우리의 고고학적 해석에 '인간'을 흡수하고 있다는 점에서 매우 고무적이라 할 수 있다. 다만, 앞서도 지적한 바와 같이 기왕에 고고학적 자료해석에 사회조직의 말단인 가족을 끌어들인 바에야, 그것이 가지는 역동적 측면을 함께 고려했다면 그 해석이 더욱 풍부해졌을 것이라는 아쉬움은 남는다. 가구고고학의 성장은 결국, 거대한 변화나 거시적 실체를 다룰 때 보이지 않는 가구 수준 혹은 공동체 수준에서 관찰될 수도 있는 日常의 변화무쌍함을 고고학적 해석에 끌어들임으로써 과거사회의 역동성을 부각하려는 욕구의 증대와 궤를 같이한다는 점을 감안하면, 더욱 그러하다. 그러나 기왕의 논의가 그 자체로 종결된 것은 아니니만큼, 더 발전적인 방향으로 유도해야할 가치는 충분하다고 하겠다. 다음의 이론적 논의는 그러한 작업의 일환이 될 것이다.

① 가구구성 및 가족형태, 家口發達週期에 관한 (文化)人類學的 논의

가구의 규모는 구성원의 수에 따라 확대·축소되는데, 이러한 현상은 주거건축물의 변화와 매우 직접적인 상관이 있다. 이는 상식적인 수준에서도 이해할 수 있을 것이다. 물론, 신분이나 부의 차이에 따라, 개별 구성원 당 사용 면적이 달라질 수 있는 상황을 제외하면 그러한 추론은 보편타당한 것이라 해도 과언이 아닐 것이다. 가족과 가구를 동일시하는 것은 많은 인류학연구에서 경계(Bender 1967; Wilk and Netting 1984; Yanagisako 1979)하는 부분이지만, 적지 않은 경우, 가구는 가족만으로 구성된다. 이 경우, 가구는 가족의 성장과 쇠퇴, 발달에 따라 규모가 변화한다. 결국, 가족의 발달이 週期를 가지게 된다면 가구의 발달도 그 주기를 따르게 된다.

이러한 문제는 (문화)인류학에서 제법 오래전부터 논의되어오던 것이다. 가구발달에 대한 관심이 미국 사회학에서 시작되었다고는 하지만 집중적인 활용은 1950년대 인류학에서 나타나게 된다(Otterbein 1970). 장기간에 걸친 가구규모의 변화를 반복적인 '과정'으로 인식하여 이를 '家口의 發達週期(household developmental cycle)'로 상정하고, 가족구성 변화와 관련시키는 작업은 그러한 연구들이 매우 중요하게 다뤄온 주제이다(Fortes 1958).

그 주제와 관련된 관심의 초점은 자연스레 확대가족의 구성변화로 이어진다. 알다시피, 확대가족은 부모와 成婚한 자식(들) 가족이 결합한 형태이다. 우리가 은연중 이상적인 전통적 가족형태라고 상상(?)하는 확대가족, 즉 長子의 가족이 부모를 모시고 사는 형태는 좀 더 엄밀히 이야기하자면 直系家族(stem family, Parkin 1997:27)에 해당한다. 한편, 장자 외의 남자형제(들)와 그(들)의 가족이 부모와 함께 사는 형태는 흔히 傍系家族(collateral family)이라고도 하는데, 父母(세대)의 死後 서로 분가하는 것이 일반적이다. 다만 부모(세대)의 사후에도 복수의 성혼한 형제가족들의 연결 및 동거하는 형태인 結合家族(joint family)도 확대가족에 포함된다(韓相福 · 李文雄 · 金光億 1986: 126~134).

위에서 열거한 몇 형태 중 결합가족의 경우가 아니라면, 일반적으로 3대가, 드문 경우 4대가 동거하게 된다. 그 이상이 동거하기 어려운 것은 동거 1세대의 사망 때문이라고 할 수 있다. 평균수명이 현재보다 낮았던 사회[47]에서 孫子세대가 성혼하여 (曾孫)자녀를 가질 무렵이면, (曾)祖父세대는 거의 사망할 것이니 만큼 4대가 거주하기란 매우 어려울 것이다.

가구는 계속 확대되는 것이 아니라, 최대 3~4대에 이르면 더 이상 성장하지 않고 평형상태를 이루거나 붕괴하기도 한다. 더구나 부모와 성혼한 복수의 자녀 및 그 가족이 연결된 형태의 확대가족의 경우 결합가족의 형태로 발전하는 것이 아니라면, 가구는 붕괴한다. 사실, 결합가족의 예는 인도 힌두교의 전통에서 나타나는데, 그리 흔하게 찾아볼 수 있는 것은 아니다.

② 家口發達週期의 고고학적 이해를 위한 說明模型

청동기시대 전기 주거지 양상을 가구발달주기와 관련지어 설명하기 위해서는 앞서 살핀 인류학이나 고고학의 성과를 염두에 두면서 전제되어야 할 사항을 점검하고 개연적이

47) 세계 평균수명변화 곡선을 보면, 거시적으로는 선사시대부터 현대까지 지속적으로 상승한 것을 알 수 있다. 거기에서 얻어진 정보에 따라 산업혁명 당시 평균수명이 35~40세인 점을 감안하면, 청동기시대에는 그보다는 좀 더 낮았을 것이다. 평균수명에는 영유아사망의 포함되고 시대가 올라갈수록 영유아사망률이 높았을 만큼, 天壽를 다하는 경우는 평균수명보다는 더 장수했을 것이다.

고 실질적인 설명모형을 수립하는 것이 현실적인 대안이 될 것으로 판단된다. 그러한 측면에서 보자면, 후기 고전기(Late Classic Period) 마야의 취락변천과정에 대한 Tourtellot의 설명(1988)이 우리에게 많은 혜안을 제공할 것으로 생각된다. 그는 과테말라 Seibal유적 개별 가구의 확장 및 소멸과정을 家口發達週期의 측면에서 이해하면서 다음과 같은 아홉 가지 고고학적 상황을 포함하는 검증모형을 제시하고 있다(Tourtellot 1988:103~116).

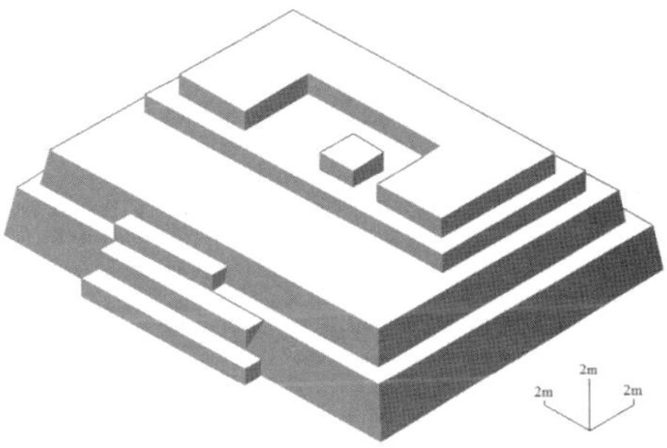

그림 4.26. 축대 Class K의 모식도

① 특정 단위(가구) 내에서 개별 주거 수는 시간의 흐름—世代의 진행—에 따라 증가한다.
② 年歷이 긴 단위(가구)는 상대적으로 많은 개별 주거로 구성된다.
③ 취락의 존속기간이 긴 경우, 새로운 혹은 소규모 단위(가구)는 소수일 수밖에 없다.
④ 결국, 대부분의 단위는 규모가 같아지게 된다.
⑤ 특정 단위(가구) 내 가장 큰 주거는 元朝(founder)의 것이다.
⑥ (이러한 점을 고려하면) Class K (그림 4.26[48])는 해당 단위(가구)에서는 가장 오래된 주거이다.
⑦ Class K와 같은 주거는 매 단위(가구) 당 하나만이 존재한다.
⑧ 늦게 편입 혹은 형성된 주거일수록 분묘의 수가 적다.
⑨ 큰 단위(가구)에는 작은 단위(가구)가 보유하고 있는 양상이 대부분 존재하는데, 이는 큰 단위도 작은 단위로부터 성장했기 때문에 나타나는 현상이다.

위의 모형에서 우리의 상황에 적합한 것들[49]에 주목하면서 설명모형을 수립하면 다음

48) Tourtellot 1988의 Figure 5.4(p.109)를 전재 · 변경 · 재제도하였다.

49) Seibal과 같은 과테말라 고전기 마야의 유적에서는 복수의 주거가 모여 있는 內園家屋集團(patio group)이 일반적인 가구형태이다. Classic K (그림 4.26)는 그러한 특정 내원집단 내에 설치된 유구의 명칭이다. 한편, 내원집단 내에는 주거구조물 뿐만 아니라, 분묘가 같이 조영되기도 한다. 따라서 Tourtellot의 검증모형 중 ⑥, ⑦, ⑧은 과테말라 고전기 마야의 특수한 상황에 관련된 것인 바, 본장의 고고학적 설명모형에는 포함하지 않기로 한다. 또한 ⑤번의 경우, 安在晧(1996) 등에 의해 가능성이 타진된 바 있으나 우리의 (세)장방형주거지에 적용하기에는 좀 더 논의가 필요할 가능성(이형원 2009)도 적지 않아 이 책에서는 제외한다.

과 같은 사항들이 포함될 수 있겠다.

첫째, 주거지의 장단비와 면적은 시간—가족이 성장함—에 따라 증가한다. 핵가족에서 출발하여 확대가족으로 발달해가면서 단위주거 즉, 단위(핵가족)가구의 수는 증가하게 되어 있다.

둘째, 年歷이 있는 가구일수록 많은 단위주거를 포함한다. 이 가정과 관련해서는 확대가족의 형태가 어떤 것인지를 생각해 보아야 한다. 직계가족의 경우와 같이 가족구성원의 재생산이 가구별로 恒數인 경우, 2代, 3代, 4代를 거치면서 비율적으로 단위주거가 많아지겠지만 방계가족일 경우, 단위주거의 증가는 가족구성원의 재생산 편차에 따라, 동일한 연역을 가진 가구라도 차이가 있을 수 있다. 그럼에도 불구하고, 연력은 가구확대의 중요한 요인임은 분명하다.

셋째, 소규모의 새로운 가구(주거)는 소수이다. 특히 이러한 현상은 점유(존속)기간이 오랜 유적일수록 일반적으로 나타난다. 점유(존속)기간이 오랜 취락에서 대부분의 가구는 이미 발달할 대로 발달한 상태인바, 새로이 형성되는 독립 핵가족의 주거는 많지 않게 된다. 부모와 성혼한 자녀의 가족이 동거하는 확대가족이 가족구성의 보편적 규범(?)인 사회에서라면, 핵가족으로 구성된 가구는 소수일 수밖에 없다. 이미 청동기시대 상당기간 동안 대부분의 가구는 발달할 대로 발달했을 상태이기 때문이다. 따라서 존속기간이 길지 않은, 극단적으로 표현하자면 새로이 형성된 취락에서도 핵가족으로 구성된 가구는 많지 않을 것이다. 만약 어떠한 이유에서 다수의 핵가족이 새로이 마을을 형성하고 유적의 존속기간이 길지 않다면, 단위주거가 주류를 이루는 현상도 발생할 수 있다.

넷째, 결국 다수의 주거지는 크기 혹은 장단비가 유사하게 된다. 만약 직계가족이 우세한 형태라면, 이러한 예상은 매우 영향력을 발휘할 것이지만 부모와 성혼한 다수의 자녀가 함께 거주하는 것이 일반적인 형태라면, 구성원 재생산능력—출산력—에 따라, 편차가 심할 수도 있다.

다섯째, 한 취락 내에서 단위주거지의 유물조합은 결합주거지에서 나타나는 것 이상의 것이 발견되기 어렵다. 결국, 결합주거지의 유물조합상이 양과 질에서 훨씬 풍부하며, 연역이 오래된 물건도 많이 보유하고 있을 가능성이 높다.

(5) 전기 주거양상의 力動性과 家口發達週期

앞서 湖西地域 驛三洞 및 欣岩里類型의 취락자료에 의거하여 청동기시대 전기 주거의 평면형태—장단비에 따라 구분된 형태— 간 일률적인 상대서열을 매길 수 없음을 피력하였다. 그렇다고 양 유형 취락에 대한 선행 연구(李眞旼 2004; 千羨幸 2003)들이 제시한 큰 틀이 틀렸다고 단정질 수는 없다. 그들이 주목한 것은 주류의 경향이기 때문이다. 다만 대표성을 부각하다 보니, 상대적으로 소수의 자료 혹은 미약한 경향은 퇴색되기 마련이지만 그러한 것들을 설명하지 말아야 할 필요는 없다.

그렇게 다루어진 소수 자료 혹은 미약한 경향을 본장과 관련된 질문으로 전환해보자면, "왜 이르게 평가되는 유적에서 방형주거지가 소수일 수밖에 없는가?", "왜 방형이 선행하는 중복관계는 거의 없는가?", "왜 방형주거지에서 출토된 유물이 (세)장방형주거지의 것보다 후행한다는 인상이 들까?" 등이 될 것이다. 이 문제들에 대해서는, 앞서 가족구성과 주거규모의 관계에 대한 고고학적 예상 혹은 설명모형을 제시하면서 상당부분 답변이 되었을 것으로 생각된다. 즉, (세)장방형의 주거에 거주하는 확대가족이 일반적인 가족구성의 원리라면, 청동기시대 전기의 존속기간을 고려할 때, 새로이 등장한 핵가족은 소수일 수밖에 없다. 대부분의 가구는 이미 발달할 대로 발달한 확대가족이기 때문이다. 한편, 연력이 짧은 가구, 좀 더 극단적으로 얘기하자면, 새로이 형성된 핵가족 가구는 연력이 오래된 가구보다 신식의 물건을 비율적으로 많이 소유했을 가능성이 다분한 바, 고고학적 동시기를 부정하지는 못하더라도 유물의 형태적 혹은 조합상의 관찰에서 소규모 방형 주거지 출토유물이 후행하는 듯한 인상을 갖게 할 것이다.

앞서 살핀 6개소 유적 중 青銅器時代 前期 동안 상대적으로 긴 존속기간을 가졌다고 생각되는 곳은 龍禾洞(가재골), 佛堂洞, 新芳洞, 白石洞 등이다. 이 유적들은 여러 지점에 걸쳐 넓은 면적을 포괄하고 있어 단기간에 형성되었다고는 보기 어렵기도 하거니와, 절대연대로 보아도 다소 존속기간이 길 것으로 판단되기 때문이다. 표 4.11[50]에서 보듯이, 이들 유적에서는 대체로 단위주거지는 극히 소수이고 대다수가 결합주거지이다. 그 중에서도 단위주거지가 2채 혹은 3채 결합된 형태가 주류(83%)를 점하는 것을 알 수 있다. 앞의 고고학적 설명모형 혹은 예상에서 제시한 바와 같이, 존속기간이 긴 혹은 반복적인 점유가 발생했을 가능성이 높은 유적에서는 상대적으로 단위주거지 비율이 현격히 낮고 결합주거지의 비율이 압도적이다. 한편, 4채 이상의 결합이 현격히 낮은 것으로 보아 매 가구가 3대까지는 발달했다고 전제한다면, 直系家族이나 남성자녀가 많지 않은 傍系家族이 성행했다고도 볼 수 있다. 부모세대와 直系 및 傍系의 성혼한 자녀가족이 동거하는 확대가족이 일반적이

50) 金範哲 2011b의 표 11(p. 57)을 전재 · 변경하였다.

고, 결합가족의 형태가 없는 사회에서 부모세대의 사망으로 가구가 붕괴할 경우, 형제(혹은 +자매)의 가구는 독립하게 되는데 이러한 상황이 연출될 경우, 부모와 성혼한 자식으로 이루어진 2대가 동거하는 가구는 기하급수적으로 늘 수밖에 없다. 두 · 세 채 결합주거지가 많은 현상은 그러한 상황을 반영한 것으로 볼 수도 있겠다.

표 4.11. 전기취락의 單位住居 結合樣相

유적	분석 대상	단위 주거	결합주거			
			2채	3채	4채	5채 이상
大興里(큰선장)	15	8(53.3%)	5(33.3%)	2(13.3%)	0(0.0%)	0(0.0%)
龍禾洞(가재골)	20	1(5.0%)	9(45.0%)	9(45.0%)	0(0.0%)	1(5.0%)
佛堂洞	18	4(22.2%)	8(44.4%)	4(22.2%)	2(11.1%)	0(0.0%)
新芳洞	27	0(0.0%)	12(44.4%)	5(18.5%)	8(29.6%)	2(7.4%)
白石洞	49	5(10.2%)	17(34.7%)	17(34.7%)	8(16.3%)	2(4.1%)
副長里	7	2(28.6%)	4(57.1%)	1(14.3%)	0(0.0%)	0(0.0%)
합계	136	20(14.7%)	55(40.4%)	38(27.9%)	18(13.2%)	5(3.7%)

앞서 湖西地域 驛三洞 및 欣岩里類型 취락들의 양상을 개별적으로 혹은 통합적으로 관찰한 결과를, 가족형태와 가구양상변화를 연결하는 고고학적 설명모형과 비교해 가면서 家口發達週期에 대한 인식이 호서지역 청동기시대 전기 주거양상의 역동적 측면을 부각할 가능성에 대해 타진해 보았다. 청동기시대 전기, 적어도 호서지역 역삼동 및 흔암리유형 취락에서는 직계와 방계의 성혼한 자녀가 부모세대와 동거하는 확대가족 가구가 일반적인 형태였으며, 그 결과로 핵가족의 주거인 단위(방형)주거지는 상대적으로 소수이게 된 것으로 추론할 수 있다. 소수의 주거지가 대표성을 띠지 못하는 탓에 유형의 설정에서 배제되기도 하지만 (세)장방형-방형의 관계가 시간적 차이를 반영한다고 보는 시각은 한계가 있다.

결국, 주거지 간 중복양상이나 절대연대가 모호한 상황에서, 평면 형태에 주목하는 기존의 주거 편년관은 청동기시대 전기 주거양상을 역동적으로 설명하기 어렵다는 점이 분명해진 듯하다. 따라서 결합주거를 고정적 실체로 파악하고 평면형태 차이를 (협의의) 양식적 차이로 파악하기보다는 가족의 발달에 따른 주거규모의 변화라는 기능적 측면을 상정해 보는 것도 나쁘지는 않을 듯하다.

물론, 이러한 시도는 주거양상의 역동성 파악이라는 실험적 작업에 한정되는 것은 아니다. 근본적으로는 편년관이나 '類型'별 접근이 가지고 있는 비탄력성에 대한 비판을 포괄해야 하며, 그러한 작업이 바탕이 될 때 남한지역 청동기시대 편년관이 공고해질 것으로 판단된다.

2) 中期 (松菊里式) 住居의 특징

靑銅器時代 中期에 접어들면서 나타나는 주거양상 변화 중 대표적으로 꼽히는 것이 규모의 현격한 축소다. 평면이 圓形을 띠고 중앙에 求心構造를 갖춘 소위 '松菊里式'주거의 일반적 형태와 전기 (세)장방형주거를 비교해보면 특별한 혜안이 없더라도 그러한 사실을 쉽게 알 수 있다. 물론, 송국리식 주거가 남한지역의 주거문화를 대표한다는 전제가 있어야 한다. 그런데 2000년대 이후, 松菊里文化가 남한 전역에서 지배적이지는 않았다는 점이 드러났다(宋滿榮 2001). 송국리문화의 분포가 평택과 부산을 잇는 선을 기준으로 서남방에 한정되어 있음이 지적(김승옥 2006, 그림 4.27[51])되고, 동북방의 문화내용, 최소한 주거의 외형이 그와는 매우 상이하다는 점(金權中 2005; 김한식 2006; 裵眞晟 2005; 李秀鴻 2012)이 부각되고 있다. 더 나아가 송국리유형이 분포하는 지역 바깥의 주도적 물질문화를 '檢丹里文化'로 칭하면서 차별성을 강조하기도 한다(李秀鴻 2012).

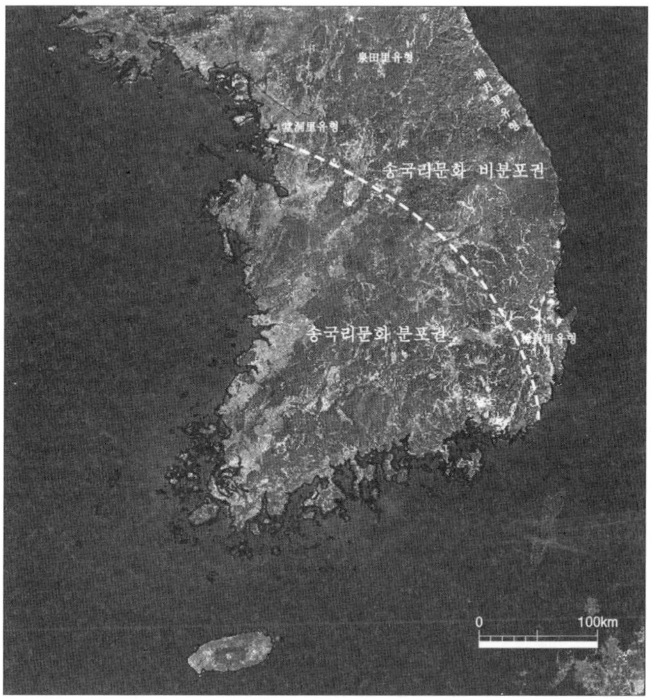

그림 4.27. 중기 '地域文化' 분포

51) 李秀鴻(2012)의 圖 Ⅱ-1(p.15)을 전재 · 변경 · 재제도하여 Google Earth가 제공하는 위성사진에 병합하였다.

그런데 고고학적 물질문화상의 확연한 차이에도 불구하고 주거소형화라는 현상은 공통적으로 관찰된다(金權中 2005; 김한식 2006; 裵眞晟 2005; 李秀鴻 2012). 따라서 전-중기 전이과정에서 나타나는 가구규모 및 주거면적의 축소는 주거 (평면)형태의 차이를 넘어, 남한지역 보편적 변화라는 점이 오히려 분명해진 셈이다. 그런 이유로 인해 가구규모의 축소를 문화전통을 초월하는 공통된 사회경제적 혹은 환경적 변화와 연결하고자 하는 시도가 활발해지고 있다. 그러나 같은 '文化圈(?)'이라도 다양한 생태적 배경을 가지고 있을 뿐만 아니라, 실제 생산양상도 차이가 있어 과연 그 변화요인이 무엇인지에 대한 질문은 여전히 현재진행형일 수밖에 없다(崔範植 2015).

더구나 소형화되었다고는 하지만 송국리식 주거 중에는 전기 (세)장방형주거를 능가하는 것도 제법 발견되고 있어, 획일적인 소형화를 언급하기는 어렵다(그림 4.28[52]). 다만 앞서도 살핀 바와 같이, 전-중기 전이과정에서 나타나는 핵가족가구화를 전제한다면, 가구별 공간 활용의 차별이 심화하거나, 가족 외의 가구구성원이 포함되거나, 일부다처의 현상이 나타나는 등의 다양한 가능성을 생각해 볼 수 있겠다.

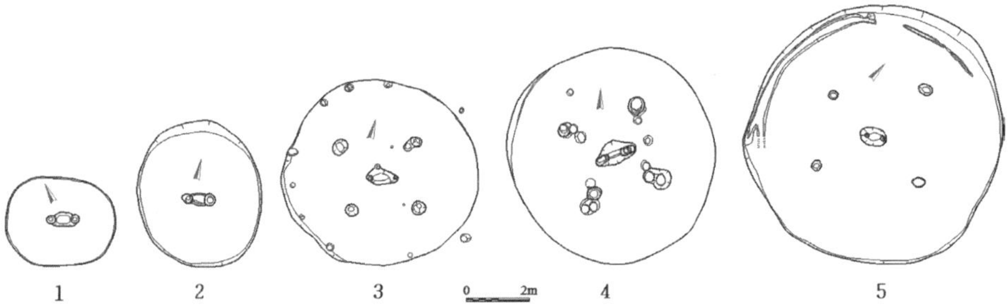

그림 4.28. 중기 (송국리식) 주거 평면적의 변이

1. 금산 水塘里 7호; 2. 서천 道三里 KC-007호; 3. 공주 安永里 6호; 4. 서천 道三里 KC-003호; 5. 보령 寬倉里 KC-001호. 1번(8.7㎡)과 2번(15.3㎡)은 그림 4.30의 A류에, 3번(29.5㎡)은 B류에, 4(36.1㎡)번은 C류에, 5(54.4㎡)는 D류에 해당함.

52) 1은 忠南大學校 百濟硏究所 · 韓國道路公社 2002의 도면 14(p.40)를, 2와 4는 각각 高麗大學校 埋藏文化財硏究所 · 鐵道廳中部建設事業所 2005의 도면 26(p.58)과 도면 8(p.18)을, 3은 公州大學校博物館 · 天安-論山高速道路株式會社 2002의 圖面 15(p.53)를, 5는 高麗大學校 埋藏文化財硏究所 · ㈱大宇 2001의 도면 6(p.19)을 전재 · 재제도 · 변경하였다.

3) 청동기시대 家口構成 變化에 대한 종합적 이해

앞선 논의에서처럼, 청동기시대 전기에서 중기로의 변화를 언급할 때 가장 먼저 떠오르는 것은 주거 면적 및 평면형태의 변화 즉, 전기의 可樂洞·欣岩里·驛三洞類型을 대표하는 (세)장방형주거에서 松菊里式 원형주거로의 변화이다. 표 4.12[53]는 청동기시대 전기—驛三洞 및 欣岩里類型— 주거지 136기와 중기—松菊里類型— 주거지 388기를 비교한 자료이다. 前期의 136기는 앞서 가구발달주기 개념을 적용했을 때의 분석대상이고, 中期의 388기는 호서지역 송국리식 (원형)주거지 중 면적 복원이 가능한 것들이다.

표 4.12. 前·中期 주거지 비교

	전기	중기
주거지수(기)	136	388
총주거면적(㎡)	4197.1	7242.9
평균주거면적(㎡)	30.9	18.7
주거면적표준편차(㎡)	15.1	8.8

표 4.12에 제시된 자료만을 본다면, 전기에서 중기로 가면서 단일가구의 규모가 심각하게 축소된 것으로 평가할 수 있겠다. 거기에 異論을 제기할 생각은 없으나 좀 더 세심한 분석과 논증을 통해 한두 수치로 요약된 현상의 이면을 주목할 필요도 있는 듯하다.

(세)장방형주거의 분실이나 증축에 관련된 가설적 안(그림 4.29[54])에 기초하여 전기의 (세)장방형주거가 '방형'으로 일컫는 單位住居의 竝列的 連結이며, 개별 방형주거는 核家族을, 그 연결체인 (세)장방형주거지는 擴大家族을 반영하는 주거구조물일 가능성은 이미 몇몇 연구자들이 제기해 온 바이다. 더 나아가 방형-(세)장방형의 구분이 고정된 문화적 실체라거나 단순하게 시기성을 반영한다기보다는 가구발달주기를 반영한 현상임을 피력하면서 청동기시대 전기의 가구구성원리가 結合家族(joint family)을 제외한 확대가족이었을 가능성도 앞에서 제기하였다. 물론 동거성과 가족관계(혈연 혹은 혼인상의 관계)가 일치하지 않는 경우가 많고 고고학 자료를 통해 양자를 직접적으로 연결하기가 쉽지 않음을 깊이 인식한다면, 그러한 시도에 논란의 소지가 있음을 부정할 수는 없다는 점도 앞서 충분히 논의하였다. 그럼에도 불구하고, 청동기시대 가구가 가족에 기반을 두지 않는다는 적극적인 중

53) 金範哲 2012의 표 1(p.35)을 전재·변경하였다.

54) 이형원 2009의 도면 28(p.120)과 도면 32(p.126)를 전재·재제도·변경하였다.

거가 없는 상황에서 그러한 설명이 어느 정도의 개연성을 담보한다면 더 나은 대안이 나오기 전까지 임시적으로 수용해도 나쁘지는 않을 것으로 판단된다.

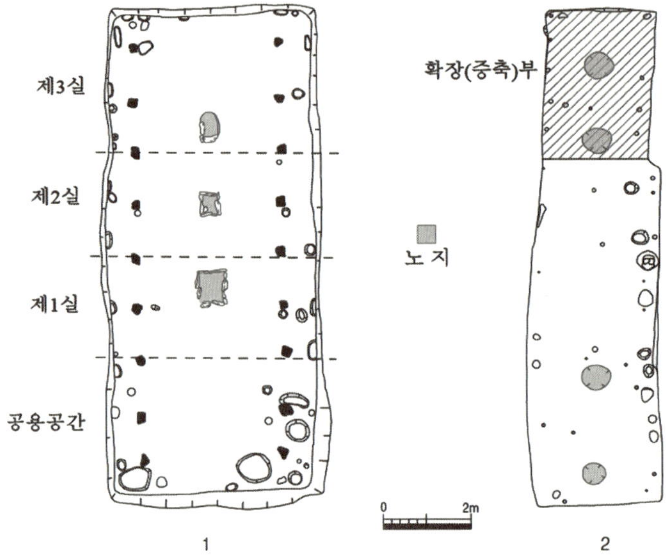

그림 4.29. 전기 주거의 분실 및 증축 양상
(左: 음성 下唐里 6호, 右: 천안 白石洞 95 I -3호)

표 4.13. 前期 주거지 요약

유적	발굴된 주거수	전기(추정) 주거수	분석대상 주거수	단위 주거수	단위주거 (추정)면적(㎡)
大興里(큰선장)	23	23	15	24	15.6
龍禾洞(가재골)	37	28	20	51	12.0
佛堂洞	41	27	18	40	18.2
新芳洞	69	54	27	81	10.8
白石洞	150	96	49	132	15.9
副長里	31	15	7	13	20.3
총계 및 평균	**351**	**243**	**136**	**341**	**14.5**[55]

그런 점을 인정하면서, 우선 표 4.13[56]에 요약된 6개 유적의 성격을 살펴보자. 표 4.13의 단위주거와 표 4.12의 중기 주거의 평균면적을 비교해보면, 단일 가구의 규모는 축소되

55) 단위주거의 (추정)면적의 평균은 $\frac{\sum \text{단위주거수} \times \text{단위주거 (추정)면적}}{\text{단위주거수의 합}}$ 이다.

56) 앞의 표 4.11을 수정 · 편집하였다.

지만, 핵가족으로 치환되기도 하는 단위가구의 규모는 오히려 중기로 가면서, 유의미하게 증대되는 것을 알 수 있다. 즉, 前期 단위주거의 평균면적과 중기 원형주거의 평균면적 차이인 4.2㎡는 흔히, 1인당 주거면적인 5㎡(金正基 1974a)에 육박하기 때문이다. 가장 단순하게는 '핵가족의 증원'으로 해석할 수도 있다. 그러나 별도의 분석은 그러한 현상에 의문을 제기하지 않을 수 없게 한다.

전기 (세)장방형주거지가 확대가족의 소산임이 어느 정도 수용되면서 평균면적이 18㎡인 즉, 4인 정도에 적합한 주거면적을 가진 원형의 송국리식 주거는 핵가족의 소산이라는 점 또한 동일한 정도의 지지를 받고 있는 듯하다. 송국리식 주거가 핵가족가구의 산물임을 전체적으로 부정하는 것은 아니지만 송국리식 주거의 문제가 그렇게 단순하게 처리되기는 어려워 보인다. 그림 4.30[57]의 히스토그램과 표 4.14[58]에 나타난 바와 같이 면적의 변이가 심할 뿐만 아니라, '多峰的(multi-peaked) 分布'를 보인다. 따라서 면적에 따라 몇 개의 부류로 구분하여 살펴보는 것이 타당할 듯 하다.

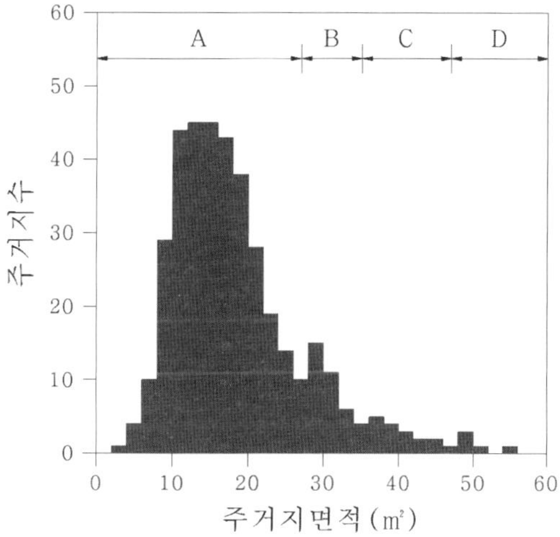

그림 4.30. 송국리식 주거의 면적 분포

개별 松菊里式 住居가 단일핵가족가구를 반영한다는 주장을 인정한다면, 이러한 변이는 前期에 나타나는 단위주거 간의 미세한 변이(표 4.14)나 단위주거의 병렬적 결합의 함수로 나타나는 방형-(세)장방형의 변이와는 구별되어야 하는 것으로 판단된다. 따라서 전·중기의 비교에서 주목해야 할 것은 사회의 다수를 점하는 일반적인 가구가 대상이 되어야 한다는 점이다. 그렇다면, 표 4.13에 제시된 전기 단위주거의 면적은 표 4.14에 제시된 송국리식 주거지 A류와 비교되는 것이 타당해 보인다. 그렇다면, 전·중기 핵가족이 사용했던 면적의 차이(|14.5-15.6|=1.1㎡)는 고고학적 설명에 영향을 미칠 의미 있는 정도는 아니라고 판단된다.

57) 金範哲 2012의 도면 3(p.37)을 전재·변경·재제도하였다.

58) 金範哲 2012의 표 3(p.37)을 전재·변경하였다.

표 4.14. 松菊里式 주거지 분류

부류	주거지수	평균(㎡)	표준편차(㎡)
A	326	15.6	4.977
B	38	30.0	1.990
C	18	39.0	3.083
D	6	50.0	2.408

그런데 문제는 A류를 제외한 나머지 주거들이다. 특히, C · D류는 평균적인 A류 3채 혹은 그 이상의 주거면적을 가진다. 핵가족이되 매우 출산력이 매우 높은 가구이거나 가족의 수는 여타 핵가족과 큰 차이가 없으나 구성원 당 매우 높은 주거면적을 선호하는 가구이거나, 一夫多妻의 가구이거나, 확대가족의 잔재가 남아있는 가구이거나, 가족이외의 구성원이 있는 가구라는 몇 가지 대안적 해석이 가능하겠다. 물론 일반적인 가구를 위한 건물이 아니라는 해석도 그 대안에 포함될 수 있겠다. 어쨌든 전기에는 잘 관찰되지 않는바, 가구양상변화의 일면을 보여주는 현상임은 분명하다. 다만 계층화와 같은 전-중기 전이과정의 사회변화를 고려한다면, 그와 관련지어 좀 더 적극적으로 해석할 필요가 있어 보이기도 한다.

어쨌든 앞서 살핀 것 중, 가장 핵심적인 내용은 전-중기 전이과정에서 획기적인 가구구성 혹은 가족제도의 변화가 발생했다는 것이다. 가구가 거의 모든 정착사회(sedentary society)의 가장 基層的인 조직이라는 점을 감안한다면, 그러한 외견상 변화는 매우 개연적으로 설명되어야 할 대상이다. 더 나아가 가구는, 스스로는 물론 사회 전체의 존립을 위해 몇 가지 중요한 '역할'—생산, 분배 및 소비, (구성원의) 재생산, 전승 등—을 수행하며, 그것은 가구의 '활동'에 반영되는바, 그 설명의 핵심에는 활동양상의 변화가 자리해야 한다. 따라서 청동기시대 전-중기 전이과정에서 보이는 가구규모 및 구성의 변화를 온전히 이해하기 위해서는 다양한 활동의 변화를 살펴보는 작업이 뒤따라야 한다. 우선, 생산양상에서 나타나는 변화를 살펴보는 작업으로부터 시작하자.

3. 청동기시대 전-중기 家口의 生產樣相 변화

현재 우리가 입수할 수 있는 한, 청동기시대의 맥락에서 가구의 생산양상을 가장 잘 보여주는 자료는 가구가 보유했던 石製(生產)道具의 組合일 것이다. 석기조합의 기능상 분류

(표 4.15[59])에 기초하여 청동기시대 전기와 중기의 가구별 도구조합상을 정량화하면, 청동기시대 전기와 중기 간 비교는 물론 한 시기 내에서 가구 간 비교도 가능할 것이다.

1) 전 · 중기 가구 간 石器組合相 차이의 의미

표 4.16은 표 4.15의 분류안에 기초하여 호서지역 청동기시대 전 · 중기 石器[60]를 기능에 따라 비교하고 있다. 먼저 주목해야 할 것은 가구별 보유석기수이다. 양 시기 간 약간의 차이가 있다. 그러나 그 차이가 그다지 크지 않아, 중요한 의미를 부여하기는 어려우며, 비슷하다고 보아도 무방할듯하지만 어쨌든 가구별 보유석기의 양이 증가한 점은 부정하기 어렵다.

표 4.15. 석기 機能別 分類

분류	석기
수렵 · 무구	석촉, 석창, 환상석부
식량가공구	(소형)석검, 요석, 석봉(마석 포함), 연석
벌목 · 경작구	(합인)석부
수확구	(반월형) 석도, 석겸
석공구	대석, 지석, 고석[61]
목공구	석착, 편평편인석부, 유구석부
직조구	방추차
어로구	어망추
기타	추형석기, 용범

단순한 수치의 직접 비교에 따른 표면적 양상은 그렇다 하더라도, 이면에는 꽤 흥미로운 정보가 있어 보인다. 앞서 지적한 바와 같이, 전기의 (세)장방형주거는, 단위주거가 몇 채 결합된 복합주거로 그 자체가 한 가구에 해당한다. 반면 중기의 주거도 그 자체가 한 가구이지만 실제로 인적규모는 전기의 단위주거와 평행하다. 결국 전기의 복합주거가 갖는 양(혹은 그 이상)의 생산도구를 중기에서는 단위주거가 갖게 되는 셈이다. 가구를 가족과 연결시킨 시도를 고려하면서 '作業單位(task group)'라는 측면에서 이 현상을 보자면, 전기

59) 金範哲 2012의 표 4(p.41)를 전재 · 변경하였다.

60) 청동기시대 전 · 중기 석기조합상 비교는 앞선 분석의 대상이었던 136기의 전기 방형계 주거지와 388기의 송국리식 주거지에서 출토된 석기들에 기초한다.

61) 敲石을 식량가공구로 보는 견해도 적지 않다. 다만 출토예가 많지 않은 석기인 바, 큰 흐름에는 영향을 미치기는 어렵다. 따라서 다양한 견해를 두루 고려하여 각각의 경우에 대응하면서 분석에 반영하지는 않기로 한다.

의 확대가족가구와 중기의 핵가족가구가 거의 등치로 평가될 수 있다. 따라서 중기의 주거군집을 하나의 가구로 보는 견해(김권구 2005; 김승옥 2006)는 결과적으로나마 그러한 '작업단위의 전이'라는 현상은 설명하기 어려운 한계를 갖게 된다.

유사한 맥락에서 개별 핵가족이 보유하는 작업도구의 양은 전기에 비해 세 배 가량 증가한다고도 볼 수 있다. 이를 단순하게 추정된 인구수와 비교해 보자면 즉, 분석대상이 된 양 시기 주거지들의 총면적—4197.1:7242.9(㎡)—에 대비하여 석기의 수—371:1210(개)—를 대비함으로써 일인당 석기보유도 거의 두 배(≒1.89배)가량 증가했다고 볼 수 있겠다.

개략적이고 전체적인 변화 외에도 석기조합상, 특히 생산(관련)도구조합에서는 주목해 보아야 할 몇 가지 측면이 있다. 그 중 첫 번째는 木工具의 비율변화이다. 널리 알려진 바와 같이, 청동기시대 전기에서 중기로의 전이과정에 보이는 가장 큰 경제적 변화는 '水稻作의 (적극적) 擴散'이다. 여러 측면에서 그러한 변화가 인지되고 있다. 주거지에서 출토되는 생산도구의 조합에서도 그러한 변화의 일단을 추정해 볼 수 있다. 비록 잔존하는 목제도구가 없는 관계로 석제도구에 주목할 수밖에 없지만 수도작의 진전에 따라 목제도구의 적극적인 이용가능성은 확신에 가까울 만큼, 연구자들이 추정하는 바이다. 석제도구 중 목공구의 증가를 호서지역 청동기시대 전-중기 전이과정의 중요한 변화로 인식하는 것은 바로 거기에서 원인을 찾을 수 있겠다(孫畯鎬 2006:15~41; 李基星 2001). 실제로 표 4.16[62]를 보면, 그러한 확신에는 상당한 근거가 있어 보인다.

표 4.16. 前 · 中期 도구조합상 기능별 비교

석기분류 (기능별)	총수		평균		
	전기	중기	전기		중기 (n=388)
			주거 (n=136)	단위주거 (n=341)	
수렵 · 무구	90(24.3%)	367(30.3%)	0.66	0.26	0.95
식량가공구	38(10.2%)	169(14.0%)	0.28	0.11	0.44
벌목 · 경작구	**54(14.6%)**	64(5.3%)	0.40	**0.16**	**0.20**
수확구	51(13.7%)	109(9.0%)	0.38	0.15	0.28
석공구	78(21.0%)	294(24.3%)	0.57	0.23	0.76
목공구	31(8.4%)	**140(11.6%)**	0.23	0.09	0.36
직조구	26(7.0%)	44(3.6%)	0.19	0.08	0.11
어로구	2(0.5%)	1(0.1%)	0.02	0.01	0.00
기타	1(0.3%)	22(1.8%)	0.01	0.00	0.06
계/평균	**371(100.0%)**	**1210(99.9%)**	**2.69**	**1.07**	**3.13**

62) 金範哲 2012의 표 5(p.42)를 전재 · 변경하였다.로 한다.

분명, 목공구의 비율은 현재 고고학자료에 남은 양상뿐만 아니라, 그림 4.31[63]의 탄환도표(bullet graph)에서 보듯이, 모집단인 당시 사회에 대한 통계적 추정에서도 95~99%정도 혹은 그 이상의 신뢰도로 그 증가를 확신할 수 있다(드레넌 저 · 김범철 역 2009). 다만 도구조합 전체에서 3.2%의 증가가 과연 어떤 의미를 가질지에 대한 의문을 제기할 수도 있다. 그러나 50% 넘는 석기가 소모성 석기인 석촉이거나 지석 등인 점을 고려하고 미세한 도구조합상의 변화도 생산양상의 차이를 반영하는 점을 증명할 수만 있다면, 매우 큰 설득력을 가질 수도 있다. 그 연장선에서 분명히 해야 할 점은 중기로의 전이과정에서 水稻作이 적극적으로 확산되었다고 하더라도 기존의 생계경제기반이 모두 없어진 것은 아니라는 점이다. 水稻作으로 생산된 미곡의 섭취가 영양공급에서 차지하는 비중이 정확히 얼마였는지는 알 수 없으나 단편적 증거로 보건대, 압도적이지는 않았을 가능성이 다분하다는 점 또한 염두에 둘 필요가 있다. 그렇다면, 도구조합에서 3.2%의 증가는 상당한 의미를 가질 수도 있다.

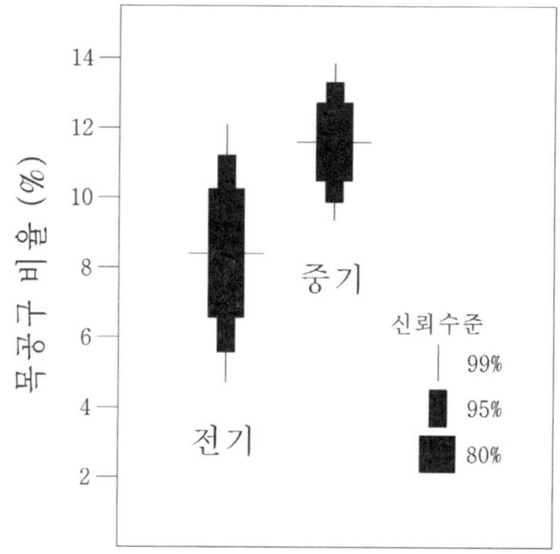

그림 4.31. 전 · 중기 목공구의 비율 비교

목공구와 관련된 추정이외에도 표 4.16에서 주목해보아야 할 것은 벌목 · 경작구의 비중문제이다. 통계적으로 양 시기 간의 차이는 제법 높은 신뢰도로 추정이 가능하다. 흔히 언급되는 바와 같이, 조방적 화전농경에서 벌목에 의한 경작지 확보의 중요성을 인정하고 9.3%의 차이가 생산방식의 차이에 의미 있게 작용할 수 있다면, 청동기시대 전기에서 중기로의 벌목 · 경작구 비율의 변화와 농업형태의 변화를 관련지어 볼 수도 있겠다. 사실, 목공구를 다룰 때와 같은 논리라면, 그 차이는 매우 확연한 것이라고 보아도 무방할 듯하다. 뿐만 아니라, 수치상으로만 보자면 벌목 · 경작구에 관한 한 전기의 단위주거가 중기의 단일 가구의 수준에 육박한다. 다소 비약적인 논리가 될 수도 있겠으나 전기 단위주거

63) 金範哲 2012의 도면 8(p.43)을 전재 · 변경 · 재제도하였다.

의 결합과 관련하여 가장 주목해보아야 할 작업내용은 벌목 · 경작이었을 가능성을 제기해 본다. 물론, 火田에 의한 陸稻作에 대해서는 의심의 소지가 많다(安承模 2001). 그러나 그 대상이 벼가 아니라면, 火田農耕 자체의 존재가능성이 전면 부정되기도 어렵다(고일홍 2010).

2) 前-中轉移期 生計經濟戰略 추이

앞서 청동기시대 전 · 중기 석기의 (기능별) 조합상을 비교하며, 가구의 생산양상 변화를 이해하고자 하였다. 비교대상은 전기 (세)장방형주거 출토품과 중기 松菊里式 주거 출토품이었다. 그런데, 이 양자 사이(?)에는 흔히 休岩里式이 존재하고 이에 대한 해석은 '松菊里類型의 形成'과 관련하여 활발하게 논의되어 온 바 있다. 논쟁이 뜨거운 만큼, 학문적 입장을 떠나 그 양상을 살펴보는 것은 청동기시대 가구의 생산양상변화를 온전히 이해하기 위해서는 필요한 부분이다. 그런데 송국리유형의 형성에 관련된 논의가 다소 포괄적인 문제인 바, 본격적인 논의에 앞서 개괄적이나마 그 논의의 일단, 생계전략에 관련된 것을 살펴보는 작업으로부터 생산양상의 변화라는 문제에 접근하도록 한다. 또한 짧지만 관련된 시기를 부각하기 위하여 청동기시대'前-中轉移期'라는 명칭을 이 부분에서만 한정적으로 사용하도록 한다.

현재 '송국리유형의 형성'이라는 문제를 둘러싼 논의에서 핵심은 '송국리유형'이라는 새로운 물질문화의 출자를 어떻게 이해하느냐이다. 그에 대한 주장은 '在地說'과 '移入說'의 두 가지 부류로 대별할 수 있다. 재지설이 청동기시대 전기 諸 유형, 특히 欣岩里 및 驛三洞類型과의 연계성에 주목하는 반면, 이입설은 전기 제 유형과 송국리유형의 양식적 차이에 초점을 맞추고 있다. 구체적인 문화내용에 있어서 이 양설이 극명한 대비를 이루는 것은 중간형의 문화내용을 保持하는 일군의—재지설의 입장에서 보자면 '先松菊里'라는 접두어를 붙이기에 적합한— 유적이나 유구에 대한 해석과 관련이 있다. 전자가 이를 전기 유형과 송국리유형의 시간상, 양식상의 중간형으로 보고 있는 반면, 후자는 이입 후 확산된 송국리유형과 재지의 전기 제 유형 간 접변의 결과로 보고 있다. 양자는 나름의 강점과 약점을 가지고 있으나 이 문제 해결의 열쇠라 할 수 있는 중간 혹은 접변형태의 문화내용, 즉 休岩里式 유물조합상과 松菊里類型의 '시간적 선후관계'를 분명하게 설정하기 어려운 탓에 어느 한 쪽도 완전한 우세를 점하지는 못하고 있다(金壯錫 2003, 2006; 李弘鍾 2005b). 그럼에도 불구하고, 이입설이 가지는 근본적인 한계 즉, 조형지역을 찾기 어렵다는 점이나 어떤 동인에 의해 남한사회로 대량 유입되었는지를 설명하는 논리가 부재하다는 한계로 인해 점차 재지설로 무게가 넘어가고 있는 감이 없지 않다.

이입설에 관련된 더 이상의 논리 · 실증적 진전이 없는 가운데, 재지설의 옹호자들은 생계경제상의 변화에서 문화변동의 단초를 추적(金壯錫 2003)하거나 주거구조물의 양식적 변화의 궤적을 재구성(나건주 2009; 李亨源 2007)하기도 하고, 湖南地域으로의 확산과정을 복원(황재훈 2009)하는 등 설명의 틀을 보완해가고 있다. 그러한 노력에도 불구하고 곳곳에서 보이는 논리 및 실증적 차원의 허점들은 재지설이 공고한 설명모형으로 자리 잡기 어렵게 하고 있다.

그 중 '선송국리'라는 접두어를 붙일 일군의 유적이 등장하는 생계경제적 배경에 관련된 주장(金壯錫 2003)은 가장 포괄적인 설명모형으로, 세련된 논리로 무장하고 있다. 그럼에도 불구하고, 후술할 바와 같이 몇 가지 논리 · 실증적 한계 또한 내포하고 있다. 필자는 그러한 설명논리의 근저를 비판적으로 검토하면서 '선송국리'라는 접두어를 붙일 수 있는 문화현상의 파급과 관련된 생계경제전략의 추이를 추적해보고자 한다. 그러한 작업은 '선송국리' 관련 자료는 물론 (재지설의 입장에서 보자면) 그를 전후한 두 부류의 유형, 전기의 제 유형 및 송국리유형 자료, 특히 석제도구조합상에 대한 거시/미시적 분석에 기초할 것이다.

(1) '先松菊里' 物質文化와 生計經濟戰略 변화에 대한 기존의 인식

松菊里類型이 한반도 중부 이남의 청동기시대 중기를 특징짓는 물질문화로 인식되어 온 것도 사반세기가 넘는다. 이전과는 현격하게 다른 문화내용은 물론, 분포상에서 보이는 특징은 송국리유형 물질문화의 '出資' 혹은 '祖型' 문제에 대해 뜨거운 논쟁을 유발하기도 했다. 1990년대 초반 청동기시대 '先松菊里類型'이 제기되면서 전기 諸 유형, 특히 역삼동 및 欣岩里類型과의 연계성이 부각된다(安在晧 1992). 그러나 이후 상당기간동안 그에 대한 뚜렷한 반향이 없다가 2000년대 중반 이에 대한 재론(金壯錫 2003)과 반론(金範哲 2005a; 李弘鍾 2005b), 재반론(김장석 2006)이 제기되면서 송국리유형의 형성에 대한 논쟁이 다시 한 번 뜨거워지게 된다.

이러한 논쟁은 흔히 송국리유형의 형성에 관련된 재지설(金壯錫 2003; 나건주 2009; 安在晧 1992)과 이입설(金承玉 2001; 禹姃延 2002; 李眞旼 2004)로 대별하지만 실제에 있어서는 동일설의 지지자 간에도 다소의 견해차가 있다. 특히, 재지설의 입장을 요약한 '선송국리'라는 용어의 접미어로 '類型'을 사용하는 측(安在晧 1992)이 있는가 하면, 유형이기에는 일관성이 부족하다 하여 단순히 '段階'로 파악하려는 측(金壯錫 2003)도 있다. 간혹, '선송국리'를 단계로 파악하면서도 결국 서술의 내용은 유형을 상정하는 사례마저 눈에 띈다(황재훈 2009). 이러한 혼돈은 '선송국리'의 접두어를 사용해야 하는 문화내용의 일관성 부족과 그에 따른 인식의 불분명함에 원인이 있는 듯하다. 사실, '선송국리'라는 접두어를 붙일 수 있는 유적 혹은 유구의 양상은 조형으로 거론되어 온 역삼동 혹은 흔암리유형의 강세지역에서도 일관적이지 못하다는 주장(金壯錫 2003)이 있을 뿐만 아니라, 그러한 문화내용이 미약한 지역—예를 들어, 미호천 이동지역—에서도 두 유형의 핵심지역과 상당한 유사성을 보이고 있다(金容乾 2013). 한편 편년상의 문제일 수도 있으나 당초 선송국리유형의 부재지역으로 생각했던 경남서부내륙지역(安在晧 1992)에서 송국리유형의 핵심요소 중 몇몇이 가장 먼저 나타나는 것으로 추정되기도 한다(쇼다신야 2009).

문화내용의 일관적이지 못한 모습을 개연적으로 설명하고자 하는 가설적 대안이 제시되기도 한다. 전기 제 유형, 특히 흔암리 및 역삼동유형과 송국리유형의 간극을 메워 줄 중간형 혹은 중간단계로서 '선송국리'라는 물질문화의 비일관성을 사회경제적 변화의 契機性으로 설명하려는 시도(金壯錫 2003:50)가 바로 그것이다. 구체적인 논리는 '① 전기 후반에 나타난 특정유적으로의 인구집중 → ② 자원의 고갈과 해체 → ③ 해체 후 등장한 소규모화된 집단의 다변적 생계경제형태 → ④ 송국리유형 집중분포지로의 재집결과 水稻作의 정착'의 순서로 전개된다(金壯錫 2003). 이 중 소위 '선송ㅋ국리단계'의 생계경제적 배경은 ③에 해당한다. 이 단계에서는 청동기시대의 시작과 함께 중단되었던 해양자원, 특히 패류자원에 대한 이용도 재개된다(金壯錫 2003:50).

흥미롭고 개연성 있는 설명모형이기는 하지만 그 논리를 적극적으로 받아들이기에는 다소 문제가 있어 보인다. 그 첫째는, 생계경제(전략)의 변화가 새로운 물질문화의 등장을 통째로 설명할 수 있느냐의 문제와 관련이 있다. 이러한 문제제기는 그 주장의 당사자가 신석기-청동기시대 전이의 과정에 인지되는 문화적 변화에 대한 설명 중 생계경제전략의 변화에 주목한 제설을 비판하면서 피력하였던 것(金壯錫 2002)과 동일한 맥락에서 평가해보아야 할 것이다. 언뜻 보기에도 양자에 매우 상이한, 어쩌면 반대의 논리가 적용되고 있음을 알 수 있다. 물론, 사회문화적 변화의 계기를 (생계)경제적인 문제에서 찾으려는 노력이 모두 잘못되었다는 것은 아니다. 일부 요소—예를 들어, 전기의 (세)장방형주거 및 그와 관련된 가구 혹은 가족구성의 변화나 특정 생계자원 취득도구의 발생 등—는 그럭저럭 설명될 수 있을 것이다. 그러나 기능은 유사했을 것이나 형태가 다른 토기양식이나 새로운 주거양식의 등장 등의 현상에 대해서도 동일한 논리가 적용될 수 있을지는 의문이다.

둘째는, 실증적인 측면에서 과연 전-중기 전이과정의 생계경제전략의 추이를 체계적으로 검토해보았느냐의 문제이다. 선행연구(金壯錫 2003)의 논리를 따르자면, '선송국리' 관련 물질문화는 일관성이 없어 '類型'의 개념을 적용하기 어려운데 이러한 현상은 전기 생계경제체제의 와해 후 나타난 인구의 분산, 즉 다양한 '生計經濟的 適所'[64]로의 適應的 放散(?)에서 그 이유를 찾을 수 있다. 첫 번째 지적의 연장선상에서도 문제 삼을 논리이지만 더욱 부당한 것은 전반적 양상에 대한 체계적인 분석이 결여되었다는 점이다. 광범한 자료에 의거한 체계적인 검증의 과정은 건너 뛴 채, 그러한 논리를 구사할 수 있었던 핵심적 근거 중 하나는 '선송국리' 관련 물질문화가 나타나는 유적 중 일부가 패총이라는 점이다(金壯錫 2003: 50). 물론 패총 지점에 대한 점유가 재개된다는 점은 특기할 만한 일이다. 하지만 과연 그러한 현상이 신석기시대처럼 적극적으로 해양식료자원을 이용했다는 점과 결부시킬 수 있는지도 다소 의문스러울 뿐만 아니라, 그러한 예 또한 매우 소수여서 그렇지 않은 대다수 유적의 양상을 대표하기 어렵다는 점을 지적하지 않을 수 없다. 그러한 한계와 비판을 극복하기 위해서는 생계경제를 반영하는 자료에 의거한 검증과정을 거쳐야 할 뿐만 아니라, 만약 실상과 다르다면 새로운 설명논리를 개발하는 작업이 필요하다.

(2) 석제도구 조합상에 의거한 前-中轉移期 生計樣相 복원

다음에서는 그러한 검증의 작업을 위해 소위 '先松菊里' 즉, 欣岩里 및 驛三洞類型과 松菊里類型의 중간형 물질문화의 유적 및 유구에서 출토되는 석제도구의 조합상을 청동기시대 전기 및 송국리유형 유적들의 양상과 비교 · 분석함으로써 그 생계경제적 특징과 위상을 이해하고자 한다. 이러한 작업은 '先松菊里○○[65]' 유적의 일반적인 양상과 (재지설의 입장을 적극적으로 취신할 때) 그를 전 · 후한 두 시기의 일반적인 양상을 비교하는 통시적이고 거시적인 접근과 함께 개별 선송국리○○ 유적의 양상을 미시적으로 관찰하는 접근을 포함할 것이다.

개별 석기를 용도 혹은 기능별로 분류하고 그 비율을 계량적으로 분석—모비율 비교나

64) '대체자원의 공급지(金壯錫 2003:49~51)'라는 표현을 보다 생태학적이고 보편적인 용어로 치환한 것이다.

65) '先松菊里'의 접미어에 대해 재지설의 옹호자 간에도 다소의 이견이 있고 그러한 이견의 이면에는 인식의 혼동이 작용하기도 하는바, 여기서는 그로 인해 야기될 혼선을 피하기 위해 재지설의 입장을 설명하는 것 이외의 부분에서는 접미어의 확정을 피한다.

다차원척도법 등—함으로써 거시적, 미시적 비교의 기초정보를 획득하고자 한다.

분석대상이 되는 '선송국리○○' 주거지는 중앙토광 및 중심주공 등 내부시설이 설치되면서 방형의 평면을 가진 것들로서 41개 유적에서 발견된 225기이다. 청동기시대 전기 주거지는 흔암리 및 역삼동유형 6개소 유적에서 발견된 136기, 송국리식 주거지는 69개소 유적에서 발견된 388기로, 앞서 다루어진 것들이다[66].

前期 諸 類型, 先松菊里○○, 松菊里類型 등 세 부류의 주거에서 출토된 석제도구 조합상을 비교분석한 결과에 따르면, 소위 선송국리○○ 유적의 양상은 대체로 전기유적과 송국리유형 유적의 중간적이지만 생산과 직접적인 관련이 있는 분야에서는 송국리유형 유적과 흡사함을 알 수 있다. 이러한 경향의 대표적인 예는 농경의 형태와 관련된 두 부류의 도구, 즉 벌목 · 경작구와 목공구에서 선송국리○○는 송국리유형과 거의 동일하다. 이러한 비율적 정보는, 그림 4.32에 제시된 일련의 탄환도표에서 보듯이, 모집단을 전제했을 때도 통계적으로 유의한 결과이다(드레넌 저 · 김범철 역 2009:237~239).

벌목 · 경작구의 높은 비율이 조방적인 화전을 강조하는 경향과 관련이 있다는 점, 목공구의 높은 비율이 수전 경작용 도구의 활발한 제작과 관련이 있을 가능성에 대한 의견(고일홍 2009; 金範哲 2012; 安在晧 2000)을 취신하면 농업생산의 양태라는 측면에서 선송국리○○은 송국리유형과 거의 동일하다고 할 수 있겠다.[67] 거시적인 관점에서의 분석 결과, 생계경제적 전략, 특히 농업생산상 전략의 측면에서는 선송국리○○과 송국리유형 간 차이가 거의 없는 반면 前期 유적으로부터 확연하게 구분된다. 만약 전기의 생계경제체제가 와해되고 적소에 따라 다변화된 생계경제전략이 추구되었다면 이러한 현상은 기대하기 어려운 것이다.

나머지 생산도구는 어떠한가? 漁撈具는 워낙 수가 적고, 비율이 낮아 논의의 대상이 될 수도 없는바, 어로에 의한 생계자원의 충당여부를 판정하기는 어렵다. 한편 수확구의 비중이 절대적으로 높아 식물, 즉 야생의 즉 야생식물의[68]을 통한 생계자원의 충당이라는 점 또한 선송국리○○에서는 확신하기 어려워 보인다. 新石器時代처럼 식물자원의 채집이 강조되는 경우, 수확구나 식량가공구의 비율이 높게 나타나는 것으로 이해(김은영 2006; 유지

---

66) 휴암리식 주거와 송국리식 주거가 같이 발견되는 유적이 거의 30개소에 이르는 바, 양자의 합이 중기 주거의 수가 되지는 않는다.

67) 앞서 기능별로 분류된 석제도구의 조합에서 보이는 비율 차이의 의미를 지적한 바 있다.

68) 대체자원공급지로서 패총지역이 재점유되는 현상의 연장선에서 보자면, 유사한 생계자원 획득방식인 채집이 내륙의 식료자원을 대상으로 행해졌을 가능성은 다분한 바, 이 또한 고려의 대상은 될 수 있겠다.

인 2012)되고 있는 듯하다. 물론, 청동기시대에도 수확구나 식량가공구의 높은 비율이 식물자원의 채집과 반드시 연결되어야 할 필요는 없지만 선송국리○○ 유적에서 전기 유형이나 송국리유형 유적들에 비해 그러한 도구들의 비율이 낮게 나타나고 있는 점의 해석에 참고할 만은 하다.

표 4.17. 前-中變移期 도구조합상 기능별 비교

<table>
<tr><th rowspan="3">석기분류
(기능별)</th><th colspan="3">총수(비율)</th><th colspan="4">평균</th></tr>
<tr><th rowspan="2">전기</th><th rowspan="2">선
송국리</th><th rowspan="2">송국리</th><th colspan="2">전기</th><th rowspan="2">선송국리
(n=225)</th><th rowspan="2">송국리
(n=388)</th></tr>
<tr><th>주거지
(n=136)</th><th>단위주거
(n=341)</th></tr>
<tr><td>수렵 · 무구</td><td>90
(24.3%)</td><td>327
(43.0%)</td><td>367
(30.3%)</td><td>0.66</td><td>0.26</td><td>1.45</td><td>0.95</td></tr>
<tr><td>식량가공구</td><td>38
(10.2%)</td><td>61
(8.0%)</td><td>169
(14.0%)</td><td>0.28</td><td>0.11</td><td>0.27</td><td>0.44</td></tr>
<tr><td>벌목 · 경작구</td><td>54
(14.6%)</td><td>39
(5.1%)</td><td>64
(5.3%)</td><td>0.40</td><td>0.16</td><td>0.17</td><td>0.20</td></tr>
<tr><td>수확구</td><td>51
(13.7%)</td><td>42
(5.5%)</td><td>109
(9.0%)</td><td>0.38</td><td>0.15</td><td>0.19</td><td>0.28</td></tr>
<tr><td>석공구</td><td>78
(21.0%)</td><td>162
(21.3%)</td><td>294
(24.3%)</td><td>0.57</td><td>0.23</td><td>0.72</td><td>0.76</td></tr>
<tr><td>목공구</td><td>31
(8.4%)</td><td>84
(11.1%)</td><td>140
(11.6%)</td><td>0.23</td><td>0.09</td><td>0.37</td><td>0.36</td></tr>
<tr><td>직조구</td><td>26
(7.0%)</td><td>37
(4.9%)</td><td>44
(3.6%)</td><td>0.19</td><td>0.08</td><td>0.16</td><td>0.11</td></tr>
<tr><td>어로구</td><td>2
(0.5%)</td><td>1
(0.1%)</td><td>1
(0.1%)</td><td>0.02</td><td>0.01</td><td>0.00</td><td>0.00</td></tr>
<tr><td>기타</td><td>1
(0.3%)</td><td>7
(1.0%)</td><td>22
(1.8%)</td><td>0.01</td><td>0.00</td><td>0.03</td><td>0.06</td></tr>
<tr><td>계/평균</td><td>371
(100.0%)</td><td>760
(100.0%)</td><td>1210
(99.9%)</td><td>2.69</td><td>1.07</td><td>3.38</td><td>3.13</td></tr>
</table>

어로—패류의 채집을 포함—나 식물자원의 채집이 대체생계자원 획득방식으로서 역할을 하지 못한 반면, 수렵은 상당한 정도의 역할을 했을 것으로 추정할 수 있다. 표 4.17[69]과 그림 4.32[70]에서 나타나는 바와 같이, 확연한 비율적 차이가 인정되는바, 비중을 짐작할 수 있을 뿐만 아니라, 모집단을 상정했을 때에도 그러한 차이는 매우 유의한 것으로 나타난다.

재지설의 입장을 따라 선송국리○○이 시간적으로 송국리유형에 앞선다는 점을 인정한다면, 선송국리○○은 이미 송국리유형에 거의 완벽하게 근접하는 양상을 보인다고 할 것이다.

69) 金範哲 2013의 표 1(p.68)을 전재 · 변경하였다.

70) 金範哲 2013c의 도면 1(p.70)을 전재 · 변경 · 재제도하였다.

세 부류의 유형 혹은 단계(시기)별 비교에서 나타난 양상이 그러하다면, 과연 선송국리○○ 유적 간의 차이는 어떠한가? 사실, 선송국리단계의 문화적 다양성을 생계경제적 전략

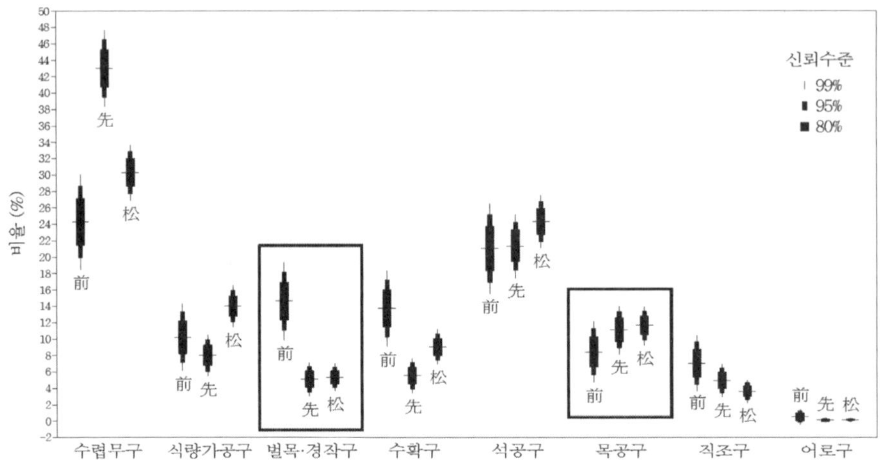

그림 4.32. 기능별 석제도구의 비율 비교 (前: 前期, 先: 先松菊里, 松: 松菊里)

에 관련지어 시작된 논의의 주된 주장(金壯錫 2003)대로라면 선송국리○○유적 간 석제도구의 조합상에서는 일관성보다는 '無定向的(?) 多樣性'이 나타나야 한다. 그런데 다양성은 실제 발현에 있어서 생계경제적 適所, 즉 유적이 입지한 자연환경에 따른 것이기 때문에 해안이나 내륙 등 몇 가지 상이한 환경대별로 어느 정도의 일관성은 있어야 한다. 즉, 후술할 다차원척도법의 분석에서 몇 부류의 군집현상이 나타나야 한다.

다음에서 행할 다차원척도법[71]은 다수의 개별 변수에서 나타나는 양상을 종합하여 유사한 개체일수록 가까이에 상이한 개체일수록 멀리 분포하게 한다(權鶴洙 1995; 金範哲 2006a; 金範哲 · 朴姓熐 2012; 金壯錫 2004). 생계경제적 전략을 반영하는 것이 개별 석기종류의 비율이라면 종합적으로 유사한 비율을 보이는 유적은 근접하여 배치되고, 상이한 유적은 멀리 배치되어 유적별 생계(경제)전략의 유사도가 인지될 수 있다. 더구나 생계전략이 유적이 입지한 환경에 의해 좌우될 가능성이 많다면, 입지환경별로 군집을 이루게 되기도 한다.

71) 이 분석은 위의 거시적 접근을 통해 다루었던 42개소 유적 중 최소한 3기 이상의 주거지가 복원될 수 있는 17개소 유적을 대상으로 한다. 유적 간 유사도 측정은 표준화된 값—물론, 변수들이 동일한 척도 및 종류의 것이어서 별도의 표준화과정이 불필요할 수도 있음—에 '유클리드거리(Euclidean distance)'를 (비)유사성계수로 적용하여 산출된 결과이다. 실제 분석과정에서 Systat 11, SIMS, MS Excess, AutoCAD 등의 프로그램이 활용되었다.

그림 4.33. 前-中轉移期 석제도구 조합상 분석대상유적
(▲: 전기, □: 선송국리○○ 및 송국리유형)

그런데 분석 결과, 별다른 군집이 보이지 않음을 알 수 있다(그림 4.34). 그나마 중앙부에서 미약하게나마 형성된 군집에서는 금강 중류 내륙의 유적, 천안-아산지역의 유적, 해안의 유적들이 혼재하는 양상을 볼 수 있다(그림 4.33[72]).

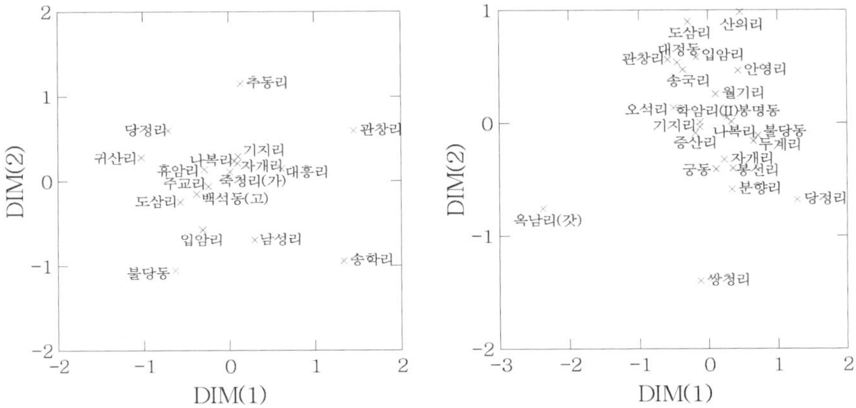

그림 4.34. 先松菊里○○(左) 및 松菊里類型(右) 유적 출토 석제도구 조합상 MDS분석

자칫, 뚜렷한 정향성이 보이지 않는 점이 선송국리○○의 다양성을 방증하는 것으로 비칠 수도 있겠다. 그러나 그림 4.34[73]에서 보는 바와 같이, 송국리유형 유적[74]만을 대상으로 한 경우에도 그러한 산발성[75]은 관찰되는바, 그러한 현상을 선송국리○○ 유적만의 생계경제적 다양성을 방증하는 것으로 보기는 어렵다. 물론, 이 도표상의 산발성은 절대적인 의미를 내포하지는 않으며, 단지 서로 간의 (비)유사성을 보여준다는 점을 분명히 한다. 예를 들어 송국리유형 유적들이 산발적이라고 하여 송국리유형 혹은 송국리문화기의 생계경제 전략이 일반적인 의미로 산발적이었다는 것과는 무관할 수 있다. 만약 석기조합상이 거의 유사한 유적들만 가지고 분석을 하여도 평면의 공간에 유적을 대표하는 점들이 산발적으로 분포하게 된다.

72) 金範哲 2013c의 도면 2(p.71)을 전재 · 변경 · 재제도하였다.

73) 金範哲 2013c의 도면 3(p.72)을 전재 · 변경 · 재제도하였다.

74) 이 분석은 위의 거시적 접근을 통해 다루었던 70개소 유적 중 최소한 5기 이상의 주거지가 복원될 수 있는 23개소 유적을 대상으로 한다. 방법과 절차는 앞선 先松菊里○○ 유적을 대상으로 했을 때와 동일하다.

75) 대체로 우상방에 군집이 형성된 것처럼 보이지만 외곽에 널리 떨어진 두 유적—서천 玉南里(갓재골)과 청주 雙清里—을 제외하면, 대다수의 유적들은 대체로 산발적인 양상을 보임을 알 수 있다.

(3) '先松菊里○○'의 生計經濟戰略에 대한 이해

청동기시대에 들어서면서 본격적인 농업생산경제체제가 유지(金壯錫 2002, 2003)되다가 와해→ 방산→혁신의 과정을 거치고 松菊里文化期에 들어서는 수도작의 적극적 확산을 통해 다시 한 번 변모의 계기를 마련하게 된다. 현재의 논의에서 이러한 일련의 과정에 대해 별다른 이견이 제시되지는 않는 듯하다. 그러나 현재 논의의 핵심은 이러한 거시적 설명의 틀에 대한 것이라기보다는 와해에서 혁신으로 이어지는 과정에서의 좀 더 미시적인 양상에 관한 것이다. 앞서 진행된 일련의 분석에 따르면, 그러한 과정에 대해 제시된 기존의 인식과 실제 자료 사이에는 다소의 간극이 있는 듯하다. 우선은 선송국리○○의 양상이 현재 취득할 수 있는 자료로 보건대, 이미 송국리유형 혹은 송국리문화기에 매우 근접한 양상을 보인다는 것이다.

물론, '선송국리' 관련 유적 내에 발생하는 시차를 가정하여 송국리문화기에 가까워진 유적과 그렇지 못한 유적의 차이가 희석되었을 가능성도 생각해 볼 수 있겠다.

그러나 그러한 가능성은 소위 '先松菊里段階'가 존속기간이 명시되지 않은 개념적(혹은 관념적) 단계라는 인식[76] 하에서는 그러한 가능성을 배제해도 좋을 듯하다. 또한 그 시차를 설정하더라도 그 폭이 매우 짧을 가능성이 다분한 바, 그러한 현상을 고고학적으로 인지할 가능성은 다소 희박하다.

비록 그 시간 폭이 짧다 하더라도 전-중기 전이기—재지설을 인정한다면, '선송국리단계'—에 분명히 특정지역—천안, 아산 등지—으로의 인구집중이 현저하게 감소했다는 점이나 재집결이 발생한 것은 그간 축적된 자료로 보아도 부정하기 어렵다. 다만, 그 중간에 발생했다고 주장되는 '放散'의 문제와 관련해서는 좀 더 곰곰이 생각해보아야 할 요소가 눈에 띈다. 먼저, '선송국리○○' 집단의 규모와 관련된 문제이다. '2~10기 정도의 주거지'로 이루어진 집단의 방산이라는 기존의 주장(金壯錫 2003)과는 달리, 당진 自開里((財)忠淸文化財硏究院 2005, 2006), 보령 寬倉里(高麗大學校 埋藏文化財硏究所 · ㈱大宇 1997, 2001; 亞洲

76) 2009년 제3회 韓國靑銅器學會 학술대회에서 '先松菊里○○'의 존속기간이 설정되어 있지 않다는 필자의 지적에 대해 재지설을 옹호하는 입장을 견지하는 것으로 알려진 이형원은 '先松菊里'의 접미어는 단계이어야 하며, 그것은 (연대를 설정할 필요가 없는) '槪念的 段階'라는 의견을 피력한 바 있다. 전거를 찾을 수 없는 용어 자체도 문제일 뿐만 아니라, 물질적 실체가 있는 문화적 현상을 '개념적(혹은 관념적)' 단계의 산물로 평가하는 주장은 더욱 이해하기 어렵다. 또한 선사 및 고대의 사회경제적 변화의 속도를 고려했을 때, 소위 '先松菊里段階'에 일어났던 다양한 혁신과 대규모 인구재편성(金壯錫 2003)이 물리적 시간폭이 없는 상황에서 어떻게 설명될 수 있을지도 의문스럽다.

大學校博物館 · 高麗大學校埋藏文化財硏究所 · ㈱大宇 1999; 大田保健大學 博物館 · 高麗大學校 埋藏文化財硏究所 2002)[77], 서산 機池里(충청남도역사문화연구원 · 국방과학연구소 2007) 등의 유적에서는 40~50기에 해당하는 '先松菊里○○' 주거지가 발견되고 있다. 물론, 일부 유적은 그렇다 하더라도 대다수는 소규모라는 반론이 있을 수 있겠다. 그러나 적어도 호서지역에서는 전기 제 유형이나 송국리유형에 관련된 유적의 양상도 그와 크게 다르지 않다는 점은 그러한 반론을 무색게 한다.

시간적 위치에 대한 판단은 유보하더라도, '先松菊里' 관련 집단이 농업생산물 외의 대체자원을 개발했을 어느 정도의 가능성(金壯錫 2003)을 완전하게 부정하기도 어려운 듯하다. 우선 '貝塚'지역이 재점유되는 점(金壯錫 2003)은 그런 가능성을 뒷받침할 수 있겠다. 그런데, 석연치 않은 점은 서천 및 보령 일대의 많은 유적이, 해안가에 위치하더라도 패총과는 무관하다는 것이다. 또한 해안가에 위치하는, 두 부류—패총에 관련되거나 그렇지 않은—유적의 생계경제적 전략이 달랐을 것임에도 오히려 다른 유적에 비해 석제도구의 조합상이 유사한 양상을 띠는 점은 유념해야 할 부분이다(그림 4.34). 사실, 선송국리단계에 재점유되었다고 일컬어지는 패총은 신석기시대부터 역사시대의 유구가 모두 발견되는 유적들인 바, 과연 패류채집의 결과물인 패총이 청동기시대와 얼마나 관련이 있는지는 좀 더 엄밀한 재검토가 필요하다. 패총 지점의 점유와 패류 채집의 결과물인 패총의 형성을 직접적으로 관련짓는 것은 원론적으로 심사숙고가 필요한 사안이다. 물론 그러한 원론적 입장을 상정하는 것이 다소 억지스러울 수도 있다. 그러나 패각층 아래 형성된 청동기시대 유구의 존재, 재퇴적의 가능성 등을 염두에 두었을 때, 패총 지점의 점유 자체에 비중을 두어 패류 이용의 빈도나 강도와 직접적으로 연결하는 작업 또한 문제의 소지가 적지 않다.

반면, 도구조합상으로 보건대, '수렵'이 대체자원개발 기제로 채택되었을 가능성은 다분하다. 앞선 분석에서 보듯이, 수렵 · 무구의 비율에서 선송국리○○이 여타 두 부류에 비해 현저하게 높으며, 모집단을 전제로 했을 때도 그러한 차이는 통계적으로 매우 유의하다. 위에서 분석의 대상이 되었던 17개 선송국리○○ 유적 중 주거지 당 수렵 · 무구의 비중이 높은 상위 5개 유적은 부여 羅福里(扶餘郡 · 忠淸南道歷史文化院 2004), 당진 自開里, 보령 寬倉里, 서산 機池里, 보령 竹淸里(가)(韓國文化財保護財團 · 韓國道路公社 2000) 순으로, 羅福里를 제외하고는 모두 서해안에 인접한 유적이다. 그 중 3개소는 앞서 소위 전기 대규

77) 김장석(2006) 자신도 寬倉里유적 B지구에서만 25기 이상의 주거지를 先松菊里段階에 속하는 것으로 파악하고 있다.

모취락의 와해 이후에도 상당한 규모의 집단을 유지한 유적으로 거명된 바 있다. 물론 대규모의 인구집단을 유지하는 보조생계자원으로 수렵에 의한 육상동물자원만을 거명하는 것은 다소 무리가 따를 수도 있다. 다만 현재의 석기조합상을 가감 없이 받아들이자면, 수렵의 중요성이 부각될 수 있다는 것이다.

청동기시대 중기에 전기와는 상당히 구분되는 생계경제—특히 농업생산—방식이 추구되었을 가능성에 대해서는 앞서도 분명하게 피력한 바 있다. 여기에서 관심은 그러한 전이의 과정에 나타난 생계경제전략의 추이를 '先松菊里' 관련 물질문화를 매개로 이해해보고자 하는 것이었다. 주거지에서 출토되는 석제도구조합상을 해상도를 달리해가며 분석한 결과, 적어도 농업생산전략에 있어서는 선송국리○○ 유적들은 이미 송국리유형 유적들과 매우 흡사함을 알 수 있었다. 만약 재지설의 입장을 받아들여 선송국리○○의 '時間的 間投性'을 인정한다면 이미 선송국리○○의 농업생산전략은 水稻作이 적극적으로 확산되는 송국리문화기의 그것에 매우 근접했음을 보여준다고 할 수 있다. 또한, 그러한 이행기의 일시적인 불안정성을 극복하는 대체생계자원 개발 전략의 일환으로 육상동물에 대한 수렵의 비중이 높아졌던 것으로 판단된다.

물론, 이러한 일련의 전략상 '推移'에 대한 이해는 재지설의 입장을 십분 받아들였을 때 가능한 것임을 분명히 한다. 그렇다고 이입설의 의견에 동조하는 것은 아니다. 오히려 새로운 문화내용의 등장을 실증되기 어려운 '주민이동'의 기제로 설명하려는 입장의 위험성에 공감하는 바이다. 양분적인 논리의 어느 쪽을 지지하고자 하는 의도는 없으되, 다만 (湖西地域) '청동기시대 전-중기 전이과정' 혹은 '松菊里類型의 形成'에 대한 온전한 이해는 개연적 담론이 아닌 체계적 자료 분석에 의거한 견고한 논리의 구축과정을 수반해야 함을 역설하고자 한다. 적잖은 수의 유적을 검토하여 복원한 석제도구조합상의 변이에 대한 분석을 기초로 생계경제전략의 추이를 이해하려는 시도가 그러한 노력의 일환으로 비쳤으면 한다.

4. 청동기시대 전-중기 家口의 貯藏樣相 변화

농경이 중대한 생계방식으로 정착하는 과정에서 貯藏(storage)은 빼놓을 수 없는 요소가 되었다. Kent Flannery의 연구(1972) 이래, 저장은 초기 정착농경취락을 인지하는 결정적 요소의 하나로 지목되기도 하였다. 농경사회가 아니더라도 저장은 생산과 소비의 시점이 늘 일치하지만은 않기 때문에 고안된바, 과정상 생산과 소비 사이의 중간적 위치를 가지게 되고 저장이 실패하면 소비는 물론 생존이 원활하지 않게 된다. 결국 가구의 차원에서 보자면, (私的) 저장은 자립생산이 가져다주는 보상과 위험을 동시에 감수하는 통로가 된다(Banning 2003; Flannery 2002; Rollefson 1997). 더 나아가 가구의 영양학적 요구치 이상은, 복합사회의 발달의 경제적 배경인 잉여(surplus)로 전화될 수 있는바, 어떤 방식으로든 가구 저장량이 그 필요량을 반영한다면 그 변화는 단순히 가구 수준의 문제를 넘어서게 된다.

따라서 호서지역 전 · 중기 가내 저장용량을 복원 · 비교하는 시도는 잉여와 관련된 전-중기 전이과정의 사회경제적 변화를 이해하는 매우 중요한 경로가 될 수 있다. 그런 점을 인식하면서 몇몇 연구는 가내 저장량의 복원을 이런저런 방식으로 시도해왔다. 그 중 개별 가구를 대상으로 한 가장 직접 시도는 김장석(2008a)에 의해 이루어지게 된다. 그는 전기(세)장방형 주거 내 소형 수혈(?)을 '저장시설'로 파악하면서, 그 용량분석에 기초하여 전기의 저장량을 복원하고 있다. 반면, 중기의 송국리식 주거 내에 그런 시설이 없음을 강조하여 저장이 옥외화, 집단화되는 것으로 파악하고 있다. 그런데 그러한 대비의 이면에는 납득하기 어려운 전제와 관찰, 비교가 자리하고 있다. 우선, 야트막한 구덩이 자체를 저장수혈로 파악하고 있는 관찰단계의 전제에 대해 문제의 소지를 지적하지 않을 수 없다. 즉, 可樂洞 · 欣岩里 · 驛三洞類型 주거지 내에 설치된 (주로 평면 원형의) 구덩이 자체를 屋內 저장시설로 파악하려는 시도는 상식적으로도 부적합하다. 사실, 그러한 수혈은 지나치게 깊이가 낮아 저장의 효율이 떨어질 수밖에 없다. 더욱 근본적인 문제는 수혈만이 저장의 공간이라고 생각한다는 점이다. 과연 과연 주거지 내에서 종종 발견되는 대형 토기의 용처는 무엇인가? '저장'일 가능성이 매우 높다. 대형토기들은 전기 방형계 주거지는 물론 중기 송국리식 주거지에서도 적잖이 발견되고 있다. 사실, 야트막한 수혈 내부는 물론, 그와 비슷한 위치에서 꽂아두었던 토기가 발견되는 사례도 적지 않기 때문이다. 한편, 그러한 지점에서 토기편을 수습한 뒤, 굴광의 흔적을 정리하면 토기의 동최대경보다 훨씬 큰 구덩이 혹은 저부만이 간신히 들어가는 좁고 낮은 구덩이를 발견하게 되는 경우가 흔하다. 결국, 그 안에 묻히거나 꽂혀 있었을 토기의 용량—실제 저장용량—과 구덩이의 규모 사이에 별다른 직접적 관계를 설정하기 어렵다는 결론에 이르게 된다. 따라서 주거지 내에서 수습된 것 중 전문적으로 저장에 사용되었을 (대형)토기의 용량을 직접 복원 · 비교하는 작업이 가내 저장양상 변화를 이해하는 가장 담백한 경로가 된다.

1) 家內 貯藏樣相 복원의 전제와 방법

그러나 그 작업과정이 그렇게 단순하지만은 않다. 대부분의 토기는 완전한 형태를 복원하기 어려운 채로 발견되기 때문이다. 결국, 家內 貯藏量의 復原은, 完形이건 혹은 파편상태이건 저장용기의 용량을 복원하는 작업이 관건이 된다. 그런데 完形과 파편상태의 토기는 용량을 복원하는 방법이 다를 수밖에 없다. 완형의 경우, 한 때 알곡이나 모래 등을 넣어 그 양을 계측하는 등 직접적으로 용량을 산출하기도 했다. 다만, 적지 않은 수의 토기를 직접 다루어야 하는 비효율성 때문에, 최근에는 그래픽 프로그램—예를 들어, AutoCAD—을 이용하는 방법이 주로 이용된다(金範哲 2013b; 김범철 · 안형기 · 송한경 2007). 반면, 파편의 경우는 특정 부위의 계측치와 용량의 관계를 설정한 복원수식을 이용한 간접적인 방법을 통해 근사치를 추정하게 된다. 대다수 토기의 발견상태를 고려하면, 파편상태로 남은 (原)土器의 용량을 복원하는 작업은 가내 저장량 복원의 중요한 부분임은 자명하다. 그러한 중요성을 피력하면서 필자는 다른 글(金範哲 2013b)을 통해 실전력을 제고한 '용량복원식'을 제안한 바 있다. 여기서도 그 복원식을 이용하기로 한다. 실제 복원은 口徑, 頸部徑, 胴(最大)徑, 底徑이 추정될 수 있는 모든 토기를 대상으로 시도된다.

한편, 개별 용기의 용량복원뿐만 아니라, '저장용기'를 판별하는 일도 그리 직설적이지마는 않다. 사실 기준이 될 용량을 규정하는 것도 매우 어려울 뿐만 아니라, 보편적으로 동의할 수 있는 답을 찾는 것이 불가능할 수도 있다. 그럼에도 불구하고, 다음 분석의 진행을 위해서는 적당한 기준의 제시가 불가피하다. 孫晙鎬와 庄田愼矢(2004)는 松菊里式 甕棺의 제작 및 사용에 대해 고찰하면서 옹관보다는 현격히 큰 48ℓ 이상의 토기를 저장용기로 볼 것을 제안한 바 있다. 그런데 필자가 보기에 이러한 기준은 과도하다. 사실, 이런 토기는 완형의 경우이든 파편으로부터 용량을 추정한 경우이든 매우 한소하며 성형과 소성 또한 쉽지는 않았을 것이기 때문이다. 좀 더 작은 용량의 용기도 활용되었을 가능성이 높다. 사실, 손준호와 최인건(2012)이 관찰한 바에 따르면, 대형—20ℓ이상—의 토기에서는 調理痕—특히 밥 짓기의 흔적— 나타나는 예가 매우 적고, 있더라도 주로 수분이 많은 요리나 물 끓이기의 흔적이 대부분이라고 한다. 그런 결과를 참조하자면, 대략 20ℓ나 그 이하 토기의 기능을 저장으로 보아도 큰 문제는 없을 듯하다.

다소 억지스러울 수도 있겠지만 일상의 사례에서도 대략의 기준을 찾아보기로 하자.

물청소를 할 때 흔히 쓰는 양동이의 용량이 8~9ℓ—작은 혹은 반(半) 말(斗) 정도—인데, 가정에서는 유사한 용기가 임시로 쌀을 담아두는 목적으로 활용되기도 한다. 그런데 어느 정도 장기적인(?) 저장을 목적으로 하는 용기로는 다소 작은 느낌이 든다. 흔히 전통적으로 (큰)말, 즉 10되(升)는 약 18ℓ이다. 말은 전통적인 용량단위체계상 섬(石)에 다음 가는 단계로 가내 저장에서 의미 있는 단위일 것으로 추정된다. 이상의 점들에 착안하여 호서지역 출토 청동기시대 (완형)토기의 용량분포를 관찰하면, 대략 16ℓ를 경계로 나누어 볼 수도 있다(그림 4.35[78]). 대략적이나마 이러한 점을 근거로 여기서는 16ℓ 이상의 용량을 갖는 토기를 '저장용기'[79]로 정하고 이후의 분석을 진행한다.

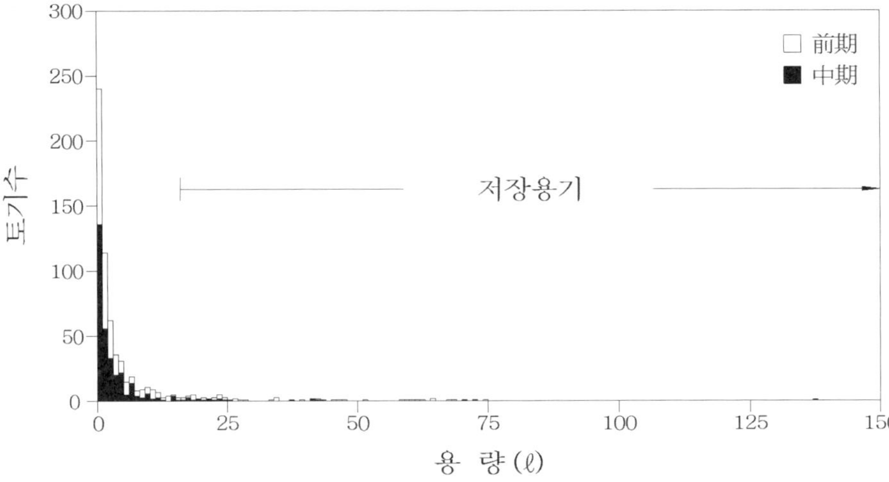

그림 4.35. 전 · 중기 完形土器의 용량분포

마지막으로 해결해야 할 문제는 부위별 파편으로부터 복원된 저장용토기 중 상호 중복될 것으로 추정되는 개체를 제외하는 것이다. 이 과정에서는 체계적인 분석을 위해 최소용기수(MNV: minimum number of vessels, Rice 1987)의 개념을 적용하기로 한다(金範哲 2013b). 구체적인 예를 통해, 그러한 개념의 적용방식을 설명하자면 다음과 같다. 우선 구연부, 동(체)부, 저부가 각각 1점씩으로부터 용량이 추정되고 모두가 저장용기로 평가되었

78) 金範哲 2014a의 도면 1(p.58)을 전재 · 변경 · 재제도하였다.

79) 손준호와 최인건(2012)의 관찰 결과를 종합해보면, 특정 토기가 복수의 목적으로 활용되었을 가능성도 있다. 따라서 16ℓ가 넘는 용량의 모든 토기가 저장만을 위해 사용되었다고 보기는 어렵지만 두 시기의 비교를 위한 기준인 만큼 개별 토기의 용처를 일일이 구분하지 않더라도 심각한 오류는 없을 듯하다.

다고 하자. 구연부는 개방형과 폐쇄형기종으로 구분(金範哲 2013b)되는데, 동체부는 폐쇄형에 관련되는바, 만약 구연부가 개방형기종의 파편이라면 동체부와의 관련성은 없게 되어 각각은 별도의 용기로 규정할 수 있다. 그러나 여전히 저부 1점의 소속은 불분명하다. 구연부나 동체부와 동일한 토기에서 깨져 나온 편일 수 있다. 따라서 저부는 제외하는 것이 타당하다. 하지만 구연부나 동체부에 의거하여 추정된 용량이 저부로부터 추정된 용량과 현격한 차이가 난다면, 저부도 별도 토기의 일부일 가능성이 매우 크다. 따라서 이 경우, 저부도 총용량 산정에 포함한다. 구연부가 폐쇄형기종일 경우도 동일한 방식이 적용된다. 문제는 '현격한 차이'가 어느 정도를 의미하느냐인데, 完形土器 몇 례에 대한 실험을 통하여 ±5ℓ로 정하기로 한다.

2) 家內 貯藏様相의 비교

여기서 이용되는 자료는 앞선 일련의 분석에서 다루어 온 전기 6개 취락, 136기의 주거지와 중기의 13개 취락, 180기 주거지에서 출토된 完形土器 및 각 부위의 계측정보로 이루어진다. 전기 취락과 주거에 대해서는 넘어가도 될 듯하지만 중기에 대해서는 약간의 부가 설명이 필요해 보인다. 분석대상이 된 중기 13개소 취락은 湖西地域에서 조사된 40여개소의 청동기시대 중기—松菊里類型— 취락 중 주거수의 분포(그림 4.36[80])를 살펴, 12기 이상(C군집)의 주거를 포함한 곳만 선별되었다. 그 취락 내에서 보존상태가 양호한 송국리식 주거지만을 선별하여 총 180기를 분석의 대상으로 삼고 있다. 前期 136기 주거지에서 출토된 完形土器 108점, 구경이 복원되는 구연부편 105점, 경부경이 복원되는 경부편 26점, 동최대경이 복원되는 동부편 35점, 저부각과 저경이 복원되는 저부편 1028점과 中期 180기 주거지에서 출토된 완형토기 66점, 구경

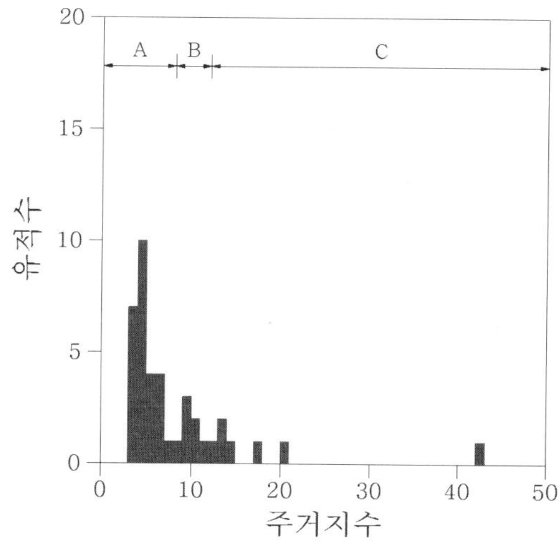

그림 4.36. 중기 취락의 주거수 분포

80) 金範哲 2014a의 도면 2(p.59)를 전재·변경·재제도하였다.

이 복원되는 구연부편 209점, 경부경이 복원되는 경부편 19점, 동최대경이 복원되는 동부편 53점, 저부각과 저경이 복원되는 저부편 1648점에 대한 계측정보가 활용된다.

그러한 계측정보를 앞서 언급한 절차에 따라 분석한 결과, 前期의 경우 '住居 당 貯藏量'은 40.10ℓ, 中期의 경우 26.26ℓ인 것으로 나타난다. 이 결과만 보면, 가내 저장량이 전기에서 중기로 가면서 현격하게 줄고 있는 것으로 판단할 수도 있다. 그런데 전체적으로 전기 방형계 주거지의 면적이 넓어 직접 비교하는 것은 의미가 없을 수 있다. 따라서 단위면적 당 前 · 中期의 저장량을 비교하면 1.30ℓ/㎡ 對 1.23ℓ/㎡로 거의 유사해짐을 알 수 있다. 이 결과를 적극적으로 해석하면, 전 · 중기에 걸쳐 가내저장양상은 커다란 변화가 없는바, 가내 저장량을 잉여라기보다 가구의 필수적 요구치로 간주할 수도 있다. 따라서 전기의 옥외저장을 인정하지 않는다면 중기의 옥외저장량은 모두 잉여가 된다. 결국 잉여는 증대된 것이 아니라, 생성된 것이라고 평가할 수도 있다.

주거별 양상을 관찰해보면, 그러한 결과는 위의 내용보다는 좀 더 복잡한 설명을 필요로 하는 듯하다. 앞서 전기 (세)장방형주거가 '단위주거'의 병렬적 결합임을 피력한 바 있다. 그러한 해석은 전기에 주류를 이루는 가구구성이 확대가족이며, 중기는 핵가족이라는 가정(김승옥 2006; 安在晧 2006; 이형원 2009)이나 대다수(84.0%)를 점하는 송국리식 주거의 평균면적(15.6㎡)이 전기 '단위주거'의 평균면적(14.5㎡)과 유사하다는 앞의 분석(그림 4.30와 표 4.14)과 맥이 닿아 있다. 그러한 맥락에서 前期의 단위주거별 양상과 中期의 주거별 양상을 비교하면 저장량은 평균 16.08ℓ 대 26.25ℓ로 주목할 만한 차이가 나타남을 알 수 있다. 그런데, 전기의 단위주거와 對를 이루는 송국리식 주거의 주류—그림 4.30과 표 4.14의 A류—는 상대적으로 소형 주거이다. 그림 4.30와 표 4.14에 제시된 기준에 따라 구분하면 본장의 대상이 된 180기의 주거 중 142기가 이에 속한다. 이들의 평균 저장량(25.94ℓ)과 전기 단위주

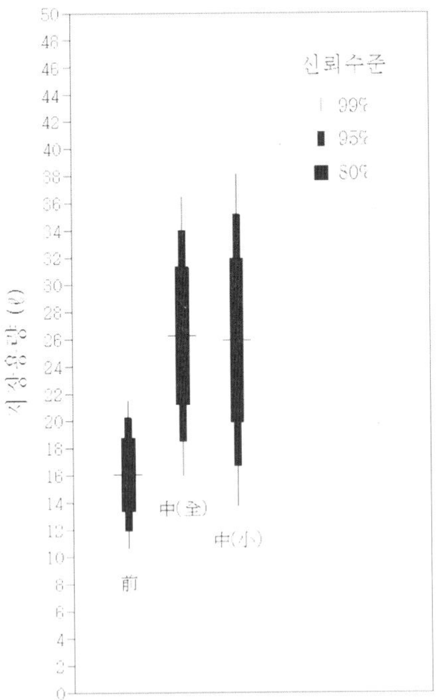

그림 4.37. 전 · 중기 가구 간 저장용량 비교

거의 양상을 비교하면 송국리식 주거 모두를 대상으로 했을 때와 유사한 차이가 보인다. 모집단(청동기시대 호서지역에 있었을 모든 전기 주거와 중기 주거)을 전제했을 때도 그러한 차이는 상당히—최소한 95%~99%— 신뢰할 만하다(그림 4.37[81]). 이를 보면, 오히려 가내 저장량이 늘었을 가능성이 다분하다고 할 수 있다.

5. 청동기시대 家口 間 關係의 변화

가구 간의 관계를 추론할 수 있는 고고학적인 증거는 다양할 것이지만 가장 기본적인 것은 주거지 및 관련 부속유구들의 배치 혹은 분포이다. 즉 家口를 반영하는 개별 주거지 간 혹은 관련 부속유구를 포함하는 家口複合體(Ⅲ장 참조) 간의 공간적 관계를 분석하는 작업이야말로 가구 간 관계에 관한 실질적인 정보를 제공한다.

청동기시대 중기 취락에서 나타나는 특징 중의 하나로 꼽는 것이 住居가 군집을 이룬다는 것이다(그림 4.38[82]). Ⅱ장에서도 몇 차례 언급한 것처럼 이러한 현상을 흔히 '世帶共同體의 형성'과 결부시키는 것이 대세를 이룬다(權五榮 1995, 1997; 김권구 2005; 김승옥 2006; 安在晧 1996). 더 나아가서는 공동체 형성의 원리를 가족관계로 파악하기도 한다(김권구 2005; 김승옥 2006; 安在晧 2006). 송국리식 주거(그림 4.30 및 표 4.14의 A류)의 평균 면적이 약 15.6㎡인 바, 3~5기씩 군집을 이루게 되면 개별 군집의 면적은 일반적으로 46.8㎡에서 78.0㎡에 달하고, 이는 전기 세장방형 혹은 장방형 주거지들과 유사하다. 논리적 근거가 확고한 것은 아니지만 이를 대체할 개연적인 해석이 없는바, 필자도 이에 심각한 이론을 제기할 생각은 없다. 다만 이러한 현상을 松菊里型 聚落의 보편적 구성 원리로 평가(權五榮 1995, 1997; 安在晧 1996)하는 것에는 동의하기 어렵다는 점을 분명히 한다.

필자는 다른 글(2006a)을 통해 이러한 현상은 모든 송국리형 취락에서 나타나는 것이 아니라 서천 堂丁里, 烏石里, 논산 院北-定止里 등 일부 소규모 취락(그림 4.38)에서 자주 관찰되며, 대규모 취락의 경우에는 중심부인 '住居密集區域(nucleated zone)'에서 벗어난 '住居分散區域(dispersed zone)'에서 나타나는 현상임을 지적한 바 있다. 사실, 부여 松菊里유

81) 좌측 탄환도표로부터 전기 주거, 중기의 모든 주거, 중기 주거 중 그림 4.30의 A류에 속하는 소형주거의 저장량을 반영한다. 金範哲 2014a의 도면 3(p.60)을 전재 · 변경 · 재제도하였다.

82) 金範哲 2012의 도면 4(p.38)를 전재 · 변경 · 재제도하였다.

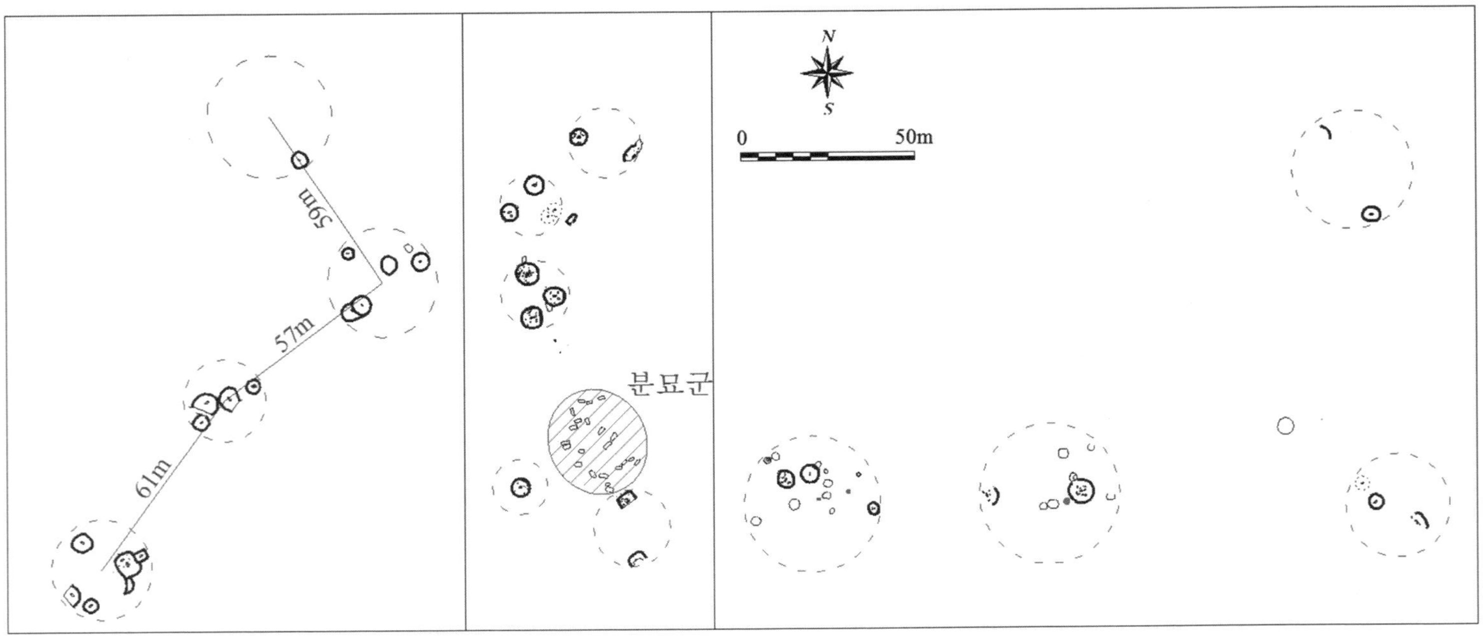

그림 4.38. 소규모 松菊里型 취락 내 가구군
(左: 堂丁里유적, 中: 烏石里유적, 右: 院北 · 定止里유적)

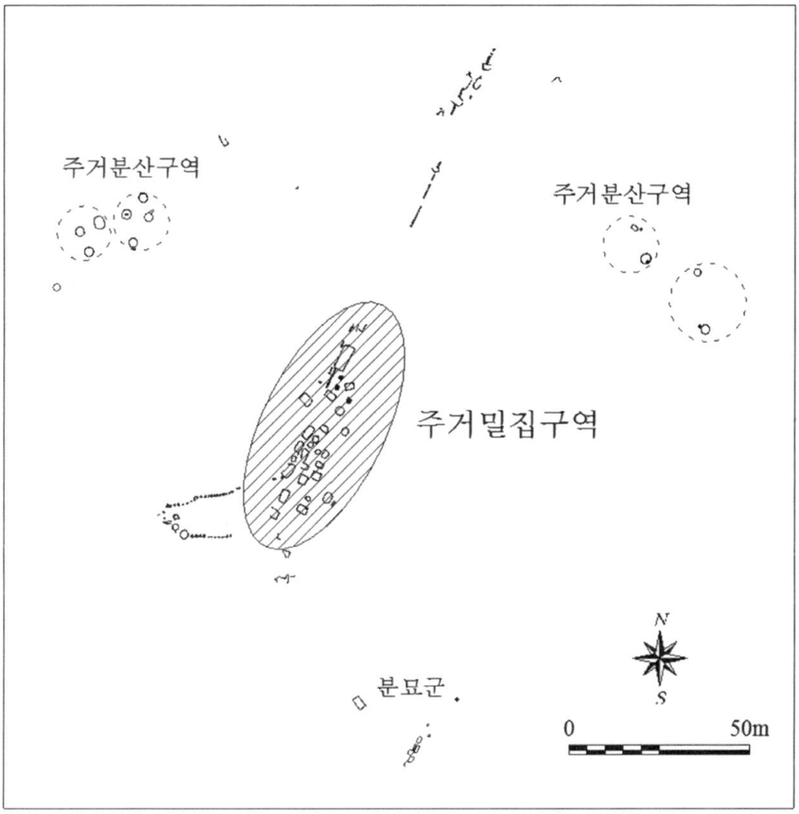

그림 4.39. 松菊里유적 주거분산구역의 가구군집 현상

적(그림 4.39[83]), 羅福里유적(그림 4.40[84]), 서천 道三里유적(그림 4.40) 등 주변의 유적들에 비해 규모가 월등하게 크고 사회정치적으로 중핵적 위치를 점했을 것으로 생각되는 취락의 주거밀집구역 내에서는 상대적으로 주거지 간 중복이 심하고 그렇지 않더라도 모두 인접해 있어서 '群(cluster)'을 설정하는 작업이 명확하지 않다. 흔히 군의 파악이 명확한 소수의 유적을 제외하고 그러한 작업은 연구자의 편의적 줄긋기에 의존하고 있는 실정이다.

그럼에도 불구하고, 전자는 야트막한 구릉의 평탄면에 위치하는 대신 후자는 그 주변 사면에 위치하는바, 주거밀집구역이 좋은(?) 위치에 형성될 뿐만 아니라, 거기에 입지한 주거지들은 대체로 크고 내부시설도 정연하며, 유물의 출토량도 많다는 사실은 어느 정도 알려진 바이다(金範哲 2006a; 孫晙鎬 2003; 李弘鍾 2005a). 그런 측면에서 보자면, 주거밀집

83) 金範哲 2012의 도면 5(p.39)의 우측 그림을 전재 · 변경 · 재제도하였다.

84) 金範哲 2012의 도면 6(p.39)을 전재 · 변경 · 재제도하였다.

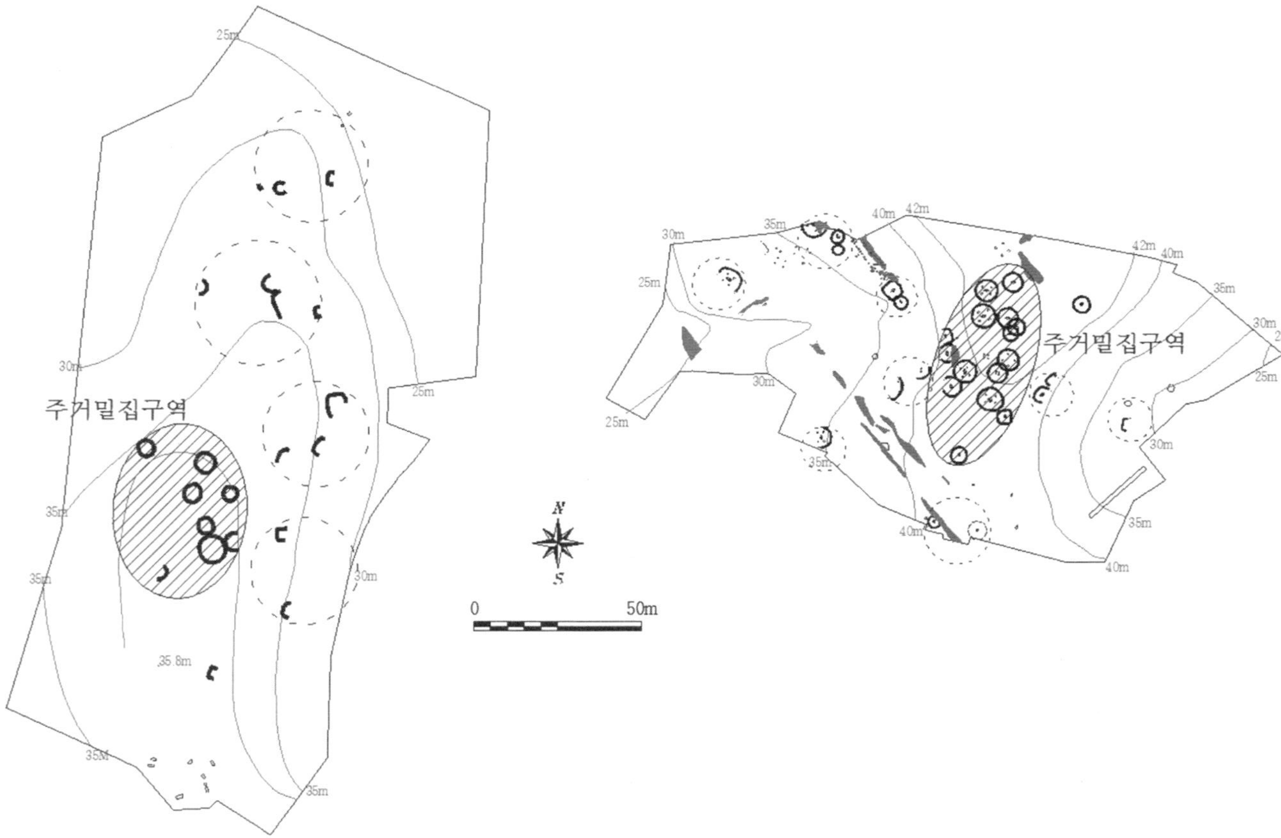

그림 4.40. 중핵적 송국리형 취락 주거분산구역의 가구군집 현상
(左: 羅福里유적, 右: 道三里유적)

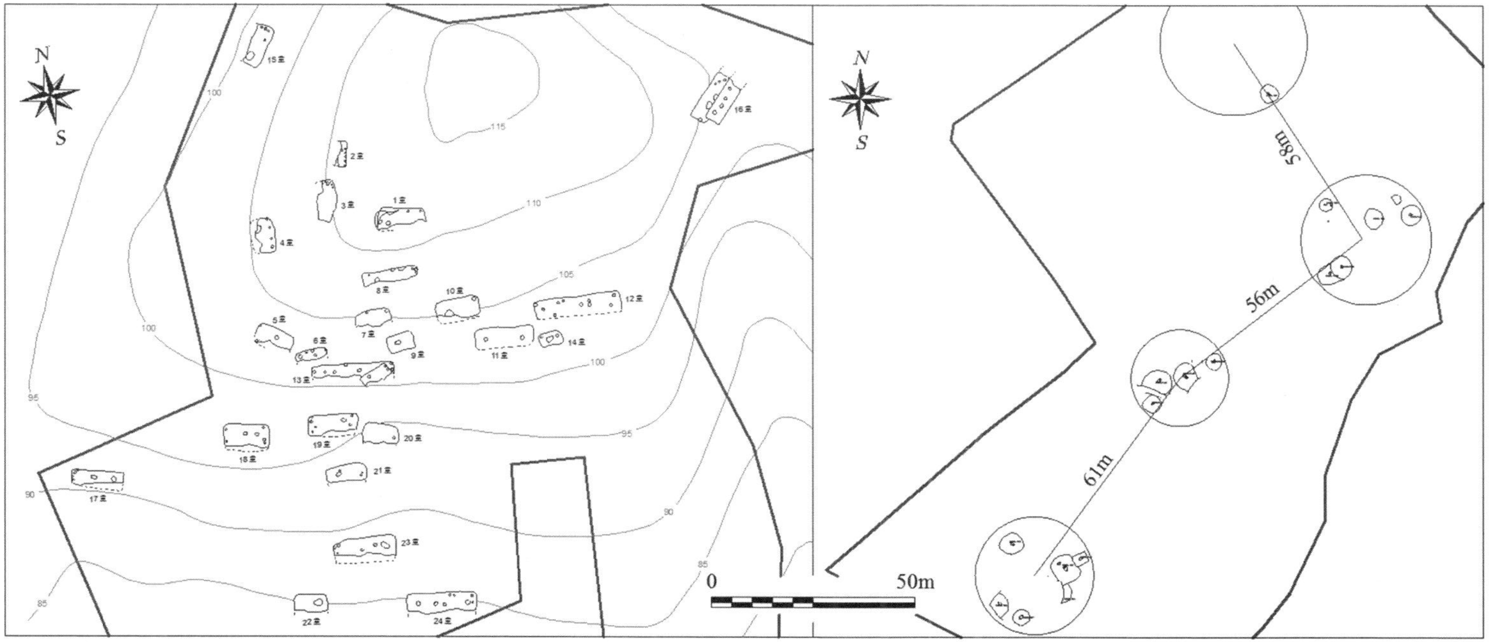

그림 4.41. 전 · 중기 가구 간 離隔性 비교
(左: 전기-白石洞유적, 右: 중기-堂丁里유적)

구역의 형성을 소위 빈부차가 수반된 (주거)영역구분경향(zonal patterns)의 등장과 관련지을 수도 있겠다. 이 또한 전기에는 나타지 않는[85], 전-중기 전이과정의 가구 간 관계 변화의 일부로 이해할 수 있을 것이다.

가구 간 관계 변화의 또 다른 측면으로 '離隔性'도 고려해 볼 수 있겠다. 전기의 (세)장방형주거지들에 비해 개별 송국리식 주거 간 거리가 늘었다고 하기는 어렵다. 그러나 전기의 (세)장방형주거와 송국리식 住居群의 평행적 관계나 송국리식 住居群의 소속 가구 간 결속력을 인정하여 하나의 '(擬似)大形家口'로 묶을 수 있다면, 중기로 오면서 이격성은 오히려 확연히 증가했다고 볼 수 있다. 그림 4.41[86]에서와 같이 前期 (세)장방형주거지들은 등고선을 따라(?) 인접한 열상배치를 보이는 반면, 中期 주거군은 훨씬 이격하는 것을 알 수 있다.

결국, 청동기시대 전-중전이기를 거치면서 가구 간 관계의 변화는 소위 송국리형 취락에서 확인되는 주거군의 형성원인 혹은 구성 원리와 가구 간 이격성의 증대라는 현상을 촉발한 요인을 탐색하는 다각적 시도를 통해 개연적으로 이해될 수 있을 것이다.

---

85) Ⅲ장에서 전기 주거를 대상으로 한 시도(羅建柱 2010, 2013; 나건주 외 2011)의 부적절함을 지적한 바 있다.

86) 金範哲 2012의 도면 7(p.40)을 전재 · 변경 · 재제도하였다.

V

한국 青銅器時代 社會經濟的 變化와 家口

종종 家口, 특히 (農業)生產者 家口는 수동적이고 보수적인 존재로 인식되기도 한다. 거시적인 사회변화를 기계적으로 수용하거나 단순히 그에 저항하는 自救的인 존재라는 것이다. 이러한 인식 하에서 개별 가구의 변화는 일률적으로 파악될 수밖에 없다.

그러나 Ⅱ장에서도 살핀 것처럼, 최근 30여 년간 비약적인 성장을 해온 家口考古學의 연구 성과들은 그러한 인식을 기초로 한 것은 아니다(Robin 2003; Souvatzi 2008). 물론, 그 연구들이 선사·고대의 거시적 사회변화가 家口라는 기층단위에 끼친 (강력한) 영향을 무시하거나 개별 가구의 변화에서 어떠한 定向性도 찾을 수 없다고 주장하는 것은 아니다. 다만, 거시적 변화와 가구양상의 변화를 반드시 일대일 대응관계로 파악하기는 어려우며, 유사한 변화양상을 보이는 사회들 간에도 가구양상은 전혀 다를 수 있고, 더 나아가 한 사회 내에서도 개별 가구의 변화가 획일적이지 않다는 것이다. 예를 들어, 특정 정치체(polity)의 中心(heartland)과 周邊(hinterland)에서 가구의 변화양상이 다르고, 계층이나 소속된 국소집단의 위계 및 역할 등에 따라서도 가구의 반응이 사뭇 다르다는 사례는 어렵지 않게 찾을 수 있다. 뿐만이 아니다. 새로운 기술이나 관념의 수용에서도 그다지 수동적이지만은 않다. 더 나아가 복합사회의 기반이 되는 집약적인 농업생산기술체제를 구축하고 유지하는 주체가 개별 가구나 국소공동체임을 지적하는 연구 또한, 어렵지 않게 찾을 수 있다(Erickson 1993; Gelles 1996; Hendon 1996; Robin 2003). 이러한 현상에 대한 이해와 일반적인 이론사조의 영향에 힘입어, 중심부 위주의 연구에서 벗어나 '周邊的 혹은 地方的 樣相'에도 관심을 기울여야 한다는 시각(local perspective)이나 가구 자체가 '능동적으로 取捨選擇할 수 있는 主體(agent)'라는 관점이 가구고고학적 접근의 저변에 한 축으로 자리 잡게 된다. 결국, 이러한 관점의 변화는 가구양태의 역동적인 측면을 지역(region) 차원의 현상과 관련지어 설명할 수 있는 토대가 된다. 또한 변화하는 사회경제적 환경 속에서 適應戰略을 구사하는 능동적인 존재로서 가구의 이미지가 부각되기도 한다. 이 책의 이론적 지향도 바로 가구가 추구하는 적응적 전략과 깊은 관련이 있다.

그러한 이론적 지향은 이 책이 시간적 초점을 靑銅器時代, 특히 전-중기 전이과정에 맞추고 있는 것과도 밀접한 관련이 있다. Ⅰ장에서도 밝힌 바와 같이, 보편적 중요성이 인정되는 '계층의 발생', '복합적인 사회조직의 등장' 등의 현상이 이 시기에 나타난다. 거시적 변화의 중요성과 劃期性이 클수록, 말단 사회조직 단위로서 가구의 변모도 훨씬 현시적일 수 있기 때문이다. 1990년대 말 우리에게 찾아왔던 외환위기의 상황과 이후 그보다는 덜 파괴적이었던 경제위기에 직면했을 때, 가구 혹은 가족의 해체 정도가 달랐던 점을 감안하면 어렵지 않게 이해할 수 있을 것이다. 1990년대 IMF 상황을 떠올리면 아직도 식은땀이 흐르지 않나! 아픈 기억을 되새기자는 것이 아니라, 사회변화의 강도가 개별 가구에 미치는 영향이 가시화되는 정도를 우리가 경험한 사실을 통해서도 체감할 수 있음을 강조할 뿐이다. ■■■

1. 청동기시대 가구변화의 社會經濟的 背景: 개괄적 이해

앞서 規模, 生產様相, 相互關係의 측면에서 청동기시대 가구변화를 살펴보았다. 그런데 그러한 가구수준의 변화만 뜬금없이 일어난 것은 아니다. 여러 분야 혹은 차원에서 변화가 시간상 제법 응축되어 일어난 듯하다. 物質文化의 片鱗—유물—에 의존할 수밖에 없는 고고학으로도 인지할 수 있는 변화가 다각적이고 현저하다. 湖西地域에 한정해 보더라도, ① 취락분포유형에서 관찰되는 廣域的 政治體(regional polity)의 형성(金範哲 2005b; 송만영 2007)과 구성공동체 간 규모/기능적 분화(金範哲 2005a; 安在晧 2004), ② 분묘에서 보이는 공동체 내 · 외의 階層的 分化(金範哲 · 朴姓煐 2012; 金承玉 2001) 및 首長(層)의 등장(金吉植 1998), ③ 방어시설(환호, 목책 등)의 확충에서 보이는 취락 간 갈등(安在晧 1992; 宋滿榮 1995; 金吉植 1998) 혹은 공동체 내부의 결속력 강화(김범철 2011a), ④ 주거분포패턴에서 인지되는 공동체 내 가구 양태의 변화(權五榮 1995, 1997; 김범철 2011a:159~197, 2012; 安在晧 1996)와 가구 간 신분/빈부차의 심화(金範哲 2006a), ⑤ 공동체 내 분업화(孫晙鎬 2003; 李弘鍾 2005a), ⑥ 水田을 이용한 미곡생산의 집약화(金範哲 2006b · c, 2011a; 李弘鍾 2000), ⑦ 집단적 저장체계의 등장 (金範哲 2014a; 金壯錫 2008a, 2014), ⑧ 巨石記念物 축조의 급속한 확산(金範哲 2010a · b) ⑨ (집단)의례의 內村化 및 빈도 증가 등의 변화가 인지된다.

사실 이러한 변화 중 상당부분은 복합사회의 발생에 즈음하여 세계 각지에서 흔히 관찰된 것들이기도 하다(Earle ed. 1991; Wason 1994). 따라서 이러한 다방면의 변화들이 상호무관하게 各個 발생했다고 보는 연구자는 없을 것이며, 연구주제의 창출이라는 측면을 고려하더라도 그 연관성에 대한 탐색과 분석의 필요성이 강조될 수밖에 없다. 시대를 불문하고 사회조직은 다양한 차원으로 구성되고, 많은 경우 각 차원에서의 변화는 상호 연동되어 있다는 점은 이미 상식화되어 있다. 그렇다고 반드시 상위차원의 변화가 하위차원의 변화를 유발하는 것은 아니며, 하위차원에서 일어나는 변화의 총합이 상위차원의 변화와 등가로 처리될 수도 없다. 고고학을 포함한 많은 학문분야에서 下向式(top-down) 접근과 上向式(bottom-up) 접근이 병행될 때, 중요한 사회적 변화들이 체계적으로 이해될 수 있음을 역설하는 것도, 그것을 당위로 받아들이는 것도, 그러한 탈 규칙적 상황이 상존하기 때문이다. 그런데, ④의 경우를 제외하면 남한 전역 혹은 호서지역 등 광역적 수준의 거시적 변화에 초점을 맞춘 하향식 접근방식을 견지하고 있다. 반면 상향식 접근의 출발점이 되는 '家口' 수준의 변화를 종합적으로 설명하려는 시도나 사회 말단의 변화와 광역적 변화가 어떻게 연관될 수 있는지를 이해하려는 시도는 상대적으로 드물다. 또한 ④에 포함된 연구들, 즉'확대가족에서 핵가족으로의 전환(安在晧 2006)', '世帶共同體의 형성(權五榮 1995, 1997; 安在晧 1996)' 등을 당시의 중요한 가구양상 변화로 지적하는 미시적 관점의 연구들조차도 현상을 간취하는 수준에 머물 뿐, 그 현상 간의 관계나 이면의 의미를 설명하는 방향으로 발전하지는 못하고 있다(金範哲 2012).

미시적 관점에 기초한 상향식 접근의 부족이나 개별 현상의 연동성에 대한 설명의 부재는 자칫 한국, 좀 더 좁게는 湖西地域 青銅器時代 前-中期 轉移過程에서 보이는 변화의 역동성에 대한 이해를 제한할 수도 있다. 따라서 다양한 차원에서 발생한 당시의 사회경제적 변화를 가구의 관점(household view)에서, 다른 한편으로는 가구의 能動的 適應戰略의 변화라는 측면에서 살펴보는 작업은 기존의 이해를 보완하는 차원에서라도 그 의의를 찾을 수 있을 듯하다.

2. 適應戰略의 觀點에서 본 청동기시대 家口構成의 변화

Ⅱ장에서도 살핀 바와 같이, 家口考古學(household archaeology)의 가장 고전적인 형태는 취락 내 개별주거지 간 관계—예를 들어, 貧富差나 位階—를 복원하는 聚落考古學

(settlement archaeology)의 시도들이었다. '복원'이라는 것 자체가 가지는 靜的인 성향도 없지 아니하거니와, 취락 전체를 발굴해야 하는 탓에 야기되는 소모성에 대한 지적도 없을 수가 없다(Bermann 1994). 최근 30여 년간 가구고고학 방법론의 발달은 소규모 발굴만으로도, 혹은 굳이 주거지 자체를 발굴하지 않아도 가내 행위의 양태를 추론할 수 있는 수준까지 발달하게 되었다(Hayden and Cannon 1982; Wright, Redding and Pollock 1989). 이러한 발달은 단연, 고고학적 해석에 민족지연구의 성과를 적극적으로 활용한 결과라 할 수 있다. 민족지연구를 활용함으로써 단순한 복원을 넘어 거주 공간 내·외부에서 벌어지는 인간의 각종 활동(activity)이나 그 변화에 따른 가구구성의 변화를 개연적으로 유추할 수 있게 되었다.

1) 基層適應體系로서 家口에 대한 고고학적 이해

한 걸음 더 나아가 家口를 고정된 문화적 실체라기보다는 '열린 適應體系(open adaptive system, Wilk 1991; Bermann 1994)', 혹은 '過程(process, Souvatzi 2008)'이라고 상정하면서 가구가 수행하는 活動(activity) 혹은 機能(function)이 어떻게 그 자체의 構造와 規模에 영향을 미치는지가 논의의 화두로 부상하기도 한다(Ⅱ장 참조). 사실, 가구의 형태 혹은 규모는 특정 사회경제적 변화에 접한 가구의 적응전략이 작동할 수 있는 중요한 영역이다. 좀 더 직설적으로 표현하자면, 가구의 규모를 늘리거나 줄이는 것이야말로 가구 특히, 일반생산자가구가 전략적으로 행할 수 있는 '최대의 결정'일 것이다. 결국, 가구의 활동과 기능의 영역에서 나타나는 변화는 특정 사항에 대한 지향이나 선호 혹은 외부—인문 및 자연—환경에의 적응을 위한 가구의 선택이며, 이는 가구의 규모에 적극적으로 반영될 수 있다는 것이다. 역으로 가구규모의 변화를 인지하는 작업은 그 활동과 기능의 변화는 물론, 유발요인을 추론할 토대가 된다. 거시적 사회경제상 변화와 가구규모의 사이의 매개가 되는 가구의 활동이란 어떤 것들인가?

同居(co-residence), 생산(production), 배분 및 소비(distribution), (생물학적) 재생산(reproduction), (재산, 지위, 혹은 정보의) 전승(transmission) 및 家事(domestic activity), 가족관계(familial relations) 등은 많은 사회에서 '家口'라는 실체를 특징짓는 일반적인 활동(혹은 기능)이나 속성들로 자주 언급되어온 것들이다(Bender 1967; Wilk and Netting 1984:5; Wilk and Rathje 1982:621). 그런데 모든 사회의 가구가 반드시 앞서 열거한 활동(혹은 기능) 전부를 수행하는 것은 아니며, 수행방식 또한 동일하지 않다. 더 나아가 특정 활동을 유사한 방식으로 수행한다고 하여 가구의 형태 혹은 규모가 범문화적 혹은 탈시대적 획일성을 띄지도 않는다. 그렇다고 특정 가구활동-형태의 관계가 모두 무정향적이지도 않으며, 모든 개별 관계가 완벽하게 특수하지도 않다는 사실 또한 밝혀졌다. 어떠한 생산방식을 유지하는지에 따라, 상대적으로 대규모 혹은 소규모의 가구를 선호하는지에 대한 定向性을 탐색하는 작업(Netting 1993; Wilk and Netting 1984)은 그 대표적인 사례가 되겠다.

(1) 生産活動과 가구구성

민족지적 관찰과 사회학연구에 따르면 家口는 剩餘 勞動力의 보유에 인색하다고 한다(Netting 1993). 즉, 생산 활동에 투여되는 인력의 최소만으로 구성되다보니 가구형태 혹은 규모의 변화는 생산방식의 변화를 거의 직접적으로 반영한다는 논리가 가능해진다. 이를 생산 활동의 歲時(timing)와 順序(sequencing)라는 요소와 관련지어 이분적인 설명이 시도되기도 한다. 주된 생산 활동이 연중 특정시점에 집중되고 작업의 진행도 순차적이지 않아 다중다양의(diverse) 작업이 동시에 이루어져야 하는 경우 상대적으로 많은 노동력을 보유한 큰 가구 형태를 선호하게 되는 반면, 작업의 진행이 순차적이고 개별 작업이 단순한(simple) 경우 상대적으로 소규모 가구가 선호된다는 것이다. 또한 일반적으로는 소규모 가구를 유지하다가 노동력수요의 병목현상이 발생하게 되면 그 규모는 확대되기도 한다. 가구 내 여성구성원의 생산성 및 출산에 초점을 맞춘 '상반이론(incompatibility theory)'은 이러한 양상에 대한 설명의 한 형태이다(Pasternak, Ember and Ember 1976).

대체로 문화생태학적 관점이 농후한 민족지연구들이 일반화하고 있는 바에 따르면 넓은 토지를 대상으로 다양한 과업을 동시에 수행해야 하는 조방적 농경—대표적으로 화전농경—의 경우 상대적으로 대형 가구를, 순차적이고 지속적으로 세세한 관리가 필요한 집약적 농경의 경우 상대적으로 소형가구를 선호한다고 한다(Netting 1993; Wilk and Netting 1984).

(2) 配分 및 消費活動과 가구구성

가구 내 消費는 기본적으로 共與(pooling)에 의해 이루어진다. 구성원 각자의 생산물을 합친 뒤 일정하게 분배하게 된다. 자본주의경제의 원리처럼 투자(생산)한 정도에 따르는 것이 아니라, 가족구성원의 배분과 같은 일반적 혹은 긍정적 호혜(generalized 혹은 positive reciprocity)의 원리에 기초하는 것이 특징이다(Wilk and Netting 1984). 다양한 생태적 적소로부터의 식량 취득이 일반적인 생산형태라면, 일상 유지를 위한 공여는 거의 필수적일 수밖에 없다. 예를 들어, 어떤 구성원은 漁撈를 통해, 어떤 구성원은 狩獵이나 採集를 통해, 어떤 구성원은 植物의 栽培를 통해 식량을 생산하게 된다면 영양학적 균형을 위해서라도 공동분배가 이루어지게 된다.

이렇듯 배분 및 소비의 행위는 생산방식과 구별하여 다루기 어려운 경우가 많다. 그렇다고 해서 완벽하게 양자의 관계가 일관성을 띠는 것은 아니다. 다만 가구수입의 원천이 공간적으로 산만하고 계절성이 있거나 가변적인 경우 분명 상대적으로 대규모 가구를 유지하면서 공여를 수행하는 것이 좋은 전략임은 분명하다. 또한 그렇지 않더라도 장기적인 안목에서 이제 막 成家한 核家族은 수입의 안정성을 위해서라도 규모가 큰 가구에 편입되는 것이 유리할 수 있다.

한편, 생산만을 위해 혹은 배분만을 위해 (擬似)大形家口를 유지하는 사례도 있다. 즉, 노동력의 품앗이를 위해 전술적으로 대형 가구를 유지하는가 하면, (빈한한) 가구끼리 생산을 위한 협력은 하지 않더라도 배분만은 같이 하는 경우가 민족지 사례에서 관찰된다. 다만 생산과 분배 모두에서 공동화를 이루는 대형 가구는 안정적이며 누대에 걸쳐 지속할 가능성이 높지만 양자 중 한쪽만을 지향하는 (의사)대형 가구의 경우, 결속력이 취약하다는 점은 분명하다(Wilk and Netting 1984).

(3) 傳承의 양태와 가구구성

傳承(transmission)은, 물리적인 재산의 상속은 물론 (무형의) 권리 및 지위의 승계를 포함하는 기제이다. 생산기반시설에 대한 사회적 접근이 용이하고 보편적이어서 그에 대한 경쟁이 거의 없는 경우, 상속에 의한 재산권의 世代(generation) 간 전승은 그다지 결정적인 의미를 지니기 어렵다. 반대의 경우, 상속 자체가 생계유지에 결정적인 역할을 함은 물론 상속의 권리가 개인화·법제화되어간다고 한다. 그만큼 상속권을 포함한 전승의 행위에 관련된 원칙이 분명하고 엄격해질 수밖에 없다. 또한 私的 所有의 강화는 상속자 범위의 축소—예를 들어, 공동체에서 출계집단으로, 가구구성원으로, 가족성원으로, 마침내는 長子와 같은 단일상속자로—라는 결과를 초래하기도 한다. 사실, 인구밀도, 농토에 대한 경쟁, 농업집약화, 사적 소유의 비례적 상관관계(Boserup 1965)는 이미 널리 알려진 바이다.

생산의 기반이 저렴하고 사회적 접근이 용이한 경우, 상속은 매우 관대해지며 상속이나 분가의 시기는 빨라지고 대상자의 범위 또한 넓어지게 되는 分割相續[1]을 택하는 반면, 토지 등 보유 생산기반의 부양능력이 낮은 경우, 출산 자체를 제한하거나 상속대상에서 제외된 자녀를 방출하기도 하고 상속과 분가의 시기가 지연될 뿐만 아니라, 非分割相續을 택한다는 사례는 비교문화적 연구에서 적잖이 발견된다(Goody 1976; Netting 1979; Wolf 1966). 결국, 토지에 대한 경쟁이나 축소지향적 상속방식—시기, 대상자, 정도 등—은 자연히 핵가족가구가 활성화되는 결과를 초래한다.

한편, 사회경제적 분화는 가구의 평균규모에 거의 직접적으로 영향을 미친다. 보유 노동력의 다소나 출산력의 증감은 부유한 정도에 따를 가능성이 커진다. 부의 축적이 노동력에 의해 좌우될 경우, 가족 외 성원의 유입이나 출산에 의한 노동력의 확보가 중요해지게 되고, 잉여노동력의 보유나 출산력의 제고는 더 많은 식료를 요구하는바 부의 축적은 상대적으로 규모가 큰 가구형태와 궤를 같이 하게 된다(Wilk and Netting 1984).

(4) 활동영역별 요구의 折衷的 狀況과 가구구성

앞서 살핀 바와 같이, 가구가 수행하는 각종 활동 혹은 기능의 양태에 따라 선호하는 규모는 가변적일 수 있다. 그런데 각 영역 간 선호하는 가구규모가 일치하지 않는 상황이 발생할 수 있다. 예를 들어, 생산노동력에 대한 요구나 실제규모는 크되, 전승은 그중 소수의 구성원에 한정될 경우, 앞서 살핀 논리대로라면 가구의 규모는 크지도 작지도 못하게 된다. 이처럼 각 활동영역의 요구가 相衝하는 경우, 가구형태 · 규모의 결정을 둘러싼 '折衷的(혹은 協商的, compromising) 狀況'이 나타나는데, 결국에는 각 활동 영역 간 영향력의 상대적 크기에 따라 조정되기 마련이다.

그러한 조정과정 즉, 활동 영역 간 영향력 혹은 중요도의 평가는 사회적 혹은 생산방식상의 진화 궤적을 따라서도 어느 정도 규칙성이 간취된다(Wilk and Netting 1984). 수렵채집집단에서는 배분과 재생산의 영역이 상대적으로 중요하게 고려되며, 원예농경(horticultural) 집단에서는 생산의 영역이 강조되고, 농업생산방식이 집약화되면서는 가구의 활동 중 생산과 배분의 중요성은 상대적으로 감소하는 대신 가구형태 결정에서 전승—특히, (생산성 높은) 토지의 상속—의 역할이 강조된다. 농업생산이 집약화 되고 전승이 강조된다면 당연히 소규모의 핵가족 가구가 선호되어야 하지만 종종 두 영향력—생산 및 배분

1) 법률용어로서 한 재산을 여러 상속인이 나누어 상속하는 일을 일컫는다.

對 전승—의 교차상태에서 서로가 상쇄되어 오히려 대규모의 가구를 발생시키기도 하는데, 이 경우 생산 및 배분을 수행하는 가구와 전승을 수행하는 가구가 구성을 달리하게 된다.

이러한 절충적 상황은 어떤 사회에도 발생할 수 있으나, 그 상황에서 구체적으로 가구규모가 어떻게 결정되는지에 대해서는 현재까지도 그리 많은 축적이 이루어지지는 못했다. 따라서 앞으로 중요한 연구소재가 될 수 있다(Wilk and Netting 1984). 우리 청동기시대의 맥락에서 이러한 현상이 어떻게 발현되고 그것이 어떻게 해석될 수 있는지를 살펴보는 작업이 흥미로워지는 이유다.

2) 가구구성의 折衷的 狀況에 대한 한국적 설명모형

그간의 연구경험을 통해 한국 청동기시대에도 수준을 달리하는 단위—예를 들어 家口, 局所共同體, 廣域政治體—들로 구성된 사회조직 내에서, 특정 단위의 변화는 어떤 방식과 강도로든 여타 수준 단위의 변화와 연동되어 있음을 알고 있다(金範哲 2005a, 2011a). 또한 Ⅰ장에서 지적한 것처럼, 그러한 상관성을 탐구하는 작업의 의미도 분명하다. 따라서 규모(혹은 형태), 상호관계, 생산양상 등에 초점을 맞춰, 앞장에서 살핀 호서지역 청동기시대 가구양상의 변화를 당시의 거시적 사회 · 정치 · 경제상 변화와 관련지어 설명해야 할 이유는 충분한 듯하다.

앞장의 내용대로라면, 청동기시대 전-중기 전이과정을 거치면서 湖西地域의 家口들은 다음과 같은 변화를 경험한 것으로 추정된다.

① 개별 주거지의 규모가 현격하게 줄어드는 양상을 보이는데, 이는 가구의 축소 외에 가족구성—확대가족에서 핵가족으로의— 및 작업단위 변화도 수반했다.

② 가옥규모의 축소에서 보이는 가구규모나 가족구성의 변화는 사회의 다수를 차지하는 일반민의 선택이었지만 이들과는 구분되는 소수는 大形家口를 유지하였다. 이들은 대체로 부유한 가구였다.

③ 松菊里式 주거가 3~5기씩 군집을 이루는 현상으로 보아 비록 가구의 분리는 이루어졌으되, 인접함으로써 (擬似)大形家口를 형성하여 결속력 약화를 지연했다.

④ 군집을 형성함으로써, (가장) 인접한 가구 간의 거리는 줄어든다. 그러나 핵가족가구의 紐帶인 중기의 家口群, 즉 (의사)대형가구와 확대가족적 가구형

태의 소산인 (세)장방형주거지 간 평행관계를 인정하면서 양자를 비교한다면, 가구 간 거리는 증가하게 된다. (의사대형)가구 간 이격성의 증대를 통해 변화된 생산방식에 따라 발생할 수 있는 요구나 문제의 소지를 해결했다.

⑤ 가구의 도구조합상에서 벌목 · 경작구의 비중은 줄어들지만 목공구의 비율이 유의한 수준으로 늘어나는 점이 인정된다. 이는 수도작 비중의 증대와 화전농경의 확연한 축소가 진행된 결과이다. 하지만 이것이 '전기=陸稻作, 중기=水稻作'의 양분적 공식을 의미하지는 않는다. 다만 조방적 농경의 일환으로 화전을 활용하였다.

이러한 추정을 당시의 거시적 사회경제상 변화—複合的인 사회조직의 등장, 水稻作의 적극적 확산으로 대표되는 農業集約化, 廣域的 政治經濟의 형성—는 물론, 家口規模(혹은 形態)의 變化를 유발하는 가구 생산 · 배분 · 계승 활동에 대한 민족지 및 고고학적 관찰(IV장 참조)과 연결해보면 다음과 같은 종합적인 설명을 제시해 볼 수 있다.

水稻作의 적극적 확산으로 대표되는 '農業集約化'의 과정에서 청동기시대 가구들은 생산성 제고를 위해 대형가구를 해체하고 家口小形化를 適應戰略으로 채택하게 된다. 이는 민족지의 보편적인 관찰과도 일맥상통할 수 있는 선택이다. 한편, 가구의 소형화는 확대가족에서 핵가족으로의 가족형태 변화 혹은 혈연적 결속의 해체를 수반하게 된다(김권구 2005; 安在晧 2006). 생산과 배분이 공동으로 수행되는 대형가구의 안정성 혹은 지속성과 같은 경제적 이득의 포기나 혈연적 결속의 해체라는 정서적 不利에도 불구하고, 소형가구화라는 선택이 행해진 것을 통해 그 불가피성의 일단을 어느 정도 짐작할 수 있다. 그러나 가구의 분리를 통해 혈연적 결속이 약화되지만 그 강도가 그다지 심하지는 않은 것으로 판단된다. 분리된 핵가족가구들은 서로 인접하여 '家口群'을 형성함으로써 결속력 약화를 지연한 것으로 보인다. 이러한 결속력 약화의 지연은 정서적 측면에서 이해될 수도 있으나 사회경제적 측면의 두 가지 利害와도 매우 밀접한 관련이 있을 것으로 추정된다. 두 가지 이해란 배분(혹은 소비)이나 전승의 유 · 불리와 관련된다. 앞서 살핀 바와 같이, 중기의 가구군을 일종의 (의사)대형가구로 보고, 배분과 전승에서 (의사)대형가구가 유리한 전략이 된다는 민족지적 관찰과의 관련을 인정한다면, 그러한 추정은 매우 개연적이라 할 수 있다. 사실, 현재에도 그러하거니와 분리된 가구 중 신출의 핵가족가구는 생계유지에 곤란을 겪을 가능성이 크다. 따라서 배분의 안정성을 확보하기 위하여 혈연적 유대로 연결된, 年歷이 있는 가구들에 의존하게 된다.

그런데 배분(혹은 소비)보다 훨씬 더 비중을 두어 생각해보아야 하고, 당시의 거시적 사회경제상의 변화와도 밀접한 관련이 있는 문제는 '傳承'일 가능성이 높다. 앞서도 지적한 바와 같이, 청동기시대 전-중기 전이과정에서는 복합적인 사회조직의 등장, 잉여의 독점과 전용을 통해 보다 강화된 통제를 기도하는 首長(層)의 浮上을 경험하게 된다. 貢納(tribute)이나 집약화 참여에 대한 부담감은 생산자가구로 하여금 이전 시기에 비해 생산성 높은 토지에 대한 필요성을 더 크게 느끼게 했을 것이다. 그런데 취락 주변에서 생산성 높은 토지에 대한 경작권(혹은 소유권)은 先着의 부모세대에게 있을 수밖에 없다. 이러한 현상은 '元祖效果(founder's effect)'라고도 할 수 있겠다. 결국, 확대가족으로부터 분리되어 나왔지만 부모세대로부터의 완전한 독립이 결코 경제적 이득을 담보할 수 없는 상황이 되었을 수 있다. 친근함을 표현함으로써 경제적 불리를 극복하고자 했을 수 있다. 흔히, 친근감의 표현은 근접한 거주로 증명(Kent 1990)되는바, 중기 송국리식 주거의 군집현상은 생산성 높은 토지에 대한 권리를 승계하기 위한 경제적 목적에 따른 근접거주로 이해해도 좋을 듯하다.

도작집약화에 면했던 청동기시대 대다수 생산자가구들이 택한 또 다른 적응전략은 가구 간 離隔性의 增大이다. 앞서 살핀 바와 같이, 중기의 가구군을 즉, (擬似)대형가구로 파악한다면 전기에 비해 가구 간 거리는 현저하게(?) 증가한다. 몇몇 지역에서 토지소유의 양태에 따라 다소간 차이(Drennan and Peterson 2005)를 보이기는 하지만 농업집약화 단계에 들어선 사회에서 개별 가구는 이전 단계에 비해 다소 분산되는 경향을 보인다고 한다(Drennan 1988; Stone 1991, 1993). 이유인즉, 보다 많은 시간을 작물을 돌보는데 투여할 수 있도록 농토에 근접하거나 농토를 둘러싼 경쟁을 피하고자 하는 등의 요인이 크게 작용하기 때문이다.

그런데 여기서 하나 짚고 넘어가야 할 것은 그러한 군집현상 혹은 (擬似)대형가구의 선택이 상위유력층(elite)의 거주구역이라고 추정할 수 있는, 중심지의 주거밀집구역에서는 보이지 않되, 그런 밀집구역 밖이나 일반생산자부락에서는 빈번하게 관찰된다는 점이다. 후술할 바와 같이 이러한 가구들에서는 사치재나 위신재적 성격을 띠는 유물은 거의 발견되지 않는 반면, 생산도구의 비율이 높고 다양하다는 점이 관찰된다. 결국 잉여생산을 독촉 받는 것은 생산자가구일 가능성이 높다고 하겠다(金範哲 2006a).

반면, '주거밀집구역'이라는 중심적 위치를 점유했던 소수의 가구는 축적된 부를 바탕으로 대형가구를 이룰 수 있었던 듯하다. 부양능력이 바탕이 되어야 대형가구를 이룰 수 있는바, 그러한 현상은 민족지의 보편적 관찰—사회경제적 분화과정에서 부의 축적이 대형가구의 형성과 궤를 같이 함—과 일맥상통하는 것으로 이해할 수 있겠다. 그러나 그러한 부의 축적이 많은 노동력을 보유하면서 직접적인 생산 활동 참여를 통해 얻어진 것은 아닌 듯하다(金範哲 2006a). 따라서 더 많은 부를 축적하기 위한 노동력의 유입이나 일부다처에 의한 가족확대를 시도하는 복합사회 직전 예비수장(층)의 전략(Clark and Blake 1994)이나 부의 원동력이 노동력인 경우에 대한 민족지적 관찰과는 다소 다른 맥락에서 접근해야 할 가능성도 열어놓아야 할 것으로 판단된다.

이상의 설명은 농업집약화나 광역적 정치경제의 형성을 전제한 것이었지만 추론의 과정에서 제시된 여러 측면의 정보는 역으로 그러한 문제들, 특히 농업집약화를 방증하고 있음을 알 수 있다. 당시 농업집약화를 대표했던 수도작의 비중 증대나 화전농경을 포함한 조방적 농경의 비중 감소는 가구의 보유 도구조합상에서도 일단을 추정할 수 있다. 또한 가구의 소형화나 이격성의 증대 또한 농업집약화에 대한 비교문화적 연구 성과와 일맥상통하는 현상들이라는 점도 주목해야 한다.

표면화되지는 않았지만 호서지역 청동기시대 농경방식의 변화에 대한 평가에는 다소의 견해차가 있다. 특히 '집약화'의 語義的, 實證的 문제를 둘러싼 논란은 그 핵심을 이루고 있다. 그런데 그러한 논란—좀 더 구체적으로 말하자면 '집약화'라는 개념을 적용할 수 있는가에 대한 의구심—이, 상이하지만 체계적인 분석과 해석에서 연원한 것이라기보다는 몇 가지 전제에 대한 이해 불비의 소산인 듯 보이기도 한다. 그 전제가 될 몇몇을 살펴보자. 농업집약화란 문제는 단순히 일회적 사건(event)이 아니라 일종의 과정이라는 점, 집약화가 반드시 기존의 모든 기술을 버리고 새로운 기술의 개발을 전제하는 것이 아니라 (많은 경우) 기존의 기술 중 일부를 집중 육성한다는 점, 집약화를 통해 특정 종(들)에 대한 집중도를 제고하지만 그 종이 일반의 생계전반에 도움이 되지 않을 수도 있다는 점(金範哲 2009b) 등이다. 따라서 청동기시대 농업집약화를, 단순히 수전의 채택이 청동기시대 중기부터 이루어졌느냐 그렇지 않느냐의 문제나 水田耕作을 통해 생산된 미곡이 생계에서 차지하는 비중이 얼마나 되었는가의 문제로 치부할 수는 없다고 하겠다.

좀 더 전향적으로 청동기시대 전-중기 사회경제적 변화를 농업집약화와 광역적 정치경제의 형성으로 이해하고 현재 관찰되는 양상을 결국 당시 가구들의 다양한 적응전략의 소산으로 본다면, 여기서 다루는 주거자료는 비단 한국 청동기시대 가구양상의 복원에 한정되는 것이 아니라 좀 더 폭넓은 이론화작업의 소재가 될 것으로 판단된다. 위의 내용을 종합하면 "청동기시대 생산자가구들은 수도작이 확산되고 광역적 정치경제가 형성되는 과정에서 생산성 제고를 위해 혈연적 결속의 해체를 수반하는 가구소형화와 가구 간 이격성 증대라는 전략을 택함과 동시에 계승과 배분의 문제해결을 위해 家口群—일종의 擬似大形家口—의 형성이라는 전략도 택한다."는 결론을 도출하게 된다. 이는 결국 소형 對 대형가구를 선호하는 조건이 동시발현 · 상충하는 상황에서 양자의 절충적 결합이 시도된 결과로서 '가구 활동 간의 절충적 상황'에 대한 흥미로운 사례가 될 것이다. 물론 이러한 모든 설명은 가설적 대안인바, 앞으로의 다각적 분석과 논증을 통해 수정 · 보완될 여지가 다분하다. 그러나 그러한 절충적 상황에 대한 연구의 전도가 유망함을 예측한 거장들의 혜안(Wilk and Netting 1984)을 믿어본다면 이상에서 살핀 청동기시대 가구형태의 변화상은 비교문화적(cross-cultural) 연구의 중요한 사례가 될 것으로 보인다.

3. 청동기시대 社會變化에 파생된 家口樣相의 變化

그간 축적된 주거자료를 분석 · 재구성하면서 청동기시대 가구양상의 몇 가지 변화에 관련하여 시도된 설명은 '복합사회의 발달과 농업집약화의 과정에서 나타난 가구의 적응전략'으로 요약될 수 있을 것이다. 그렇다고 그러한 변화가 주거자료에서 간취할 수 있는 전부는 아니다. 적응전략의 일환으로 형태와 배치를 바꾸어가며 참여한 결과 또한 가구양상의 변화로 나타날 것이다. Ⅱ장에서 살핀 바대로, 이 또한 중요한 이론적 논의를 유도한다. 다음에서는 그러한 거시적 사회경제상의 변화가 국소공동체(혹은 취락) 내 가구 간 빈부차/위계를 어떠한 방향으로 추동해가는지, 가내 저장양상의 변화에는 어떠한 영향을 미치는지 등의 문제를 중심으로 논의를 진행해보도록 한다.

1) 가구 간 貧富差/位階의 양상

복합사회의 발달과 농업집약화의 관계라는 주제를 다룸에 있어 최근 부각되는 이론적 쟁점의 핵심은 指導權(leadership)의 양태나 집약화의 주도세력 등에 연관된 것들이다(金範哲 2006c, 2009a, 2011a). 2000년대 이후 우리 학계에서도 이러한 문제에 관한 논의가 진행되어왔다. 몇 연구자들은 水稻作이 적극적으로 진행되는 과정에서 자연스레 首長(層)이 나타난 것으로 설명(국립중앙박물관 2000:37~38; 金壯錫 2003)하고 있으나 일부는 그러한 설명모형이 실제자료의 분포와 잘 부합되지 않는다는 점을 피력하기도 한다(金範哲 2005a). 이러한 논의의 핵심은 水稻作이라는 집약적 농업형태가 개별적인 농가의 선택에 의해 시작되고 유지되다가 이후에 협업의 필요성에 의해 조정자 · 관리자로서의 수장층이 등장했는가, 혹은 반대로 수장층이 등장한 이후 압력 혹은 회유를 통해 생산자가구를 집약화 과정에 참여케 했느냐에 있다(金範哲 2006c, 2009a, 2011a).

따라서 이 문제는 당시 사회의 어떠한 계층이 집약화 생산기술과 시설의 활용을 始作하고 持續해 갔겠는가 하는 문제에 해답을 제시함으로써 자연스럽게 해결될 소지가 다분하다. 수장층이 직접적인 관리를 통해 농업기반을 조성하고 일반 생산가구들의 노동투여를 독려하는 경우가 있을 수 있다. 한편 이와는 사뭇 다르게, 수장층은 농업생산에 대한 직접적 관리보다는 여타의 정치 · 경제적 활동에 집중하며, 집약적 농업생산체제를 시작하고 유지해가는 일반 생산자가구로부터 剩餘(surplus)만을 (貢與 등의 형태로) 취하는 경우도 상정해 볼 수 있겠다. 양자는 각각 집약적 농업생산체제의 운용과 관련된 사회 · 정치조직의 형성원리를 설명하는 두 가지 대비적 이론모형으로 상정된 것이다(金範哲 2006c, 2009a, 2011a). 물론 양자는 극단적인 예로 실제에서는 혼합되어 나타날 수 있다. 어떠한 사회는 전자의 경우에 가까울 것이고 어떠한 사회는 후자에 가까울 것이다. 그러한 정도를 가상의 연속선상에서 변이로 나타낼 수 있다. 따라서 양자는 고찰대상이 속할 수 있는 '변이의 연속선상'에서 兩端을 이루게 된다.

개별 가구는 물론 국소공동체를 포괄하는 광역적 정치경제체제가 다른 만큼, 두 설명모형이 상정하는 공동체 내 가구 간 부/지위의 분포형태는 매우 다르게 나타날 수 있다(金範哲 2006c, 2009a, 2011a). 연구대상사회가 전자의 경우에 가깝다면, 대다수의 일반가구 간의 빈부차/위계적 양상은 매우 미약한 대신, 상위(유력층)가구와 대다수 일반가구의 차이는 매우 확연하고 소수의 상위(혹은 수장층)가구로 부가 편중되는 현상을 기대할 수 있겠다. 집약적인 농업생산이 下達的(top-down)인 방식으로 시작되고 유지되는 경우, 대다수의 일반가구들 사이에는 부의 축적을 둘러싼 경쟁이 심하게 보이지 않을 것임은 상식적으로도 이해될 수 있겠다(Hastorf 1990). 반면, 후자에 가깝다면, 공동체 내의 부는 매우 연속적으로 분포하는바, 부유층 대 빈한층의 구분이 그다지 명확하지 않을 것으로 기대된다(金範哲 2006a, Kim, B.C. 2005). 개별 가구의 자발적인 참여로 집약적인 농업기술이 운용되는바, 생산자가구는 각자의 생산력에 따라 잉여의 확보량이 결정되며, 빈부차는 그와 상당한 비례관계에 있을 것이다.

지도권의 양태나 집약화의 주도세력에 관련된 논의 외에도 소위 (생산)집약화가 과연 가구의 양태에는 어떤 결과를 초래했는지 또한 중요한 문제임에 틀림없다. 집약화과정에서 잉여 생산의 차이가 심해지면서 미미했던 가구 간 빈부차가 심화될 수도 있고 정치경제적 압박—貢輿의 부담 등—이 격해지면서 잉여 생산에 미진한 가구는 더욱 빈한해짐으로써 빈부차가 더욱 커질 수도 있다. 그러한 편차는 수공전문화(Costin 1991; Feinman, Blanton and Kowaleski 1984), 집약화에 유리한 비옥한 토지를 둘러싼 경쟁(McAnany 1992), 노동력 동원의 격차(Arnold 1992, 1993; Earle 1987; Webster 1990) 등을 유발하기도 한다.

이러한 이론적인 논의는, 전-중기 전이과정에서 수도작의 본격적 확산과 광역적 정치경제의 형성이라는 변화를 경험한 우리 청동기시대 가구를 대상으로도 충분히 가능하다. 즉, 청동기시대 中期의 家口樣相은 그러한 변화를 반영하는바, 그에 대한 분석은 그 일단의 정보를 제공할 것이다. 다음에서는 일관된 기준과 체계적 절차에 따라 청동기시대 중기 가구가 보유했던 물품—고고학자료로서 출토유물—을 분석하여 가구별 富의 (상대적) 수준을 복원하고 그것이 취락 혹은 국소공동체 내에 어떻게 분포하는지를 관찰하는 작업을 통해 그러한 이론적 논의를 우리 청동기시대의 맥락에서 구체화해보기로 한다.

(1) 가구 간 貧富差/位階 분석의 고고학적 전제와 절차

개별 가구의 부의 수준을 복원하는 작업은 그다지 낯설지 않을 것이다. 주거지 출토품으로 위계를 복원하는 작업—상 · 하위를 구분해 가는 작업—은 구미고고학계에서는 물론, 우리도 흔히 수행해왔기 때문이다. 그러한 작업에서 개별 가구의 부나 지위에 대한 평가는 다양한 기준에 따라 수행되었지만 다음의 것들이 빈번하게 거명되어왔다.

- 희귀재, 고가재, 수입재 등의 비율
- 생산도구의 비율
- 주거구조물의 세련도(화려함)나 축조 시 노동력투여의 정도
- 주거구조물의 면적
- 저장 능력 혹은 규모
- 주요자원으로부터 원근
- 전체 취락 혹은 공동체 내의 상대적 위치 혹은 입지의 우열
- 동 · 식물상으로부터 복원 가능한 음식물 섭취의 양태

이러한 기준—실제 분석에서는 변수—은 상식적으로도 공감할 수 있다. 하지만 실제 평가의 과정이 항상 간단하고 직선적으로 진행되지는 않는다(Hirth 1993; Smith 1987). 실제과정이 복잡해지는 이유는 구체적으로 어떠한 개별요소가 부유함이나 상위신분을 표시하는지 정확히 알기는 어려운 경우가 많기 때문이며, 개별 사회에서 부의 기준은 그 사회의 맥락에서만 통용되는 것일 뿐, 다른 사회에까지 확대 적용할 수는 없는 경우 또한 비일비재하다.

이러한 문제들 때문에, 주거구조물과 그 출토품에 근거하여 특정 가구의 부를 평가할 때에는 다양한 종류의 정보를 종합적으로 다루어야 함은 물론 다른 가구와의 관계 또한 동시에 고려해야 한다. 이는 가구가 보유한 부의 標識를 한두 요소에 찾는 것이 아니라 '全富(total wealth, Smith 1987)'의 차원에서 파악해야 한다는 점과 일맥상통하는 것이다. 사실 몇몇 특정 항목에 주목하기보다는 전부의 개념이 적용되어야 하는 이유는, 현실에서 어렵지 않게 접하는 일들로부터도 찾을 수 있다. 취향에 따라, 허세 때문에, 혹은 피치 못할 직업적 이유 등으로 본인의 성세에는 맞지 않게 치장하는 경우를 지나치면서 한 마디씩 하지 않던가? 반지하의 (월)셋방에 살면서 대형 외제차를 타는 사람을 보면서도 그러하고 말이다. 어찌되었건, 현재의 일상을 통해서도 한두 가지를 신분과 부의 지표로 삼는 것이 매우 위험한 일임은 충분히 미루어 짐작할 수 있다.

따라서 실제 분석은 다양한 변수(variable) 혹은 지수(index)들을 종합적으로 고려해야만 하는 상황에 봉착한다. 몇몇 다변량분석의 통계기법은 이럴 때 유용하다. 다음에서 제시될 국소공동체 내 富의 分布 혹은 家口 간 貧富差에 대한 분석은 다변량분석법의 하나인 多次元尺度法(multidimensional scaling, 약칭 MDS)에 기초하고 있다. 이 방법의 고고학적 이용에 대해서는 선행연구(權鶴洙 1995; 金壯錫 2004)는 물론 필자(2006a, 2011a, 2013c)도 여러 차례 다루었고 초점이나 계수선택에 있어 각 연구 간 차이에 대해서도 구체적으로 언급(金範哲 2006a)했던바, 여기에서는 詳論하지 않는다. 다만 다차원척도법이 유사한 여타 기법에 비해 도상적 표현이 강조되는바, 한눈에 경향성을 파악하기 쉽다는 장점이 있다는 것만 강조하고자 한다.

(2) 松菊里型 취락 내 가구 간 貧富差/位階 분석

① 분석대상유적 개괄

취락 내 가구 간 빈부차/위계 분석에 실제로 동원될 자료는 발굴 · 보고가 완료된 유적 중 노출된 면적이나 주거지수 등의 측면에서 분석이 유의한 6개소에서 수집되었다. 그 유

그림 5.01. 貧富差/位階 분석의 대상유적

적들은 부여의 松菊里유적, 羅福里유적, 서천의 堂丁里유적, 道三里유적, 烏石里유적, 논산의 院北里유적 등(그림 5.01[2])으로 모두 청동기시대 中期 松菊里型 취락들이다.

이 유적들은 발굴된 면적, 노출된 유구의 수나 잔존 상태뿐만 아니라, 지표조사 자료를 바탕으로 한 원래 유적규모의 추정치에서도 차이를 보인다. 유적의 추정면적에 따라 설정된 취락체계 상의 위치도 다르다. 필자는 다른 글(金範哲 2005b, 2006a)에서 錦江 中·下流流域의 취락분포를 관찰한 뒤, 50개 국소공동체를 상정하고, 이들이 상위중심지(primary center), 하위중심지(secondary center), 일반부락(rural village) 등 세 개 등급의 위계를 가지는 것으로 파악한 바 있다. 그에 따르면, 松菊里유적은 상위중심지, 堂丁里, 道三里, 羅福里 등 유적은 하위중심지, 烏石里와 院北里유적은 일반부락으로 분류된 국소적 공동체의 일부 혹은 전부에 해당한다. 따라서 개별 유적 내 빈부차나 위계의 양상을 고찰해 보는 것은, 단순히 임의로 선택된 유적 내의 양상을 보자는 것이 아니라, 위계를 달리하는 국소공동체들 내부에서 부/지위가 어떻게 분포하는지를 알아보는 작업이 될 것이다.

② 변수 상정

앞서 언급한 비교문화적 기준과 송국리형 취락에서 나타나는 주거나 출토품의 특수성을 고려하여, 개별 가구의 부와 지위를 평가할 기준을 다음과 같은 9가지 변수를 채택한다.

주거의 평면형태, 내부시설 및 면적 본 분석에서 주거 자체를 대상으로 한 변수는 평면형태, 내부시설, (평)면적[3] 등이다. 현재까지 조사된 예를 보건대, 湖西地域 松菊里型 취락에서 확인된 주거의 평면 형태는 방형계와 원형계로 대별된다. 내부시설은 중앙의 타원형 구덩이와 내·외부의 주공 배치상태에 따라 분류가 가능하다. 기존의 형식분류는 개별요소들의 결합양상에 초점을 맞추어 진행(禹姃延 2002; 李健茂 1992; 李弘鍾 2002)되어왔는데 필자 또한 대체로 공감하는 바이다. 다만, 새로이 확인된 요소를 첨가하여 분류도를 만들어 보았다. 그림 5.02[4]에서 보는 바와 같이, 중앙의 타원형 구덩이 6종, 주변의 주요주공은 4종으로 구분되어, 24가지의 조합이 가능하다. 하지만 호서지역에서 실제로 확인되는 조합은 A1, A2, A3, A4, C1, C2, D1, E1 E2, N1 등 9가지이다.

---

2) Google Earth가 제공하는 위성사진을 밑그림으로 사용하였다.

3) 평면적은 AutoCAD를 이용한 디지타이징(digitizing)작업과 프로그램 자체에서 제공하는 면적계산을 통해 산출되었다. 이는 장방형의 경우, 장단변의 곱으로, 원형주거지의 경우, 반지름의 제곱에 π를 곱하는 것보다는 보다 정확하다.

4) 金範哲 2006a의 도면 4(p.90)을 전재·변경·재제도하였다.

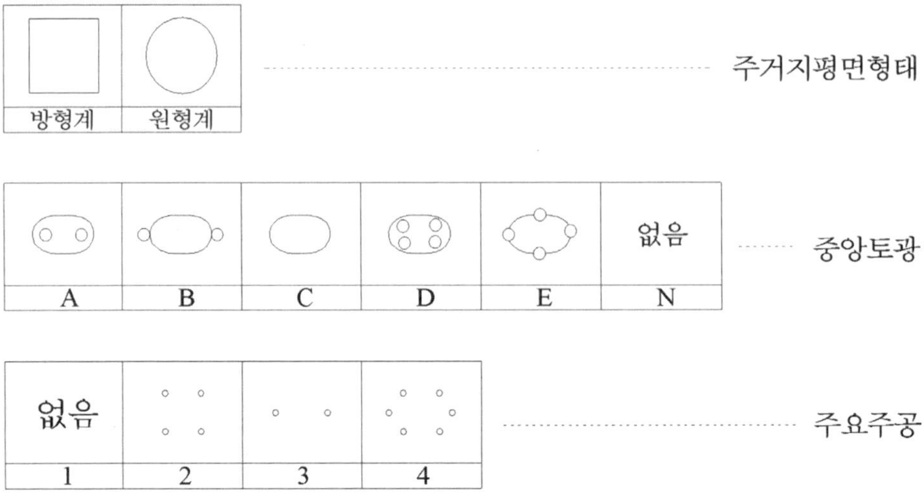

그림 5.02. 松菊里型 주거 평면형태와 내부시설 분류

흔히, 넓은 주거규모나 화려한 내부구조 등은 부유한 상위가구를 상징하는 것으로 여겨지고 있다(Hirth 1993; Smith 1987). 앞서 살핀 대로, 초기 복합사회에서 혹은 복합사회로 전이하는 과정에서 가구구성원의 확대와 통제는 自己擴大的인(self-aggrandizing) 상위유력층 전략의 기초가 되기도 한다(Clark and Blake 1994; McAnany 1992; Webster 1990).

丹塗磨研土器 기종의 다양성과 비율 그림 5.03[5]에서 보듯이, 호서지역에서 알려진 丹塗磨研土器—혹은 紅陶, 赤褐色磨研土器—는 외반구연 옹(혹은 심발), 플라스크형 호, 완 혹은 천발, 컵형토기, 주머니 호 등으로 구분이 가능하다. 주지하다시피, 단도마연토기는 일반 무문토기에 비해 소형이고, 형태가 정연하며, 태토도 정선되어있고, 분묘에서 출토되는 예도 많아 고급 의례용기 혹은 접대용기로 추정하고 있다. 따라서 이들의 비율이나 양식적 다양성은 자체로도 부나 높은 지위의 標識가 될 수도 있겠다(Smith 1987).

無文土器 기종의 다양성 분석 대상이 된 8개 송국리형 취락들에서 확인된 무문토기는 송국리형토기, 내만구연의 옹형토기, 완 혹은 발, 쌍이부호, 병 등으로 구분할 수 있다. 이 중, 송국리형토기는 다시 대 · 중 · 소의 3종[6]으로 세분한다(그림 5.04[7]).

5) 金範哲 2006a의 도면 5(p.91)를 전재 · 변경 · 재제도하였다.

6) 송국리식 토기는 기종이 전체 무문토기 중 80% 가량을 차지하며, 크기의 변이도 심하다. 필자는 별고(金範哲 2013)를 통해 호서지역 송국리식 토기가 용량에 따라 9개의 범주(Ⅰ~Ⅸ부류)로 구분이 가능함을 언급한 바 있다. 하지만 본고와 목적이 달라 좀 더 포괄적으로 대 · 중 · 소형으로만 구분한다.

7) 金範哲 2006a의 도면 6(p.92)을 전재 · 변경 · 재제도하였다.

石器組合의 형태적 · 기능적 다양성 호서지역 송국리형 취락에서 확인된 석기는 형태에 따라 19종으로 분류될 수 있으며, 이들은 기능적 유사성에 따라 9개의 집단으로 묶여질 수 있겠다(그림 5.05[8]). 석기조합의 형태적 유사성은 표준화한 수치(드레넌 저 · 김범철 역 2009:76)를, 기능적 유사성은 Simpson의 다양성지수(Simpson's Diversity Index)[9]로 환산

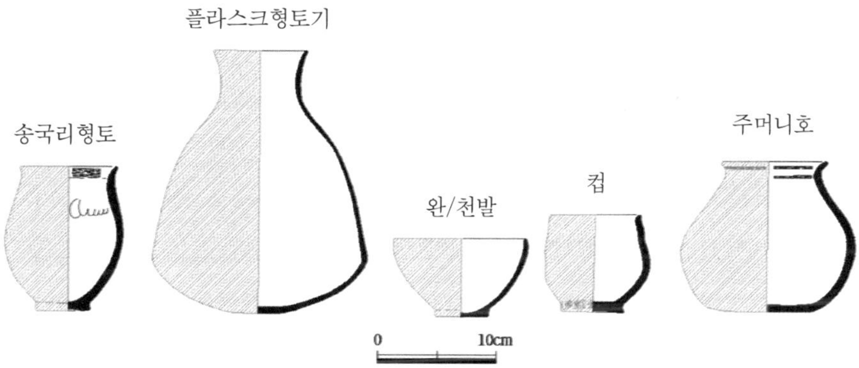

그림 5.03. 丹塗磨硏土器 기종구성

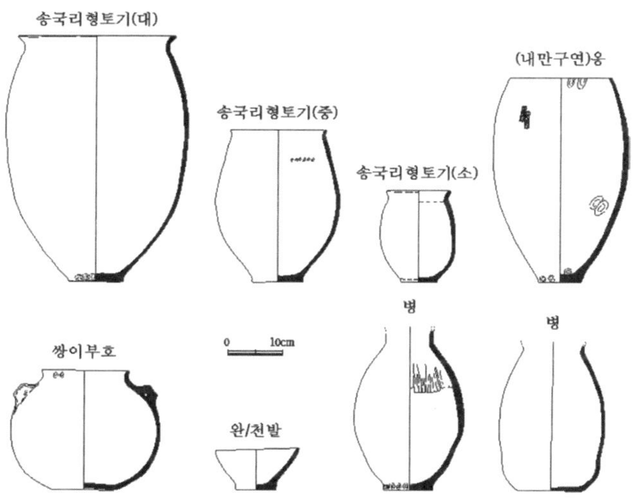

그림 5.04. 無文土器 기종구성

8) 金範哲 2006a의 도면 7(p.93)을 전재 · 변경 · 재제도하였다.

9) impson의 다양성계수는 1-*L*로 표현되며, *L*은 다음과 같은 공식으로 산출된다. 여기서, n_j는 *j*범주에 속하는 개체수를, *N*은 전체 개체수를 의미한다.

$$L = \frac{\sum(n_j[n_j - 1])}{N(N-1)}$$

된 수치를 이용하여 측정하도록 한다.

흔히, 복합사회에서 생산도구의 비율이 높은 것은 주로 사회 중류 이하의 계층을 표시하는 것으로 알려져 있다(Smith 1987; Hirth 1993. 따라서 생산도구의 풍부함은 다른 변수들과는 달리, 자체로 부유함과 높은 지위를 상징한다고 보기는 어려울 듯하다.

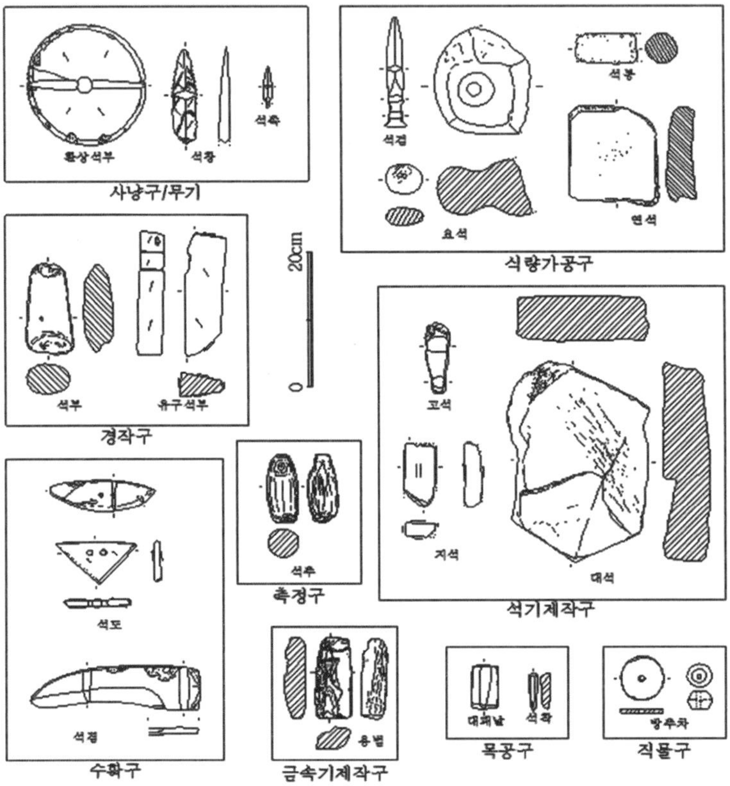

그림 5.05. 석기조합의 형태 · 기능상 분류

裝身(儀禮)具의 유무 분석대상이 된 6개 유적에서 출토된 유물 중 장신(의례)구로 볼 수 있는 것은 석제관옥 혹은 토주 등이다. 호서지역 전체로 보면 주로 분묘에서 출토되는 경우가 많지만 보는 바와 같이 일부는 주거지에서도 발견된다. 다른 변수들과는 달리, 이 변수는 단순 유무로 평가된다.

이상의 9가지 변수들은 계측형변수와 명목형변수—존/부변수 포함—들로 구분될 수 있다. 이렇게 상이한 성격의 변수들이 조합을 이루게 되는바, 다음의 분석에서는 相似 · 相異度를 측정하기 위하여 Gower (1971)의 계수(Drennan 2009)를 이용하도록 한다. 실제

계산에서 Systat, SIMS (Drennan 1992) 등의 통계용 프로그램과 MS Access 등 데이터베이스 프로그램이 사용되었다.

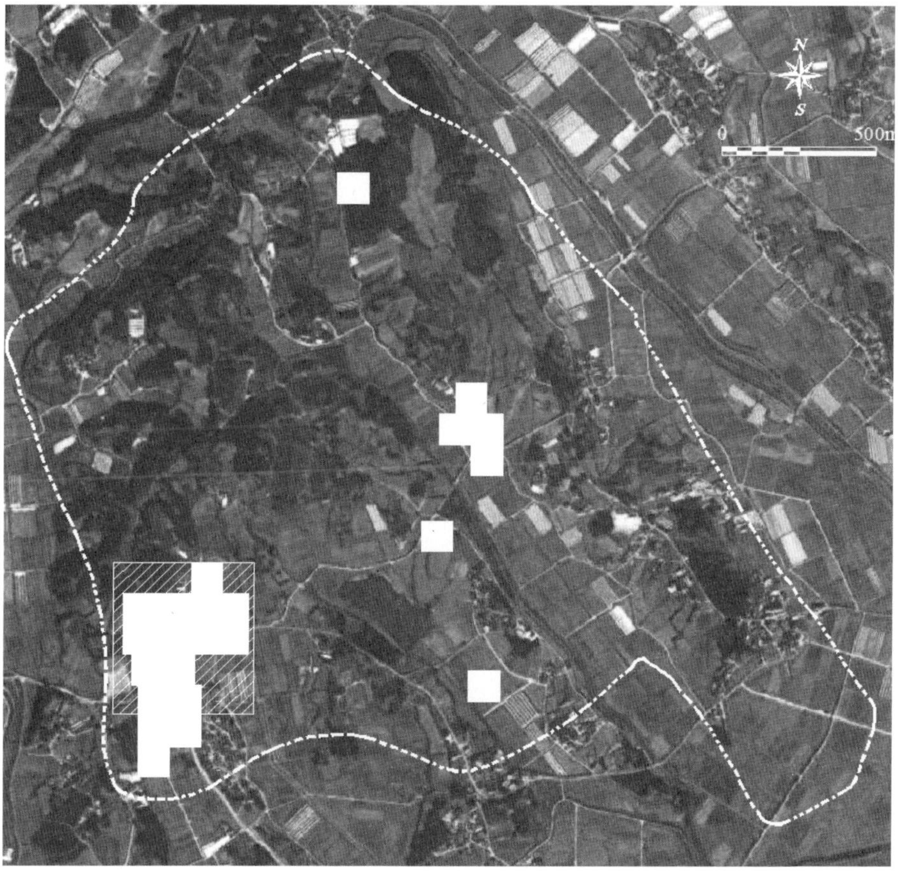

그림 5.06. 松菊里 국소공동체의 구성

③ 유적별 분석

松菊里유적 그간의 발굴 및 지표조사 자료에 근거할 때, '松菊里先史聚落址'가 위치하는 부여군 초촌면 일대의 넓은 지역[10]은 5개의 단위취락으로 구성된 국소적 공동체[11]를 포

10) Google Earth가 제공하는 위성사진을 밑그림으로 사용하였다. 점선으로 표시된 송국리(선사)유적의 범위는 4㎢가 넘는다(忠淸南道 · 忠南大學校博物館 1998:60~64 참조).

11) 취락분포유형 연구가 인접한 단위 취락을 포괄하는 '국소공동체(local community)'를 분석 · 해석의 단위로 활용한 점을 고려하여 이 책의 근저를 이루는 '광역적 취락체계'도 그를 단위로 수립한 것이다(金範哲 2005b, 2011a)

괄하고 있다(金範哲 2005b, 2011a, 그림 5.06[12]). 이 국소공동체는 앞서 언급한 바와 같이, 錦江 중 · 하류역 상당 부분을 아우르는 광역적 취락체계에서 가장 압도적인 상위중심지로 자리매김할 수 있다(金範哲 2005b, 2011a).

1979년[13] 이후 20여 차에 걸친 발굴(표 5.01[14])을 통해, 이 밀집군과 인근에서 총 119기의 청동기시대 주거지를 확인하게 된다(國立公州博物館 1993; 國立扶餘博物館 · 扶餘郡 2000; 國立中央博物館 1979, 1986, 1987, 1991; 국립중앙박물관 · 扶餘郡 1991; 한국전통문화대학교 고고학연구소 · 부여군 2011, 2013, 2014, 2016, 2017). 이 중 서남쪽의 취락이 가장 크며, 중심적이었던 것으로 생각되는데, 이 취락은 54 · 55 · 57지구의 (장)방형 주거지의 밀집군을 포함하고 있다. Ⅳ장에서도 언급한 바와 같이 이 구역은 '住居密集區域(nucleated zone)'으로, 그 주변에 원형(간혹 장방형)주거지들이 몇 기씩 군집을 이루어 산재하는 지역을 '住居分散區域(dispersed zone)'으로 이해될 수 있다(그림 4.39).

표 5.01. 松菊里유적 조사이력

회차	발굴년도	조사지구	참고문헌	조사내용
1	1975	사업지구지역	국립중앙박물관 1979	장방형주거지 2, 원형주거지 10, 타원형 주거지 1, 부속유구 1, 저장공 3, 요지 1, 옹관묘 2
2	1976	43 · 59지구	국립중앙박물관 1979	요지 1, 옹관묘 1
3	1977	17 · 53 · 54지구	국립중앙박물관 1979	장방형주거지 2, 원형주거지1
4	1978	54지구	국립중앙박물관 1979	장방형주거지 2, 부속유구 1
5	1985	54지구	국립중앙박물관 1986	방형주거지 1, 장방형 주거지 1, 부속유구 1
6	1986	54지구	국립중앙박물관 1987	방형주거지 1, 장방형 주거지 4, 부속유구 1
7	1987	54지구	국립중앙박물관 1987	방형주거지 2, 장방형 주거지 4
8	1991	주변 곡간지대	국립공주박물관 1993	확인된 유구 없음
9	1992	54지구	국립공주박물관 1993	목책렬
10	1992~93	49~55 · 57지구	국립공주박물관 1993	방형계 주거지 17, 원형주거지 5, 목책렬, 녹채, 굴립주건물지, 구상유구, 석관묘 3, 토광묘 6, 옹관묘 1
11	1997	54지구	국립부여박물관 2000	방형 주거지 1, 장방형 주거지 3, 세장방형 주거지 1, 원형주거지 2, 부속유구, 목책렬
12	2008	53 · 54지구	한국전통문화대학교 고고학연구소 2011	대형굴립주건물지 2, 대지구획시설(울책) 5, 굴립주건물지 5, (장)방형 주거지 8, 원형주거지 5, 수혈유구 7

12) 金範哲 2006a의 도면 8(p.94) 우측 그림을 전재 · 변경 · 재제도하였다.

13) 松菊里유적에서의 현장조사는 1974년 1호묘(석관묘)의 수습조사(金永培 · 安承周 1975)로부터 시작되었으나 본격적인 생활유구 조사는 1978년 國立中央博物館에 의한 제1차 발굴이 그 처음이다.

14) 한국전통문화대학교 · 부여군 2017의 <표 1>(p.34)을 참조하여 작성하였다.

13	2009	54지구	한국전통문화대학교 고고학연구소 2011	(타)원형 주거지 8, 수혈유구 5
14	2010~11	50,54지구	한국전통문화대학교 고고학연구소 2013	목주열 4조, 대지구획시설(울책) 4, 주공군 3, 주거지 25(미조사 3), 수혈 24(미조사 1)
15	2012	50,54지구	한국전통문화대학교 고고학연구소 2014	목주열 7조, 대지구획시설(울책) 6, 주공군 2, 주거지 3, 수혈 12
16	2013~14	57지구	한국전통문화대학교 고고학연구소 2016	목주열 2조, 주거지 3, 수혈 5
17	2014	57지구	한국전통문화대학교 고고학연구소 2016	목주열 2조, 주거지 3, 수혈 1
18	2014	50지구	한국전통문화대학교 고고학연구소 2017	주거지 3, 목주열 3, 분구묘 1, 구상유구 1, 수혈 1
19	2015	51지구	한국전통문화대학교 고고학연구소 2017	주거지 3, 목주열 2, 성토대지(구상유구 1), 구상유구 1, 옹관묘 1, 토광묘 1, 석축묘 6, 수혈 8
20	2015	52지구	한국전통문화대학교 고고학연구소 2017	구상유구 1, 주거지 2, 석축묘 1, 수혈 3

(상위)중심지로서 松菊里 국소공동체는 주거밀집구역과 주거분산구역을 포괄하고 있는바, 그 내부의 부의 분포는 양 구역의 양상을 적절히 반영할 주거들로부터 얻어진 자료에 기초하여야 한다. 여기서 실질적인 분석 대상이 되는 38기의 주거는 2000년 이전까지 양 구역에서 발굴 · 보고된 것들이어서 그러한 전제에 부합한다.[15)]

이들을 대상으로 한 MDS분석 결과는 그림 5.07[16)]에 제시되어 있는데, 검게 표시된 점은 주거밀집구역의 가구를, 흰 점은 주거분산구역의 가구를 반영한다. 도표에서 보건대, 좌측에 분포하는 몇 가구들은 느슨하게 군집을 이루는 대다수 가구들로부터 확연히 분리되어 있는데 여기에 속하는 가구들은 다방면에서 높은 수치를 보인다. 따라서 전반적으로 공동체 내 부의 분포는 소수의 부유한 가구들과 빈한한 다수의 가구들 간 매우 단절적이라고 평가할 수 있겠다. 좌측 군집에 속하는 가구들은 대체로, 주거밀집구역에 위치한다.

특히, 도표 좌측상단부의 가구는 여타의 대다수 군집으로부터 더욱 확연히 분리되어 있는데, 이는 주거밀집구역 중심부에 위치한 54지구 23호 주거지에 해당한다. 다수를 점하는 우측 군집에 속한 가구 간에는 눈에 띄는 단절성은 보이지 않는다. 하지만 중앙부에 밀집해 있는 과반수의 가구들은 석기조합의 기능적 다양성과 농경관련구의 비율에서 상대적으

15) 여기서의 MDS분석결과는 필자의 다른 글(金範哲 2006a)에서 차용한 것이다. 120여기의 주거를 모두 포함하는 것이 더 적절할 수도 있지만 그 또한 원천적으로는 표본이고 여기서 분석대상이 되는 38기의 선택—물론, 당시로는 발굴 · 보고된 전수임—이 특별이 편향되었다고 볼 특별한 이유가 없어 임의표본으로 간주할 수 있는바, 그 분석결과가 전반적인 양상을 이해하기에 별다른 무리가 있어 보이지는 않는다.

16) 金範哲 2006a의 도면 9(p.95)를 전재 · 변경 · 재제도하였다.

로 높은 수치를 보인다[17]. 이는 부유한 소수의 상위층 가구들이 이 두 분야에서 매우 낮은 수치를 보이는 것과 대조적인 양상이다.

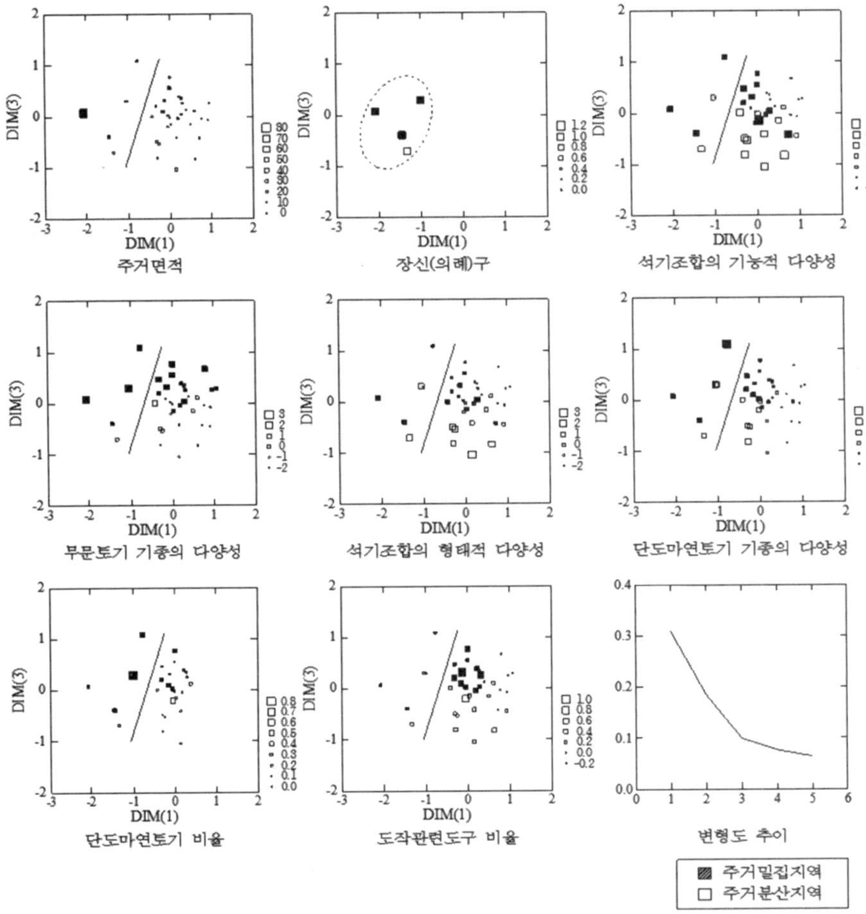

그림 5.07. 松菊里유적의 MDS도표

堂丁里유적 堂丁里유적(國立扶餘文化財硏究所 1998)은 서해안에서 얼마 떨어지지 않은 서천군 종천면 당정리 142-35번지 일대에 위치한다(그림 5.08[18]). 이 유적을 포괄하는 국소공동체는 2개의 분리된 취락으로 이루어져 있는데, 하나는 좌측의 야트막한 구릉 위

17) 도표 상의 점들은 상사(이)성에 따라 자리 매겨진 개별 가구(주거지)를 의미하며, 각 점들의 크기는 그러한 분석의 과정에서 입력된 원래 수치를 보여주는 것이다. 각 도표 우측의 스케일을 참조하기 바란다.

18) Google Earth가 제공하는 위성사진을 밑그림으로 사용하였다.

에, 다른 하나는 그 아래 우측에 위치한다(金範哲 2005b, 2011a). 발굴된 부분은 후자이다. 송국리형 취락에서 주거밀집구역이 주로 구릉 상부에 위치하는 점을 감안 할 때, 堂丁里유적의 발굴된 부분은 '주거분산구역'일 것으로 추정된다. 발굴을 통해 노출된 주거지 17기 모두가 분석대상이 된다(그림 5.09[19]).

그림 5.08. 堂丁里유적과 주변경관

그림 5.09. 堂丁里유적의 유구분포

19) 金範哲 2006a의 도면 10(p.96)의 우측 그림을 전재 · 변경 · 재제도하였다.

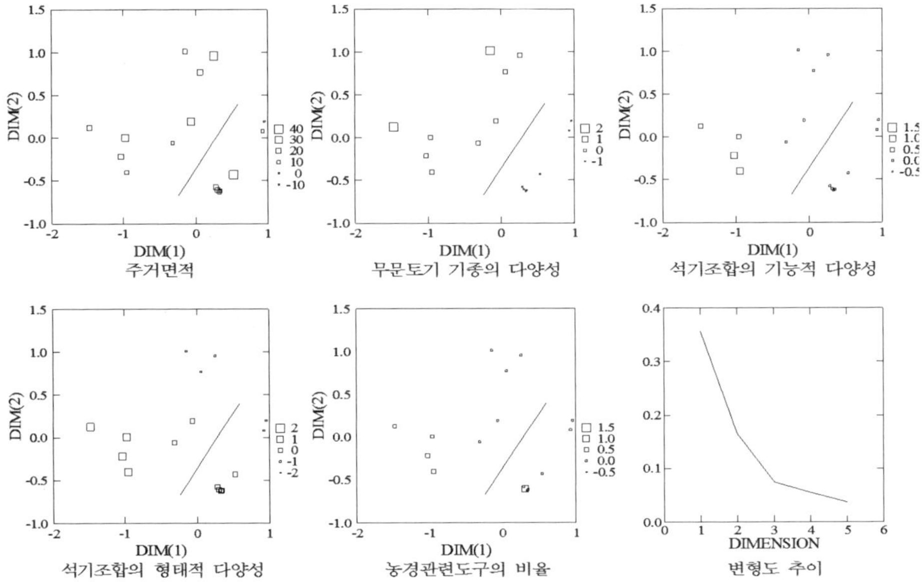

그림 5.10. 堂丁里유적의 MDS도표

MDS도표에서 보듯이, 앞서 상정한 변수 중 일부가 이 유적의 어떤 주거지에서도 나타나지 않아 다른 유적에 비해, 도표의 수가 적다. 이는 보고자들이 알리는 바와 같이, 발굴조사 전 이미 삭평되고, 토사채취로 인해 손상된 것이 결정적인 원인으로 보인다. 하지만, 주거지의 형태도 그다지 정연하지 않고 소규모여서, 원래 빈한한 가구들로 생각해 볼 수도 있겠다(그림 5.10[20]).

좌측하단의 몇 가구들이 다수의 나머지 가구들과 구분되지만, 이들 소수의 가구들은 송국리유적을 살펴보면서 언급되었던 소수의 부유층이 아니라, 오히려 주거분산구역 내에서도, 매우 빈한한 가구들로 평가하는 것이 보다 바람직할 것 같다.[21]

道三里유적 道三里유적(高麗大學校 埋藏文化財研究所 · 鐵道廳中部建設事業所 2005)은 금강하구언이 바라보이는 서천군 마서면 도삼리의 해발 60m 구릉 위에 위치(그림 5.11[22])하는데, 유적과 연속하는 유물산포지를 포함하여 하나의 국소공동체를 이룬다(金範哲 2005b, 2011a). 발굴을 통해 31기의 주거지가 확인(그림 5.12[23])되었지만 이 중 중복

---

20) 金範哲 2006a의 도면 11(p.97)을 전재 · 변경 · 재제도하였다.

21) (극도로) 빈한한 탓에 여러 분야에서 결측된 자료가 많아, 자칫 각종 분석에서 나타나지 않거나 제외될 수 있는 가구의 양태를 Stark and Hall (1993)은 'elusive poor folks (희미한 빈곤층)'로 표현하고 있다.

22) Google Earth가 제공하는 위성사진을 밑그림으로 사용하였다.

23) 高麗大學校 埋藏文化財研究所 · 鐵道廳中部建設事業所 2005의 도면 3(p.5)을 전재 · 변경 · 재제도하였다.

된 것을 제외하고 25기만을 분석대상으로 삼는다. 이 유적에서도 구릉 상부의 평탄면에 주거밀집구역이 형성되고, 주변에 주거군이 산발적으로 분포하는 것을 확인할 수 있다. 대체로 주거밀집구역에 위치한 주거지들이 면적이 넓고 내부시설도 정연하다.

그림 5.11. 道三里유적과 주변경관

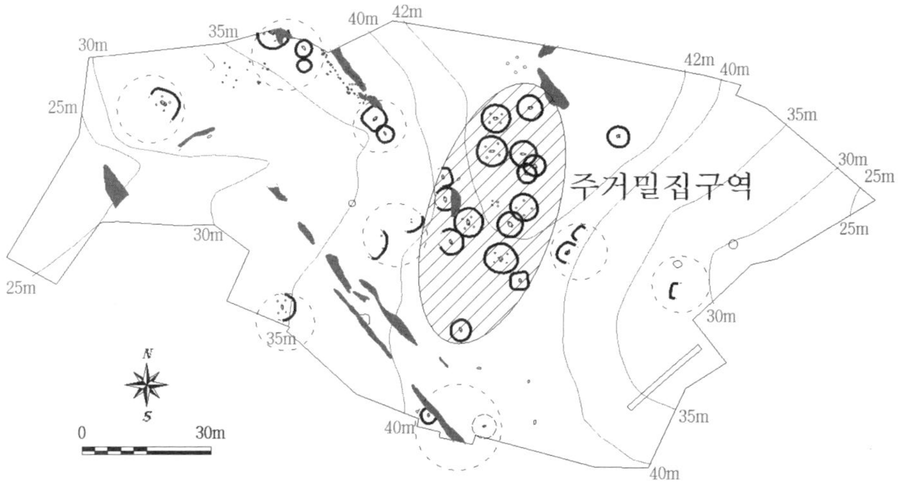

그림 5.12. 道三里유적의 유구분포

MDS도표에서 보듯이, 분석의 대상이 되었던 25가구 중 서너 가구는 다수의 군집으로부터 매우 확연하게 분리되어 있는 것을 볼 수 있다. 그러나 앞서 살핀 다른 유적들과는 달리, 따로 떨어진 소수의 가구들 간에 긴밀한 상사성이 보이지는 않는다. 몇 항목에서 이들 소수가구들은 높은 수치를 보이지만, 모든 변수에서 그러한 것은 아니다(그림 5.13[24]).

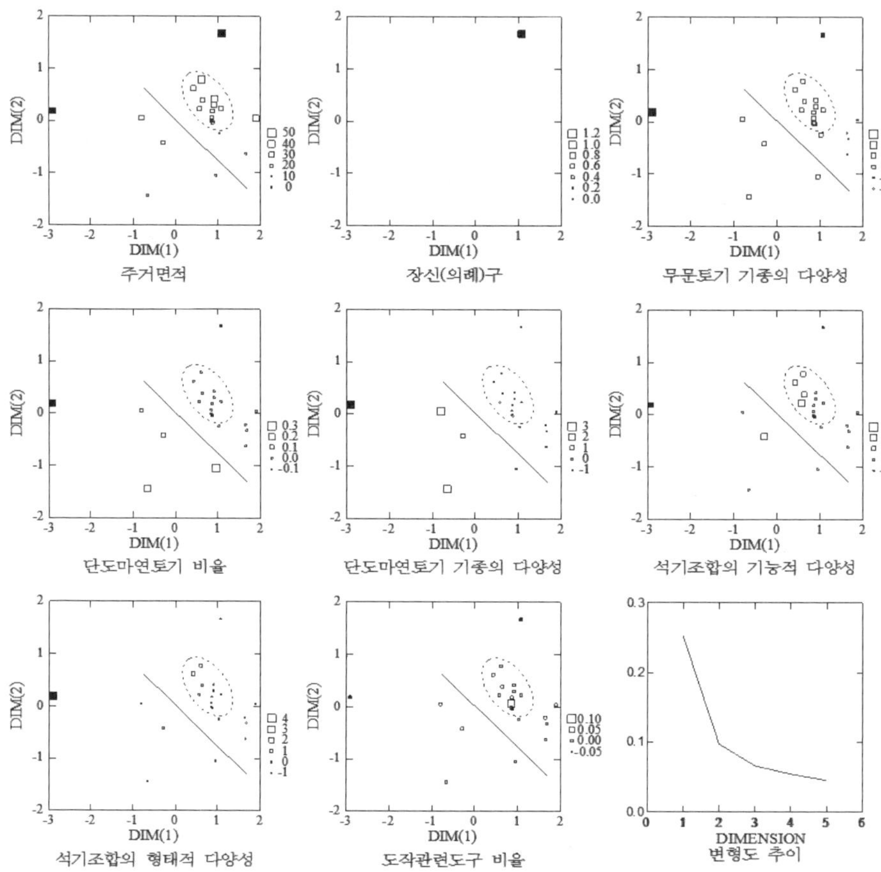

그림 5.13. 道三里유적의 MDS도표

보고자들이 지적하는 바와 같이, 석기도구 구성상에서 보이는 이 유적의 특징 중의 하나는 농경관련도구의 한소함이다(조은지 2004). 토양분포에 관한 GIS분석 결과와 연계해 볼 때 이 유적의 부유한 가구들의 부는 농업생산과 직접적 관련은 없어 보인다.[25]

24) 金範哲 2006a의 도면 13(p.99)을 전재 · 변경 · 재제도하였다.

25) 금강 하류와 인접한 서해안 지역의 송국리형 취락들에서는 錘形石器들이 확인되는데, 이 유물은 금강 중류역의 유적에서는 나타나지 않는다. 道三里유적에서도 3개가 수습되었다. 이로 미루어 '교역'과 관련된 다양한 활동이 이 유적의 주요한 경제적 배경이 되었을 가능성을 상정해 볼 수 있겠다.

그림 5.14. 羅福里유적과 주변경관

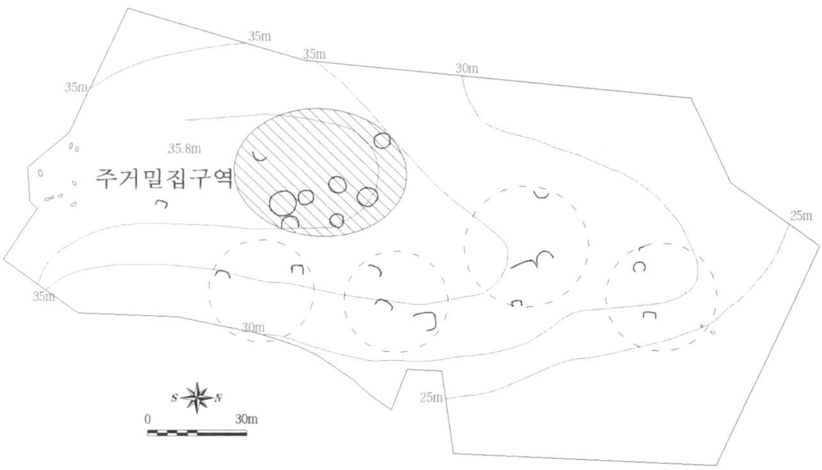

그림 5.15. 羅福里유적의 유구분포

羅福里유적 羅福里유적(扶餘郡 · 忠淸南道歷史文化院 2004)은 부여군 종천면 일대에서 북쪽의 산지가 평야지대와 만나는 지점에 형성된 가지능선 상에 위치한다(그림 5.14[26]). 지표조사를 통해 주변에 2개소의 송국리형 취락이 존재하는 것으로 알려져 있는데, 분석결과 이들은 羅福里유적과 함께 하나의 (국소)공동체를 이루는 것으로 판단된다(金範哲 2005b, 2011a). 여

26) Google Earth가 제공하는 위성사진을 밑그림으로 사용하였다.

기서는 羅福里유적에서 발굴된 22기의 송국리식 주거(그림 5.15[27])가 분석대상이 된다.

MDS 분석결과는 도표에서 보듯이, 단속적 부의 분포현상과 규모가 큰 가구로의 부의 집중현상이 매우 극명하게 나타남을 알 수 있다. 석기조합의 형태 · 기능적 다양성을 제외한 모든 부분에서 좌측 상단의 가구는 압도적으로 높은 수치를 보이고 있다. 반면 그 외 가구들은 우상방에서 약간의 군집을 이루기도 하지만 전반적으로는 느슨하게 연속적으로 분포한다고 보아도 무방할 듯하다(그림 5.16[28]).

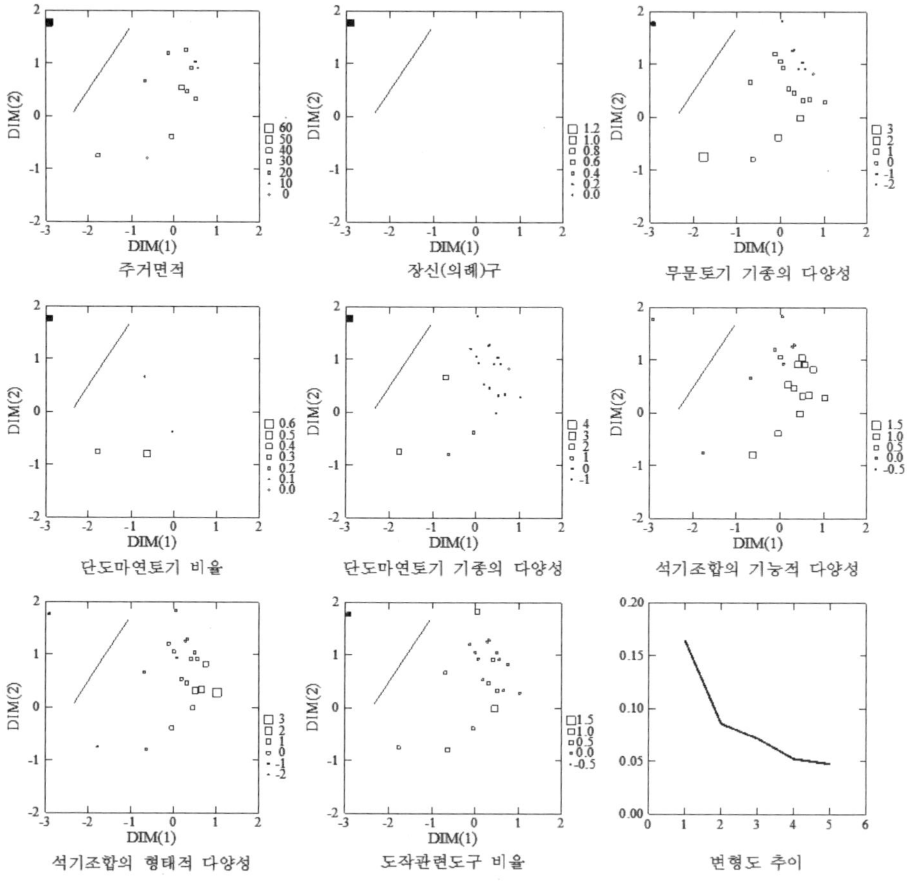

그림 5.16. 羅福里유적의 MDS도표

27) 扶餘郡 · 忠淸南道歷史文化院 2004의 圖面 4(p. 27)를 전재 · 변경 · 재제도하였다.

28) 金範哲 2006a의 도면 15(p. 101)를 전재 · 변경 · 재제도하였다.

그림 5.17. 烏石里유적과 주변경관

烏石里유적 烏石里유적(公州大學校 博物館 · 韓國道路公社 1996)은 서남쪽으로 뻗어오던 산지가 평지와 만나는 서천군 서천읍 오석리 일대의 야트막한 구릉에 입지한다(그림 5.17[29]). 인근에서 송국리형 유적의 존재가 알려지지 않아, 그 자체가 하나의 국소공동체인 것으로 판단한다(金範哲 2005b, 2011a). 발굴을 통해 노출된 13기 주거지(그림 5.18[30]) 모두가 분석대상이 된다.

일반부락으로 분류된 烏石里 · 院北里유적에서 보이는 특징 중의 하나는 의례(장신)구가 없다는 점이다. 의례(장신)구가 앞서 살핀 상 · 하위중심지의 주거밀집구역에서는 예외 없이 발견되는 점을 감안한다면, 어느 정도 신분 상징성이 있지 않을까 추정해 본다.

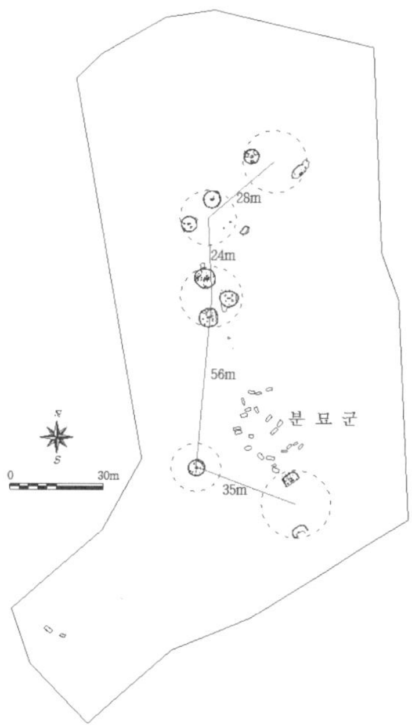

그림 5.18. 烏石里유적의 유구분포

MDS도표에서 보듯이, 좌측의 네 가구는 여러 측면에서 나머지 아홉 가구들과 적당히

29) Google Earth가 제공하는 위성사진을 밑그림으로 사용하였다.

30) 公州大學校 博物館 · 韓國道路公社 1996의 圖面 8(p.40)을 전재 · 변경 · 재제도하였다.

구별되며, 농경관련도구의 비율을 제외한 모든 부분에서 일관적으로 높은 수치를 보이고 있다(그림 5.19[31]). 특히, 부유한 가구들이 석기조합의 기능적 다양성에서조차 높은 수치를 보이는 것은 앞서 살핀 중심지들에서는 나타나지 않는 현상이다. 아마도, 부유한 가구들이 다양한 생산활동을 통해 부를 축적했을 가능성도 상정해 볼 수 있을 것이다. 그러나 그러한 농경관련도구의 비율이 낮은 점으로 미루어, 그러한 생산활동에 반드시 농업이 적극적으로 포함되지 않았을 가능성도 고려해 볼 수 있겠다. 오히려, 농경관련도구의 비율은 빈한한 가구들에서 훨씬 높이 나타나고 있다.

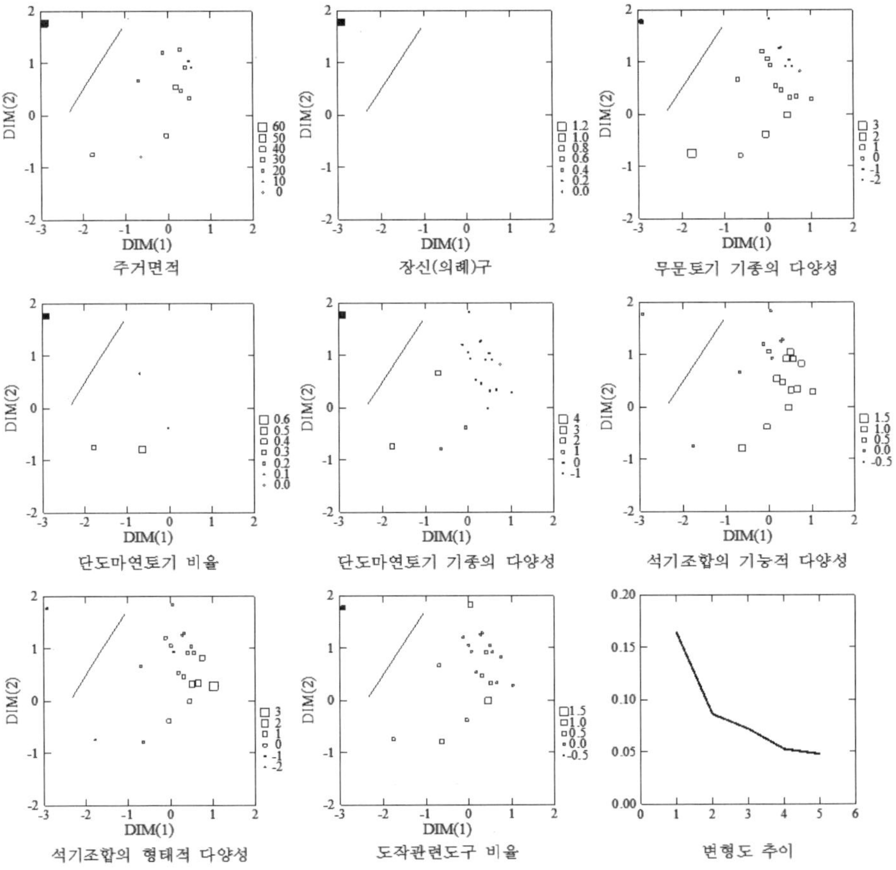

그림 5.19. 烏石里유적의 MDS도표

31) 金範哲 2006a의 도면 17(p.102)을 전재 · 변경 · 재제도하였다.

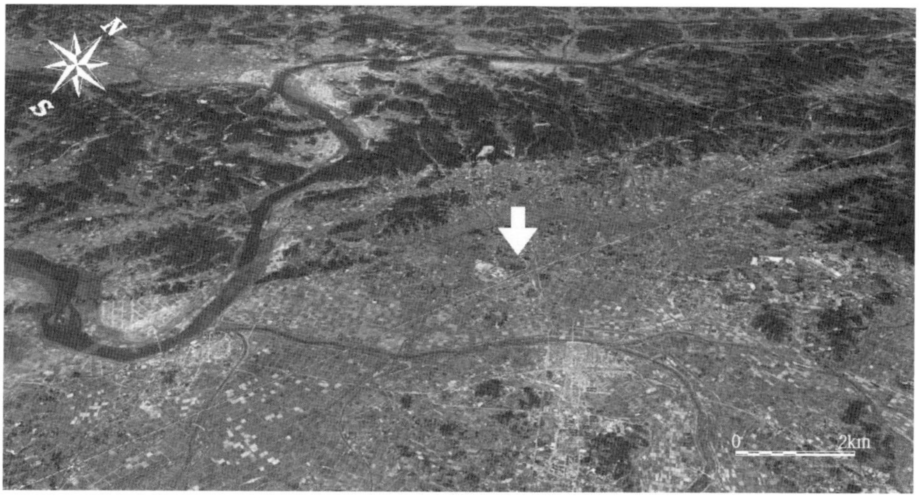

그림 5.20. 院北里유적과 주변경관

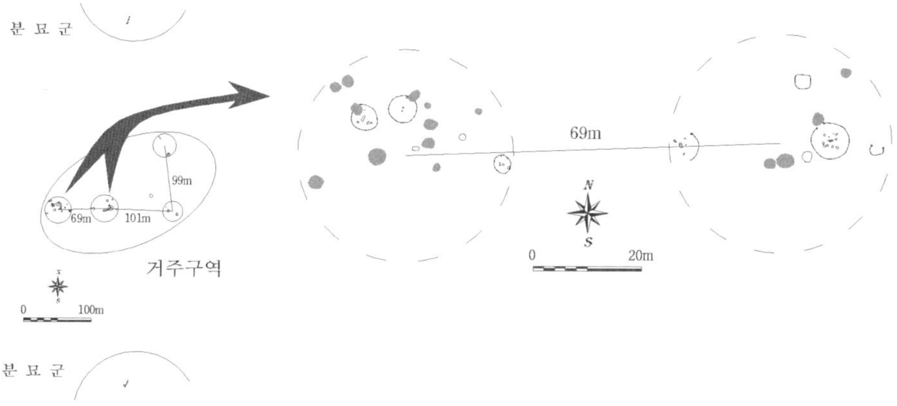

그림 5.21. 院北里/定止里유적의 유구분포

院北里유적 院北里유적(中央文化財硏究院 · 中小企業振興公團 · 論山市 2001)은 논산시의 평야지대에 입지(그림 5.20[32])한다. 실제로는 定止里유적(충남대학교박물관 · (주)천안-논산간고속도로 2000)과 인접하여, 하나의 국소공동체 혹은 (단위)취락을 이루고 있다(金範哲 2005b, 2011a). 定止里유적의 최종보고가 이루어지지 않아 실제 분석은 院北里유적만을 대상으로 한다. 발굴을 통해 노출된 유구는 주거지 7기와 저장수혈 15기이다. 주거지는 각각 3기, 4기가 군집을 이루며, 저장수혈은 그 주변에 배치되어 있다(그림 5.21[33]).

32) Google Earth가 제공하는 위성사진을 밑그림으로 사용하였다.

33) 金範哲 2006a의 도면 18(p.103)을 전재 · 변경 · 재제도하였다.

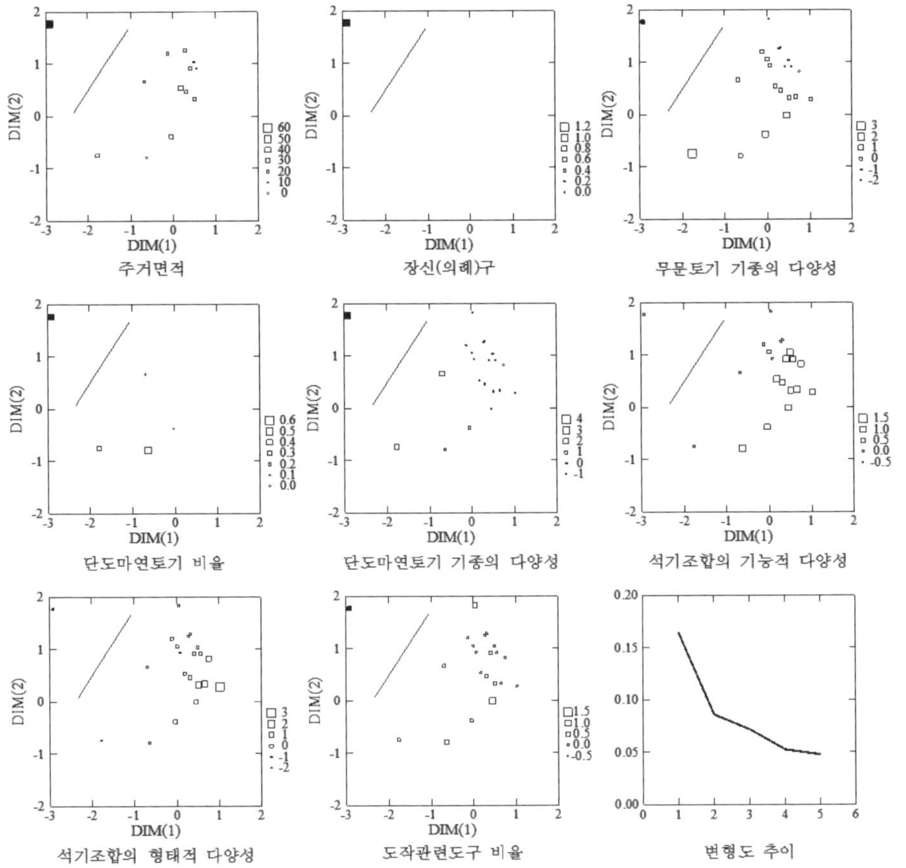

그림 5.22. 院北里유적의 MDS도표

그림 5.22[34]의 MDS도표에서 보듯이, 院北里유적의 양상은 전반적으로 앞서 살핀 烏石里유적의 양상과 매우 흡사한 측면이 있다. 상대적으로 규모가 크고 부유한 가구의 부는 다양한 활동으로 축적되었을 가능성이 있지만, 생산도구의 비율이 낮은 것으로 보아 그러한 활동에 농사가 적극적으로 포함되지는 않은 듯하다.

(3) 松菊里型 취락 내 부/지위 분포의 특징

앞서 살핀 유적들을 포괄하는 국소적 (단위)공동체 혹은 개별 취락 내 주거들의 분포를 고려하면서 앞서 분석한 내용을 정리해보면 다음과 같은 세 가지 사항을 지적할 수 있겠다.

34) 金範哲 2006a의 도면 19(p.104)를 전재 · 변경 · 재제도하였다.

첫째, 상 · 하위중심지로 분류된 부여 松菊里 및 羅福里, 서천 道三里 등 취락에서는 부의 분포가 매우 단속적이며, 주거밀집구역에 위치하는, 소수의 상위가구로 부가 편중되는 현상이 확연하다고 할 수 있다. 반면, 주거분산구역에서는 주목할 만큼 확연한 계층화된 빈부차를 찾아보기가 어렵다.

둘째, 중심지들에 비해 그다지 확연하지는 않지만 일반부락에서조차 단속적인 부의 분포가 확인된다. 하지만 일반부락에서는 부유한 가구도 장신(의례)구의 소유가 보이지 않는다.

셋째, 일반부락의 부유한 가구도, 중심지들의 수장층 가구들처럼 직접적인 농업생산활동에 참여하지 않은 것으로 추정된다. 많은 고고학연구들이 밝혀낸 바와 같이, 초기복합사회들조차 확연한 빈부차와 위계가 나타나는바, 이와 같은 현상이 생소한 것은 아니지만, 수도작과 관련된 기술체계의 운용방식과 관련된 대비적인 설명모형—下達型 대 自發型— 중 한쪽으로 심하게 편중되어 나타나는 현상은 다소 흥미로운 사실이라 하겠다.

적어도 부/지위의 분포양상에서 보건대, '水稻作'이라는 집약적인 농업형태를 확대하고 유지하는데, 개별 가구의 자발적인 참여와 관련되었을 가능성이 다소 희박함을 시사하는 증거가 될 수도 있다. 하지만 보다 확정적이고 체계적인 설명은 다른 측면의 정보들과의 연계 속에서 이루어질 수 있을 것이다.

2) 家內貯藏樣相 變化, 剩餘管理, 權力의 발생

Ⅳ장에서 가구, 더 나아가 인간집단의 존립에 있어 저장의 중요성을 피력하면서 청동기시대 전 · 중기 간 家口 貯藏樣相의 추이를 살펴보았다. 저장의 위상이 그러한 만큼 그 자체로서도 의미 있는 작업일수도 있다. 그런데 청동기시대 가구 수준의 저장양상 변화가 특별히 중요하게 다루어질 수밖에 없는 이유는 비단 개별 가구의 생존에 관계된 문제만은 아니다. 松菊里類型 물질문화의 파급과 함께 나타나는 것으로 추정되는 (사회경제적 변화 중 하나인) '剩餘의 公共化'(김장석 2008a)와 깊은 관련이 있다. 그러한 추정은 몇몇 유적들에서 저장시설이 주거에 비해 압도적인 비율로 발견되는 고고학적 현상을 잉여의 증대를 비롯한 당시의 몇 가지 사회경제적 변화와 연결하여 설명하는 과정(김승옥 2006; 김장석 2008a)에서 얻어진 것이다. 즉, 저장시설—옥외 저장수혈—이 집중된 유적에 대한 해석으로 제기된 '貯藏의 屋外化'(김장석 2008a; 이창호 2004; 이형원 2009)의 명제가 그 출발점이

된다. 그런데 '저장옥외화'라는 명제에는 전기와 중기의 저장양상변화를 매우 단절적 혹은 계기적으로 파악하는 설명논리(김장석 2008a)를 포함하고 있다. 청동기시대 전기 방형계 주거지에서 발견되는 야트막한 구덩이를 저장공으로 이해하고 송국리식 주거지에서 그러한 시설이 발견되지 않는 점에 착안하여 저장시설이 옥외로 이동하며, 마치 송국리식 주거에서는 옥내 저장이 이루어지지 않았던 것처럼 설명하고 있다. 논리 자체의 타당성이나 설명력은 차치하고라도 그 이면에는 매우 부적절한 관찰과 비교, 해석이 자리하고 있음을 지적하지 않을 수 없다(Ⅳ장 참조).

의문의 소지에도 불구하고 별다른 문제 제기 없이, 剩餘(管理)의 公共化와 貯藏의 屋外化를 청동기시대 전-중기 전이과정의 중요한 변화로 인식하는 경향이 고착화되어가고 있다. 분명, 옥외저장수혈이 집중하는 현상은 주목해야할 만하지만 과연 그것이 가내 저장양상의 변화와 무슨 관련이 있는지는 좀 더 면밀한 검토가 필요하다.

(1) 貯藏樣相 變化에 대한 기존의 이해

저장의 기능이 강조되는 松菊里型 聚落의 등장을 당시 사회경제적 변화와 연결하는 시도는 더 이상 새로운 것이 아니다(金帛範 2007; 김승옥 2006; 김장석 2008a; 許義行 2008, 2011). '稻作方式 變化'의 결과로 발생한 '剩餘'의 저장이 (정치경제 발달의 일환으로) 公共化되었을 것이라는 설명이 반복적으로 개진됨에도 불구하고 이에 단호하게 반대하는 견해는 거의 없다. 다만, 옥외저장시설의 발달과정이나 중기 '貯藏中心遺蹟(김장석 2008a)'에서 집중적으로 취급한 대상에 대해서는 다소의 이견이 있다.

먼저, 高床式 저장시설을 제외하더라도 옥외저장시설의 발달과정에 대한 이해에는 현저한 차이가 엿보인다. 전기의 방형계 수혈로부터의 점진적인 발전을 시사하는 측(金帛範 2007; 許義行 2008, 2011)이 있는가 하면, 분명한 입장을 밝히지는 않으나 결과적으로 저장의 옥외화를 前-中期 轉移過程의 극적인 변화로 상정하는 측(김장석 2008a; 이형원 2009)이 있다. 그러한 차이에도 불구하고 옥외저장시설이 집중되는 취락의 등장을 잉여관리와 관련된 것으로 보고 있을 뿐만 아니라, 잉여의 폭발적인 증가 역시 청동기시대 전-중기 전이과정에서 나타나고 있는 것으로 이해하는 공통점이 있다.

다음으로, '저장중심유적'에 주로 저장되었던 것이 무엇인지에 대해서도 다소의 의견차가 있다. 상대적으로 많은 수의 연구자가 水稻作—일부는 발달된 농경의 산물 등으로 모호하게 표현—의 본격화(金範哲 2011a)를 염두에 두어 쌀을 전제하는 반면, 구근류와 견과류에 무게를 두는 측(孫晙鎬 2004)도 있다. 무엇을 저장했느냐는 자체로도 중요한 질문이 되기도 하거니와, 집약적인 농경을 통해 증가한 산물로서의 잉여가 아니라, 구황작물의 가능성이 다분한 식료가 저장되었다면, 저장중심유적이 수도작을 통해 증대된 잉여와 관련된다는 기존의 인식을 전면 재검토하지 않으면 안 되는 상황이 도래할 수도 있다(金範哲 2014a).

이 두 문제는 일견 매우 다른 측면의 설명을 요하는듯하지만 현행 연구들의 논지전개상 '剩餘'의 문제와 결부되면서 불가분의 관계를 맺게 된다. 즉 잉여의 생성 혹은 대폭적인 증대가 저장의 양상을 바꿔 놓기 때문이다. 그렇다면 잉여는 무엇인가? 剩餘는 '生產者家口의 필수적 需要 以外 產物'을 말한다. 그렇다면 필수적 수요에는 어떤 것들이 포함되나? 일반적으로 일상의 식료, 흉년 대비를 위한 예비물, 다음해 생산에 소요될 종자, 제사와 같은 연례적인 가례에 소요되는 것 등인 것으로 이해된다(Arnold 1993; Kuijt 2009; Morrison 1994).

이러한 일반적 이해에 비춰보자면, 청동기시대 전 · 중기 전이과정에서 저장양상의 변화를 잉여의 문제와 결부시키는 기존의 시도는 두 가지 중요한 문제를 간과하고 있음을 알 수 있다. 그 하나는 저장과 잉여의 관계에 대한 다소 피상적인 이해와 관련된 문제이다. 앞서 살핀 바와 같이, 가구의 필수적인 수요를 위해서도 적어도 1년 단위 혹은 그 이상의 저장은 필수적이다. 청동기시대 전-중기 전이과정의 사회와는 달리, 복합화가 진행되지 않은 수렵-채집집단에서도 저장은 흔히 간취되는 현상이다(Smith 2003; Stopp 2002; Testart 1982). 그렇다고 앞서 살핀 기존 연구에서 저장양상의 변화에 의거하여 잉여의 문제를 다루고자 하는 시도가 완전히 잘 못 되었다는 것은 아니다. 사실 고고학자료에서 잉여를 직접 인지하는 것은 거의 불가능하다. 따라서 저장(시설)의 규모나 위치를 비교분석하거나 잉여노동력 투여를 필요로 하는 집단적 의례, 기념비적 구조물의 축조, 貢納 등의 현상을 인지하는 등 擬似指標를 파악하는 것으로 잉여의 발생과 증대라는 문제에 접근하는 것이 고고학연구의 관행이다(Barrier 2011; Kuijt 2009). 다만, 저장량을 곧 잉여로 전제하고, 저장시설의 용량을 비교하여 잉여가 '몇 배' 혹은 '폭발적으로' 증대되었다고 하는 해석(김장석 2008a)은 유보되어야 한다.

그 이유는 바로 다른 문제의 출발점이 된다. 잉여의 추정은 가구별 필수수요와의 대비에서 이루어지는바, 굳이 저장양상과 잉여의 문제를 연결시키고자 한다면, (Ⅳ장에서 수행한 것과 같은) 가구 저장량의 복원 및 비교가 필수적이다. 사실, 저장과 잉여를 결부시키면서 사회적 잉여를 논하는 연구들이 가내 저장양상의 변화를 파악하는 작업을 출발점으로 삼고 있는 것은 구미학계에서는 일반화되어있다. 따라서 Ⅳ장의 분석 결과, 즉 전기에서 중기로 넘어가면서 가내 저장은 축소되거나 없어진 것이 아니라, (최소한) 유지 혹은 증가했다는 점이 청동기시대 잉여관리와 사회복합화의 관계를 이해하는 작업의 출발점으로 삼을 이유는 충분한 듯하다.

(2) 家內貯藏樣相 變化의 사회경제적 의미

청동기시대 전-중기 전이과정에서 (일부) 잉여가 공공의 영역으로 흡수되고 이것이 수장(층)에 의해 專用되었을 것이라는 이해의 큰 틀에는 필자 또한 충분한 공감을 표한다. 그러나 저장양상의 변화를 이해하는 과정에서 생성된 몇 가지 명제는 수용하기 어렵다. 그 대표적인 예가 '貯藏屋外化'이다. 앞서 행한 가내 저장양상에 대한 분석 결과는 '貯藏屋外化'라는 명제를 '저장의 상당부분을 옥외시설이 전담했다'는 식으로 완화하여 적용하더라도 수용하기 어렵다는 점을 시사하고 있다. Ⅳ장에서 보듯, 가내 저장량이 중기로 가면서 제법 증대되지 않았는가? 더 나아가 옥외화된 집단 저장에 기초하는 '잉여(관리)의 공공화'의 명제 또한 그다지 공고한 논리적 기반을 갖기는 어렵다는 점이 곳곳에서 간취된다.

① 剩餘 生産 및 管理에 대한 기존 이해의 虛와 實

'잉여(관리)의 공공화'는 현재 저장의 문제를 청동기시대 전-중전이기의 사회경제적 변화와 결부시켜 설명하고자 하는 몇몇 연구의 논리적 토대로 자리하고 있다. 그중 가장 심도 있는 논의는 김장석(2008a)에 의해 이루어진다. 그는 전 · 중기의 저장력 비교결과를 바탕으로 양 시기의 전이과정에서 폭발적인 잉여증대를 언급하고 있다. 폭발적인 잉여 증대를 가능하게 한 배경으로 생산단계에서부터의 집단적 노동력동원과 이를 통제하는 권력자의 존재를 제시하고 있다. 더 나아가 생산단계의 집단성이 잉여 공공화의 이념적 기반이 되며 권력은 소위 '象徵資本(symbolic capital)[35]'에 의해 발생 · 유지되었다고 주장한다. 결국, 청동기시대 중기 '저장전문유적'의 등장은 노동력이 집단적으로(≒대규모로) 동원된 생

35) 김장석(2008a)이 직접 '象徵資本(symbolic capital)'이라는 용어를 사용하지는 않았다. 비파형동검이라는 위세품(prestige goods)을 활용한 권력의 획득 및 유지가 이루어지는 상황에 대한 긴 설명은 상징자본에 의해 사회복합화가 촉진되는 과정을 설명하는, 널리 알려진 모형(Bourdieu 1977)을 남한지역 청동기시대의 상황에 적용한 것이다. 그런데 그 어디에도 인용은 찾아 볼 수가 없다.

산단계에서 연원하는바, 생산에 동시 동원된 인력의 규모에 대한 논증이 잉여의 폭증의 핵심이 된다. 그러나 그 논증에는 다소 의문스러운 점이 있다.

집단적 생산을 전제하는 작업은 필자의 전고(金範哲 2006b)에 피력된 논지 일부를 비판하면서 시작된다. 필자는 그 전고에서 청동기시대 중기의 수도작관련시설 조성과 유지가 '광범위'하게 이루어졌을 수는 있으나 동시에 많은 인력투여를 요하는 '대규모'적인 것은 아닐 가능성을 제시하고 있다. 그 근거로 배수와 홍수대비에 대규모 인력의 (동시)투여가 필요한 큰 하천변의 충적지가 아닌 곡간충적지가 논의 조성지점으로 활용된 점, 그러한 지점의 水源이 防災—범람에 대한 대비 등—가 절박하지 않은 소규모이면서도 안정적인 점, 단위구획 논의 면적이 작다는 점을 들고 있다.

김장석의 비판은 마지막 문제, 즉 논의 조성과 관련된 인력투여의 동시성에 초점이 맞춰져 있다. 담수를 위한 논 구획의 규모는 기술력과 입지선택에 관련될 뿐 인력투여와 무관하다는 점을 Francesca Bray의 민족지적 연구(1986)를 들면서 주장하고 있다. 필자는 그러한 점을 인정한다. 그런데 바로 거기에 필자의 답이 있다. 기술력이 미약하고 평탄면이 협소한 소규모 곡간 충적지를 이용하는바, 대규모적 평탄화에 필요한 많은 인력의 동시 투여가 필요 없는 것이다. 더구나 필자가 인용했던 0.1ha의 면적은 전근대사회의 논이 현재의 광활한 구획 논과 같을 수 없음을 분명히 하기 위해 Bray가 제시한 수치를 방증자료로 옮겨 놓은 것뿐이다. 그런데 그러한 수치의 제시에 있어 상세한 설명을 덧붙이지 않은 것은 필자의 부주의이다. 사실, 여기에서 언급된 0.1ha의 면적은 1000㎡, 300평(990㎡)이 넘는 규모로 대략 200평 정도를 한 마지기로 정하는 일반적인 셈법에 따르면 한 마지기 반이 넘는 면적이다. 연력이 있는 농부에게 탐문하면 1970년대만 하여도 우리의 일반적 농촌에서 이러한 큰 규모의 단위구획 논은 거의 보기가 어려웠다는 것을 쉽게 알 수 있다. 호서지역에서 발견된 청동기시대 논은 단위구획이 2.9㎡(0.00029ha, 0.0044마지기)~73.6㎡(0.00736ha, 0.113마지기) 밖에 되지 않는다(그림 5.23[36]와 그림 5.24[37]). 비교의 대상조차 되지 못하는 수준의 것을 들어 비판을 받는 빌미가 제공된 셈이다.

36) 高麗大學校 埋藏文化財硏究所 · 韓國道路公社 2004 도면 66(p.91)을 전재 · 변경 · 재제도하였다.

37) 忠南大學校 百濟硏究所 · 高麗大學校 埋藏文化財硏究所 · 大田地方國土管理廳 2004의 도 25(p.45)를 전재 · 변경 · 재제도하였다.

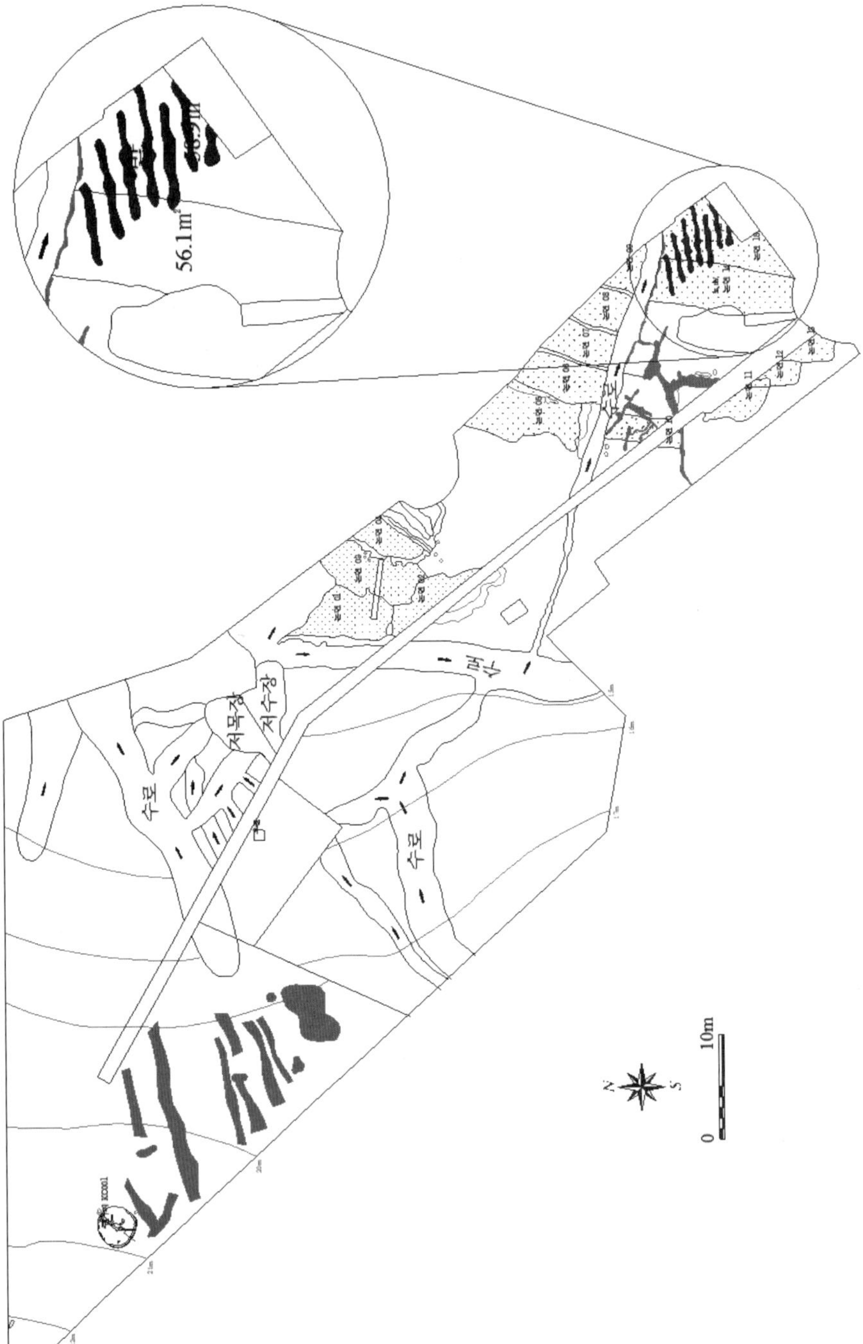

그림 5.23. 청동기시대 논 구획(麻田里유적[C지구])

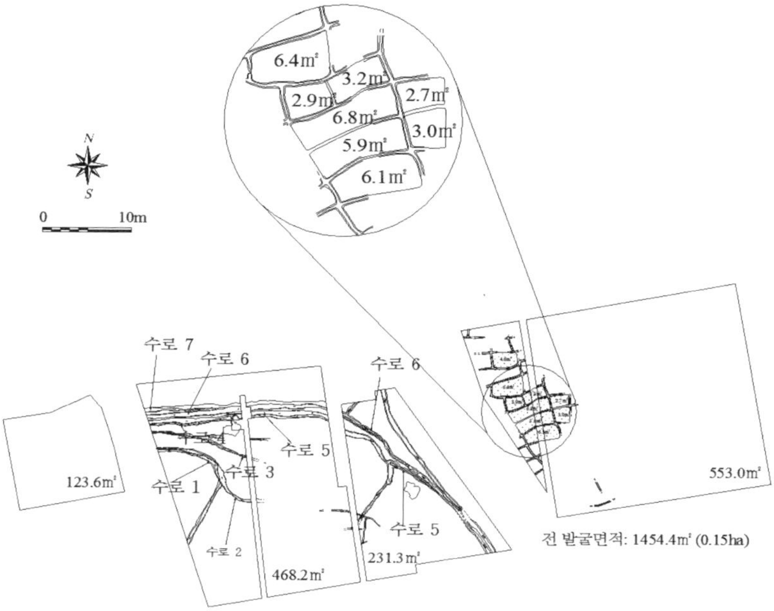

그림 5.24. 청동기시대 논 구획(九鳳里유적)

재차 강조하거니와 필자의 논지는 대규모 노동력의 동시동원[38]에 관련될 뿐, 延投與 人力의 規模를 언급한 것이 아니다. 100명의 농부가 하루에 할 수 있는 작업 중에는 한 명의 농부가 100일에 걸쳐 할 수 있는 것도 있지만, 그럴 수 없는 것도 있다. 필자가 주장하는 바는 후자의 상황에 대한 부정이다. '많은' 인력투여는 양자에 모두 해당하지만 분명한 구분이 있어야 한다. 해당 단락의 말미에 Bray를 인용하면서 김장석이 지적한 대로 논의 조성에는 (동시에) '많은' 인력이 소요될 수도 있다. 반박의 대상이 되었던 전고(2006b)에서 필자가 Bray를 인용하여 밝힌 바와 같이, 대규모 하천변 충적대지에의 논 조성에는 '排水'가 관련되는바, '대규모'의 의미로 '많은' 노동력의 소요된다. 그러나 곡간충적지에 그런 상황이 연출되기는 어려울 듯하다. 따라서 극히 일부의 지엽적인 사항에 천착하여 필자의 논지를 오해하고 Bray의 글(1986)을 단순히 문맥만을 좇아가며 기계적으로 이해한 결과를 바탕으로 제안

38) 0.1ha의 논을 조성하는데 동시에 (어처구니없는 셈이긴 하지만) 100명의 사람이 필요하다고 한다면, 현재 발견된 단위 논의 조성에는 산술적으로 0.29에서 7.3명이 동시에 필요하다. 결국, 대규모 노동력의 동시 동원은 불필요하다. 만약 100명보다 훨씬 적은 인원을 가정했을 때는 더욱 그러할 것이다. 국제규격의 축구장이 약 0.77ha이고 22명의 선수가 경기를 하여도 복잡하다는 느낌을 받을 때가 있는 점을 생각하면 약 8분의 1 가량의 공간에 100명의 사람이 동시에 작업하는 것은 매우 비효율적일 수 있음을 쉽게 체감할 수 있을 것이다.

된 '생산단계의 집단적 노동력동원'의 주장은 그다지 설득력이 있어 보이지 않는다.

결국, 잉여(관리)의 공공화가 자연스럽게 나타날 수 있는 이념적 배경이 공고하지 못하다는 점이 분명해졌다. 따라서 수도작—집단적 노동력동원—(集團意識)—저장전문시설(저장전문유적)을 이용한 잉여(관리)의 공공화 등 三(혹은 四)者 사이의 연결고리 둘(혹은 셋) 모두가 끊어지게 된 셈이다. 그런데도 집단적 저장시설(저장전문유적)이 실존한다는 점은 '잉여(관리)의 공공화'라는 명제를 옹호하는 보루가 된다. 그러나 그것이 김장석의 주장대로 청동기시대 전기에서 중기로 넘어가면서 나타나는 획기적 혹은 단절적 변화[39]인지는 의문을 가지지 않을 수 없다. 許義行(2008, 2011)에 따르면, 옥외저장수혈은 물론 저장수혈의 군집화나 독립화도 전기의 늦은 시기에는 상당히 진행된다고 한다. 시기별 세부 편년안에 대해서는 별도의 검토가 있어야 하겠으나 적어도 전기에 이미 그러한 저장의 관행이 상당부분 진행되었을 가능성은 다분하다. 물론, 군집화된 전기 저장의 대상이 집약적 방식으로 생산된 쌀이라는 점을 시사하는 것은 아니다(許義行 2011).

② 복합사회의 貯藏樣相과 剩餘에 대한 고고학적 이해

(정주)농업의 강도가 커질수록, 사회복합도가 상승할수록 貯藏의 사회적 중요성이 부각되는 점이나 사회복합도의 상승과 더불어 上位有力層 혹은 首長(層)에 의한 剩餘의 專用이 가시화된다는 점은 널리 알려진 사실이다(Halstead 1989; Kuijt 2009; Renfrew 1982; Sahlins 1972). 그러는 과정에서 貯藏施設의 수량이 증대되고 정선도도 높아지는 현상 또한 적잖은 곳에서 간취된다(Barrier 2011; Wesson 1999). 복합사회에서 政治經濟의 가장 중요한 목표는 잉여의 확대를 통해 上位有力層(the elite)의 사회정치적 입지를 강화하는 것이다(Earle 1987; Johnson and Earle 2000). 사실, 잉여에 대한 고고학적 관심의 역사가 긴 것은 바로 복합화된 사회적, 정치적, (상징)의례적 제도와 기구 유지의 '財源'으로서 잉여의 역할에 대한 인식에 기인한다(Adams 1966; Childe 1950; Cohen 1977; Sanders and Price 1968).

이런 인식의 저변에는 ① 생계유지를 넘어서는 생산, 즉 剩餘生產은 비(1차 산업)생산자로서 상위유력자(층)의 필요조건이며, ② 잉여생산은 그들에 의해 촉발된다는 전제

39) 김장석(2008a)이 단언적으로 피력하지는 않았으나 전·중기 저장량을 복원하는 과정에서 전기 방형계 주거지 내부의 저장수혈과 중기의 군집화된 옥외저장수혈을 비교함으로써 이미 그런 주장을 한 셈이 된다.

(Renfrew 1982)가 자리하고 있다. 각각은 무난하게 수용될 수 있겠지만 양자를 연결했을 때는 상위유력층의 존재가 상수로 놓이는 문제가 발생한다. 논리적으로 잉여가 없는 상태에서 상위유력층은 발생할 수 없게 된다. 따라서 잉여의 '생성'이냐, 혹은 '증대'냐의 문제는 상위유력층의 발생이 순환논리 속에서 설명되느냐 그렇지 않으냐와 긴밀하게 연결되게 된다(Halstead 1989).

결국, 거시적인 안목에서 잉여가 어떻게 발생하고, 그것이 어떻게 소수에 의해 전용될 수 있었는지에 대한 개연적인 설명, 즉, 가구 차원의 저장양상 변화를 사회적 잉여의 발생과 전용이라는 문제를 개연적으로 연결시킬 수 있는 설명모형이 필요하다(Barrier 2011; Halstead 1989).

이즈음에 주목해야 할 것이 절대잉여(absolute surplus) 對 상대잉여(relative surplus)를 둘러 싼 50년대 말 60년대 초 미국 인류학계의 논쟁(Dalton 1960; Harris 1959; Orans 1966; Pearson 1957)이다. 이 논쟁의 핵심이자 최근의 연구자들이 받아들이고 있는 포괄적인 명제는 범문화적인 혹은 통시대적인 절대적 잉여는 산정이 거의 불가능하며, '모든 경제는 상대잉여를 포함'하고 있다는 것이다. 가상적인 예를 들어, 생산자가구가 무리 없이 받아들일 수 있는 필수적 요구치가 100이라고 하자. 苛斂誅求를 일삼는 악덕관리가 80을 제외한 나머지를 추렴하더라도, 물론 기근에 허덕이기도 할 것이고, 유랑민도 생겨나고, 종국에는 민중봉기도 일어나고 체제가 위협받을 수도 있지만 그 체제가 단기간에 무너지지는 않는다. 책임자의 처벌이나 대안적 정책이 제시된다면 큰 문제없이 체제가 존속되기도 한다. 만약 85나 90을 제외한 나머지를 징수했다면 어떠할까? 다소의 불만은 있으나 심한 저항에 직면하지 않을 수도 있다. 결국, 없어 보이던 잉여가 나타난다. 사실 이와 유사한 사례는 우리 역사에서도 어렵지 않게 찾아볼 수 있지 않던가!

이러한 상황을 미루어보면, 연중 식량을 생산하거나 채집할 수는 없고 생산량의 연간 편차가 상존하는 어떠한 생계경제체제 내에도 이미 어느 정도의 잠재적 잉여가 있다는 것이다. 앞서도 살핀 바와 같이, 흔히 있을 수 있는 식량부족의 상황, 즉 通常的인 위기(normal risk)의 상황에 대처하기 위한 저장량이 필수적 요구치에는 포함되어 있다. '通常剩餘(normal surplus)'라는 개념(Halstead 1989; Morrison 1994)은 주로 그러한 위기대응분을 포괄한다. 사실, 그러한 위기대응분은 운용 방식과 시점에 따라 실질적인 잉여와 같이 작동할 수 있다. 특히, 통상잉여 생산의 차별이 발생하고, 통상적인 것보다 더 큰 위기가 닥치면 식량을 둘러싼 채권채무관계나 뒤이은 종속적 상황이 도래할 수도 있다는 점은 농경의 시작이 불평등의 기원이라는 古典化된 논리를 통해 익히 알고 있는 바이다.

단순히 이러한 초기 농경사회의 경우가 아니더라도, 복합사회 발생 직전 통상잉여 활용이나 비잉여생산 혹은 저생산의 소농경제 원리(Chayanov 1966; Netting 1993; Sahlins 1972)를 무색게 하는 자발적이고 의도적인 초과생산의 예는 적지 않다. 그러한 사회에서 통상잉여나 초과생산량의 활용은 복합사회에서의 전형적인 사회적 잉여의 활용—관료, 군인, (주로 위세품을 생산하는) 전문장인집단의 유지, 연회를 포함한 집단의례 주최, 선물공여, 이념조작을 전제한 (거석)기념물의 축조, (위세품의) 장거리교역 등의 財源 제공—과 유사한 측면이 많다. 권력발생의 과정에서 야심찬 개인이나 국소집단(혹은 그 지도자) 간의 경쟁적 연회 제공이나 이념조작의 사례(Clark and Blake 1994)는 적지 않은데, 그러한 자기확대적(self-aggrandizing) 행위(金範哲 2010b, 2012)의 빈도나 강도(혹은 규모)가 더해질수록 재원(Hayden 1995)의 관리를 위한 저장시설의 확대, 더 나아가서는 집단화가 필요할 수밖에 없다. 국가단계 사회를 대상으로 고안되기는 하였지만 규모와 관리주체에 초점을 맞춘 저장체제 분류(Smyth 1989)—가구단위, 국소공동체단위, 중앙—를 원용하여 해석해보면, 그러한 저장시설은 국소공동체단위 저장체제의 성격을 띨 것으로 보인다. 복합사회의 등장을 전후한 시기에 가구별 저장량이 증대되는 현상이나 수장에 의한 求心的 統制가 이루어지기 전 다양한 국소집단들이 증대된 잉여를 운용하는 사례가 곳곳에서 보인다(Wesson 1999; Barrier 2011). 수장(층)은 사회정치적 경쟁자들을 누르고 권력을 강화하는 과정에서 사회의 다양한 집단에 의해 운용되던 잉여를 專用함은 물론 그 관리를 獨占하게 된다. 그러한 상황은 저장시설의 군집화로 나타날 수도 있게 된다.

③ 청동기시대 가내 貯藏樣相의 推移와 剩餘에 대한 代案的 설명

옥외저장시설이 집중하는 유적이 청동기시대 중기에 빈번하게 확인되는 현상에 고무되어 시작된 '잉여(관리)의 공공화'에 대한 주장(김장석 2008a)은 앞서 살핀 바와 같이 부적절한 관찰과 분석, 지나치게 획기성을 강조한 논리에 기반을 둔 탓에 청동기시대 전-중전이기의 역동성을 설명하지 못하는 한계를 보인다.

階起性을 전면 부정하는 바는 아니지만, 중기에 확연해진 사회정치적 현상에 대한 고고학적 이해는 양 시기 전이과정에서 활동하던 다양한 집단의 상호작용의 결과로 바라보는 것이 좀 더 생산력 있는 설명을 도출할 수 있는 통로가 될 것으로 판단된다. 그런 시각과 선진학계의 이론적 성취에 대한 비판적 이해를 바탕으로, 전 · 중기 가내 저장양상에 대한 비교분석의 결과를 당시의 사회경제적 변화와 관련지을 수 있다면 기존 설명논리의 한계도 그리 어렵지 않게 극복될 듯하다.

다른 글(金範哲 2010b)에서 湖西地域 支石墓의 시공간성에 대한 분석결과(金範哲 2010a)를 청동기시대 전-중기 전이과정에서 활동했던 국소집단들의 경쟁적 상황과 관련지으면서, 지석묘의 집중적 조영에 관련된 설명모형을 제시한바 있다. 토지독점의 정당성을 확보하기 위한 이념조작의 일환으로 행해진 국소집단들의 지석묘 조영은 잉여노동력 투여를 필요로 하는 일종의 자기확대적 행위이다. 그러한 노동에 대한 慰撫에는 잉여(산물)가 소요된다. 이미 청동기시대 전기부터 상대잉여가 확보되지 않고는 진행되기 어려운 현상이다. 사실, 앞서 살핀 옥외 저장수혈에 대한 최근의 통시적 접근(許義行 2011)은 청동기시대 전기의 어느 시점부터는 그러한 잉여의 생성과 관리가 국소집단단위로 공공화되었을 가능성도 시사하고 있다. 지석묘와 같은 거석기념물의 축조 외에도 다양한 이념조작이나 권력을 획득하기 위한 전술적 행위가 수행되었을 것이다. 그것이 잉여노동력의 투여나 연회를 전제한다면 그 또한 잉여의 소요처가 되었을 것이다. 예를 들어, 특정 국소집단 내에서 야심찬 개인이 자기확대적 행위의 일환으로 연회를 제공하거나 집단의례의 후원을 자처했다면 그 개인으로서는 잉여가 필요했을 것이다. 집단 내외의 문제로 증대되는 잉여는 저장시설의 확대로 이어지게 된다. 국소집단 지도자 간 경쟁이 가속화되고 급기야는 수장(층)이 등장하게 되면서 잉여의 전용과 그 관리의 독점이 더욱 심화되는 결과, 좀 더 정연해지고 커진 옥외저장시설이 집중하는 취락이 등장하게 된다.

따라서 이러한 저장전문시설을 이용한 잉여(관리)의 공공화는 중기로 전이하면서 나타나는 획기적인 현상, 생산단계의 집단적 노동력 투여에서 연원한 집단의식의 소산이라기보다는 전기의 어떤 시기로부터 가속화되는 국소집단 간 경쟁이나 그 내부 차별화의 소산이라 할 수 있겠다. 한편, 중기로 이행하면서 가내 저장이 확대되는 점에 비춰보건대, 집약화된 미곡생산방식으로서의 수도작이 본격화되는 과정, 특히 그 이른 시점에서는 사회적 잉여의 확대는 물론 개별가구의 (私的)所有[40]가 확대되었을 가능성도 없지 않다. 다만, 잉여전용을 통해 강화된 수장(층)의 사회경제적 통제력이 개별 가구의 소유 확대를 어느 정도까지, 어느 시점까지 지속되도록 용인했을지는 현재의 분석과 이해로는 단정하기 어렵다.

40) 생산시설이나 도구의 私有를 전제하는 원론적 의미의 사적소유가 아니라, 단순히 산물 할당분을 의미한다.

이상에서 소위 '저장전문취락(金壯錫 2008a)'의 등장에 초점을 맞춘 잉여공공화의 주장에 대한 논리 및 실증적 한계를 비판하고, 저장과 잉여의 변화가 사회복합화와 어떻게 관련되는지를 설명한 이론적 성과들을 비판적으로 검토하였다. 이러한 작업을 청동기시대 전 · 중기 취락의 (가내)저장양상을 복원 · 비교한 Ⅳ장에서의 작업과 종합하면서 전 · 중기 가내 저장양상의 추이와 잉여의 활용이라는 문제를 당시 사회경제적 변화와의 역동적 관계 속에서 설명하는 아래와 같은 대안을 제시할 수 있겠다.

청동기시대 전기의 어느 시기부터 상대잉여를 필요로 하는 국소집단 내의 자기확대적 행위나 국소집단 간 경쟁과 같은 사회정치적 변화가 나타나고 이는 옥외저장시설의 집단화, 독립화를 유발하게 된다. 집단 간 경쟁이 가속화되고 급기야는 수장(층)이 등장하게 되면서 잉여의 전용과 그 관리의 독점이 더욱 심화됨에 따라, 좀 더 확대되고 정연해진 저장시설집중의 취락이 등장하게 된다.

한편, 저장전문시설을 이용한 집단적 잉여관리는 중기로 전이하면서 나타나는 획기적인 현상, 생산단계의 집단적 노동력 투여에서 연원한 집단의식의 소산으로 보기는 어렵다. 오히려 전기의 어떤 시기로부터 가속화되는 국소집단 간 경쟁이나 그 내부 차별화로부터 이어져오는 현상이라는 것이 개연적일 듯하다.

Ⅵ

結論

앞서 歐美 家口考古學 발달과정에서 약진한 분야나 연구초점을 필자 나름의 논리로 재구성하고(Ⅱ장), 단편적이나마 우리 청동기시대 고고학에서도 그와 맥락이 닿을 수 있는 성과를 개괄하였다(Ⅲ장). 이어, 한국 青銅器時代 前-中期 轉移에서 보이는 주거양상의 변화를 가구고고학의 견지에서 설명(Ⅳ장)하는 것은 물론, 거시적 사회변화와의 관련성을 이해(Ⅴ장)하고자 몇 가지를 시도하였다. 일련의 과정에서, 기존의 자료만으로도 우리 청동기시대 사회 · 경제적 변화를 좀 더 역동적이고 풍부하게 설명할 수 있을 뿐만 아니라, 더 나아가 그런 설명이 비교문화적 관점에서 충분히 이론화될 수 있음이 분명해진 듯하다.

1. 한국 青銅器時代 家口樣相에 대한 綜合的 이해

그 가능성의 핵심에는 청동기시대 거시적 사회변화의 성격과 가구 적응전략의 (독특한) 발현양태가 자리하고 있다. 우리 청동기시대는 복합적 사회조직(complex social organization)이 구축되고, 신분이 세습되며, 미곡생산이 집약화(intensification)되는 현상을 경험하게 된다. 이는 보편적인 고고학의 관심 중 '복합사회로의 진입'이라는 변화를 청동기시대 우리 조상들이 겪었다는 것으로 치환할 수 있다. 그런 변화가 어떤 속도와 강도로 진행되었는지는, 단지 추정할 뿐이지만 그리 느슨하지는 않은 듯하다. 좀 더 구체적으로, 青銅器時代 前-中期 轉移過程에 (선사고고학의 시간관념으로 보건대) 제법 빠르게, 대부분의 사람이 체감하면서 적극적인 반응을 보일 정도로 광범위하고 강하게 진행된 듯하다.

우선, 주거의 모양과 크기에서 보이는 전기와 중기의 차이를 근거로 들 수 있겠다. 즉, 一擧에 일어난(세)장방형 대형주거에서 (중앙토광이 설치된) 원형 소형주거로의 변화가 그것이다.[1] 주거의 크기는 가구규모를 반영하는바, 어떤 사회경제적 변화가 가구규모의 축

1) 물론, (광의의) 유물의 형태 차이로 주목하여 유형을 나누고 그에 시간적 획기성 더하는 편년의 관행상 순환논법의 오류라는 지적을 하지 않을 수 없겠지만 짧지 않은 경험을 통해 구축된 편년체계에 따르면 그렇다는 것이다.

소를 유발했는지에 대한 설명이 요구된다. 더구나 家口-家族 간 연관성을 강조하는 현재의 논의를 그에 연결하면, 청동기시대 전-중기 전이과정에서 가족제도의 획기적 변화를 유도한 원인에 대한 개연적 설명의 중요성은 더욱 커지게 된다. 그러한 변화는 일차적으로 집약적 미곡생산방식의 일환인 水稻作의 本格的인 擴散과 깊은 관련이 있는 듯 보인다. 그러한 추론은 집약적 영농이 소규모가구를 선호한다는 민족지적 관찰과 궤를 같이 한다. 농경 관련 도구들의 수량과 기능별 비율의 변화는 그러한 추론에 힘을 더한다. 한편으로 도구의 가구별 수량으로 보건대, 작업단위가 전기의 확대가족가구에서 중기의 핵가족가구로 전환되었고, 다른 한편으로 수도작의 관련도구의 비율 증대로 보건대, 그러한 가구소형화와 수도작이 밀접한 관련이 있음을 짐작게 한다.

작은 가구로의 분리를 통해 확대가족체계가 붕괴하였음에도 불구하고, 청동기시대 중기에는 住居群—이른바 '擬似大形家口(pseudo-large household)'—를 형성함으로써 그 충격을 완화하는 절충적 양태를 취하게 된다. 배분과 소비에서의 안정성 확보, 생산성 높은 토지의 상속 등과 같은 현실적인 문제에서 그 이유를 찾을 수 있겠다. 이러한 상황은 Richard Wilk와 Robert Netting (1984)이 미래가능성이 있다고 꼽은 '절충적 상황'에 대한 한국 청동기시대 맥락에서의 대답이 되는 동시에 주목할 만한 비교문화적 사례가 될 것이다. 한편, 그러한 의사대형가구 간 이격이 전기 (세)장방형 주거에 비해 현격하게 는다는 점 또한 (생산)집약화과정에 있는 집단들에서 자주 관찰되는 현상과 맥이 통하고 있다. 가구의 규모와 구조, 활동에서 보이는 이러한 여러 가지 변화는 결국 사회복합화와 수도작의 본격적 확산에 면한 개별 (생산자)가구가 견지했던 적응전략의 산물로 이해할 수 있다.

한편, 그러한 사회, 경제, 정치적인 변화를 겪으면서 가구 내 혹은 가구 간에는 다양한 변화가 나타난다. 가구 간 빈부차 및 위계화가 심화되는 것은 물론, 직접적인 생산에 참여하지 않아도 부가 축적되는 현상도 감지된다. 상대적으로 부유한 가구에서 생산도구가 적게 혹은 낮은 비율로 발견되는 점은 그런 추정을 가능하게 한다. 현재의 증거로 보건대, 전기에서 중기로 이행하면서 가내 저장량은 획기적이지는 않지만 어느 정도 확대된 것으로 보인다. 따라서 '저장의 (완전)옥외화'는 실제 자료나 분석결과와 맞지 않는 한계를 가지고 있다는 점은 분명하다고 하겠다(金範哲 2014a). 그러므로 그 명제를 토대로 하면서, '집단적 저장시설'의 확대를 재분배경제가 전제된 '잉여공공화'의 논리로 설명하는 시도(金壯錫 2008a, 2014)는 수용하기 어렵다. 복합사회의 발달과정에서 노동력뿐만 아니라, 잉여가 공공의 영역으로 흡수되는 것은 충분히 인정되지만 개별 가구의 단기 필요분까지 흡

수 · 유용하면서 권력이 발생 · 강화되었다는 논리(金壯錫 2008a, 2014)는 청동기시대 사회변화와 가구양상 변화의 관계를 설명하기에 적절하지 않다. 그렇다고 현재로서는 확실한 대안적 설명을 제시하기도 쉽지 않다. 저장, 잉여 그리고 지도권(leadership), 三者의 관계를 좀 더 온전히 설명하려면 좀 더 많은 연구의 축적을 기대할 수밖에 없는 상황이라 하겠다. 그럼에도 불구하고, 이 주제가 한국적 맥락에서 흥미로운 이론이나 설명모형을 창출하기에 적당하며, 비교문화적 중요성을 담보할 수도 있다는 점은 분명하다.

다시 강조하거니와, 우리 청동기시대 주거에 대한 연구에는 가구고고학적 접근을 통해 이론화에 기여할 여지가 꽤 많다. 그러나 우리 고고학에 '家口'의 개념이 소개(權鶴洙 1994; 秋淵植 1994)된 지 20여 년이 지나도록 확연하게 착근하지는 못하고 있다는 점 또한 지적하지 않을 수 없다. 선진 학계에 비하면 현저하게 그 확산속도가 늦다고 하겠다.

2. 한국 青銅器時代 家口考古學에 대한 전망

왜 그럴까? 가장 직접적이고 포괄적인 이유는 가구라는 실체가 왜 고고학적 연구에서 중요하게 다루어져야 하는지에 대한 관심이 없어서이다. 세계 어디에 내놓아도 손색이 없을 밀도 높은 주거자료—가구라는 집단의 활동 및 관념의 결과로 남겨 놓은 물질자료—를 축적하고 있다는 점에 비춰보면, 다소 혼란스럽다. 왜 가구에 관심이 없었을까?

1) 한국 청동기시대 家口樣相 研究의 과제

많은 연구자가 늘 해왔던 지적처럼 기원을 염두에 둔 편년, 계통, 지역성 등이 과도하게 자리한 나머지, 주거지에 살았었을 사람들의 여러 가지 모습에 대해서는 관심을 가질 여력이 없었던 듯하다. 그렇다 보니, 선진학계가 주거자료로 어떠한 새로운 문제를 제기하고 그 문제에 어떻게 접근하는지에 대해서도 구체적인 관심이 없는 듯하다. 물론, 서구에서 발원한 접근방식에 맞춰가는 것이 우리 고고학의 발전을 담보하는 것은 아니다. 그러나 그러한 무관심이 새로운 연구주제 창출을 저해할 수도 있다는 점을 염두에 둔다면 쉽게 합리화되기는 어려워 보인다. 그나마 간헐적으로 발표되는 '○○에 대한 구미학계의 동향' 類의 글이나 '서구사례를 중심으로'라는 부제가 붙은 글에서 소개된 (거대)이론을 피상적으로 이해하는 정도가 탈출구였다. 그런데 그 이해가 생산하는 결론은 우리 자료의 '이러한 現狀을 그렇게 해석해 볼 수도 있지 않을까'하는 정도를 넘어서지 못하게 된다.

사실, 성공적인 사례연구에서 우리가 참고해야 할 것은 한두 줄의 결론만은 아니다. 오히려 정연한 방법론적 안배나 치밀한 중간 단계의 분석과 논증 및 그에 기반을 둔 개연적 설명모형의 개발이다. 앞서 살핀 바와 같이, 고고학자료로서 주거지와 출토유물은 가내 집단으로서 家口가 행하는 다양하고 반복적인 일상의 활동이나 실천의 결과물이다. 한편, 가구는 사회 基層 혹은 末端 단위로 전근대사회 특히, 선사시대에는 가장 결정적인 경제활동의 주력으로 그것을 아우르는 체제나 구조와 累層的이고 (다소 복잡하지만) 긴밀한 관계를 맺고 있다. 따라서 주거자료에 대한 일차적 관찰과 분석 결과로부터 거시적 사회변화에 대한 설명을 창출하기 위해서는 특히 중간단계의 작업이 절실하다고 하겠다. Wilk와 Rathje (1982)는 가구고고학을 전면에 등장시키면서 "가구조직 변화에 관련된 설명은 고고학이 겪는 중간단계(middle-level) 이론의 간극을 메워줄 것"이라며 표현했던 기대는 그 중요성을 역설한 것으로도 볼 수 있다.

새로운 연구주제 창출에 대한 관심의 부족과 중간 단계 작업의 부재는 개별 현상의 추론이나 복원에는 매우 민감하지만 개별 사항 간의 관계나 거시적인 사회경제적 변화와의 연관을 체계적이고 통합적으로 설명하는 모형의 개발에는 약점을 보이게 된다. 그러한 문제는 青銅器時代 주거양상에 대한 연구에서도 여러 형태로 나타나고 있다.

전기 (세)장방형주거지와 중기 松菊里式(원형)주거지의 형태 및 규모상 차이, 송국리식 주거지의 군집형성 등의 관찰사항이 —확대가족가구에서 핵가족가구으로의— 가구구성의 변화(安在晧 2006; 이형원 2009), 세대공동체의 형성(權五榮 1995, 1997; 安在晧 1996)을 반영하는 현상이며, 그야말로 전-중기 전이과정의 중요한 변화라고 인식하고 있다. 이러한 인식은 이미 널리 공유되고 있고 필자도 별도의 異論을 제기할 생각이 없다. 그런데 청동기시대 전-중 전이과정에서 인지되는 가구 수준의 몇몇 현상들 간 관계나 거시적인 사회변화와의 관련성 등으로 관심을 확대하면, 기존의 이해에서는 개연적인 설명논리가 미흡함을 알 수 있다. 가구라는 기층단위의 역량을 가장 수동적으로 바라보는 입장에서라도 복합적인 사회 · 정치조직의 발생, 집약적인 미곡생산체제의 본격적 확산과 같은 '거시적 사회변화(김범철 2011a)'에 직면한 가구의 적응방식은 어떠했으며, 고고학자료로는 어떻게 남았을까? 라는 정도의 의문은 자연스레 나타날 만하다. Ⅱ장에서 살펴본 바와 같이, 그러한 질문은 가구양상과 거시적 변화의 관계를 탐색하는 가구고고학적 접근에서 중요하게 다루어져 왔다. 사실, 기존의 관찰내용에 한두 가지 계량분석을 부가하고 가구 간 관계나 가구 구조 변화와 생산 · 소비체제 변화에 관련된 인류학 및 고고학의 연구 성과를 비판적으로 검토하면서 이러한 문제에 접근하면 좀 더 체계적이고 통합적인 설명모형의 창출이 가능하다(Ⅳ장 참조). 그런데 개별 현상에 대한 추론이나 청동기시대 전-중 전이과정의 사회변화상에 대한 이해가 축적된 지 상당기간이 지났음에도 불구하고 양자를 개연적으로 연결하고자 하는 시도는 (필자의 작업을 제외하면) 전무했다. 결국, 연구주제의 모색이나 확장에 등한한 나머지 흥미로운 관찰이 단편적으로 제기될 수밖에 없는 한계가 노출된 것이다.

흥미로울 수도 있는 관찰내용이 분석방법이나 방법론의 불비로 인해 다음 단계의 설명으로 나아갈 동력을 얻지 못하는 경우도 있다. 청동기시대 전기취락 내 주거군집을 인지하고, 이를 실체를 잘 알 수는 없지만 뭔가 의미 있었을 취락구성단위로 이해하고자 하는 시도가 그 대표적인 예다. 앞서 살핀 바와 같이, 청동기시대 취락 내 하부단위(혹은 조직)에 대한 관심은 중기 송국리식 주거의 군집에 대한 인지에서 시작하여 최근 전기 주거로 옮아가고 있다(나건주 2013). 송국리식주거지는 원형인데다 상대적으로 소형이어서 해상도를 낮추면 점처럼 인지되는 바, 단순한 관찰로도 군집의 인지가 가능하고 그 성격이나 출현의 배경에 대해서도 (적어도 개념적으로나마) 개연적인 설명이 가능해졌다(Ⅳ · Ⅴ장 참조). 반면, 전기의 세장방형주거지의 경우 해상도를 낮추더라도 직선과 같은 형태여서 어지간히 이격하지 않고는 군집을 단순한 관찰수준에서 인지하기는 어렵고, 늘 논란의 소지를 배태하게 된다(Ⅲ장 참조). 더구나 군집을 형성하고 있는 가구 간 관계, 즉 군집구성의 원리를 밝힐 만한 분석과 논증 또한 현재로선 미약하다. 만약 그 군집이 청동기시대 전기 (대형)취락구성의 원리를 이해하는데 의미 있는 단위라면, 방법(론)의 부재로 인해 보다 근본적인 문제를 다룰 수 있는 장으로 나아가지 못하는 아쉬움을 남기게 된다. 결국, 세련된 군집인지기법을 다각도로 적용해보는 시도가 절실하다고 하겠다. 상이한 차원—개별 유물, 주거, 취락 등—의 군집을 파악하는 공간분석은 고고학연구자의 도전을 요구하는 중요한 작업이다. 그간 다양한 시도(Ebert 1992; Hodder and Orton 1976)가 있었던 바, 그 해결의 실마리를 어렵지 않게 찾을 수도 있을 것이다. 뿐만 아니라, 우리 자료를 대상으로 한 시도 자체로도 매우 의미 있는 작업이 된다.

어찌 보면 앞의 경우와는 반대로, 현상의 추론이나 복원에 민감한 경향은 일차적 기법 도입의 적극성으로 표출되기도 한다. 적지 않은 부분이 현장조사의 활성화와 그에 따른 유구 및 유물 보고과정에서 효율을 추구하면서 파생된 현상이라고 진단된다. 이유야 어찌 되었건, 기법도입과 그 결과의 즉각적인 활용에는 적극적이다. 그러나 그 결과를 좀 더 고차원적이고 궁극적인 고고학 질문과 연결하는 중간 단계의 논리체계를 개발하는 작업, 즉 방법론을 구축하는 작업(김범철 2016; 이선복 2016)은 그다지 활성화되지 못하고 있다는 것은 아쉽다. 이전에 비해 석기 등 유물에 대한 사용(흔)분석, 토기소성을 비롯한 유물제작실험, 취사실험, 가옥축조과정 복원실험 등이 활발해지고 있지만 그러한 일련의 분석이 추적하는 개별적 행위에 가장 직접적으로 관련되는 가내 집단의 활동양상을 종합적으로 이해하는 작업으로 연결되지는 못하고 있다. 최근 대두되고 있는 청동기시대 생산과 소비체계에 관련된 일련의 논의(한국청동기학회 2013)[2]는 바로 그러한 문제의 소지를 내포하고 있다. 그 논의는 개별 유물에 대한 복원실험이나 관찰, 조합상 분석 등 여러 갈래 결과에 기초하고 있다. 가구 수준의 생산과 소비에 관련된 정보를 다루고 있지만, 개별 가구 내에서 과연 그런 다방면의 정보가 어떻게 연결될지에는 관심을 기울이지 않은 채, 각 갈래의 정보에 천착하여 소위 (생산, 소비 등의) '체제'의 문제를 바로 대두시킨다. 토론에서도 반복적으로 지적된 개념의 불비, 부적절한 개념화 등의 문제는 차치하고라도, 과연 개별 가구를 대상으로 종합적이고 동시적인 평가를 했을 때도 그렇게 일목요연한 '체제'의 인지가 가능할지는 의문이다.

최근 한국 청동기시대 고고학은 편년, 사회문화적 지역성과 계통성 파악이라는 전통적인 주제에서 이탈하여, 주거자료로 사회조직, 생산이나 소비 등 사회경제적 문제에 접근하고 있음을 알 수 있다. 그러나 적절하고 생산적인 연구주제의 창출이나 방법론적 세련, 개연적인 설명모형 개발이 미진한 탓에, 그럴듯한 성과를 내기에 필요한 동력을 확보하지 못하고 있다. 그렇다고 여기서 무작정 우리 학계의 열등을 지적하려는 것은 아니다. 오히려 우리가 가진 토대를 잘 살리고 선진학계의 경향에 조금 더 관심을 기울이면, 우리 청동기시대 이해에 다양성과 역동성을 담보할 수 있다는 점, 우리 학계가 지금 겪고 있고 앞으로 더 심하게 겪을 수도 있는 문제 해결의 출구를 찾을 수 있다는 점을 역설하고자 한다. 더 나아가 이 책이 주목하는 가구고고학적 접근이 하나의 단초가 될 수 있음을 피력하고자 한다.

---

2) 분명 그러한 논의는 윤곽만을 보자면, 서구의 성취에 근접함을 알 수 있다. 그런데, 어의적으로는 '생산'이라는 단어에 포함될 수도 있을 문제이지만 생산적인 논의를 유도하기에는 과도하게 혹은 무의미하게 광범한 주제를 포괄하고 있음을 지적하지 않을 수 없다. '농업집약화'나 '剩餘'는 물론 '수공생산의 전문화' 등 구미학계에서는 개개가 이미 대주제로 논쟁을 거듭해온 것들을 무정향적으로 포괄하고 있기 때문이다. 사실, 주제개발의 첫걸음은 주제를 일목요연하게 한정하는 것이다.

2) 한국 청동기시대 家口考古學의 생산적 未來를 위한 제언

앞서도 살핀 바와 같이, 구미고고학계에서 최근 30년간 가장 비약적으로 성장해온 분야가 가구고고학이다. 이러한 비약적인 성장의 이면에는 우선 '가구' 개념의 유용성이 자리하고 있다. 그러한 유용성은 우리 학계가 '住居址'가 아닌 '家口'로 관심을 확장 혹은 전이해야 할 개연적인 이유를 제공할 수 있을 것이다.

가구 개념을 적용했을 때 얻을 수 있는 장점은 우선 가구의 '散在性' 혹은 '普遍性'에 관련된다. "대부분 사회에서 대부분의 사람은 대부분의 시기를 가구 속에 산다."는 표현(Kunstadter 1984:300)에서 보듯이, 散在性 혹은 普遍性이야말로 가구라는 실체가 분석과 비교의 단위로서 효용을 담보할 수 있게 하는 중요한 특성이다. 즉, 時 · 空의 軸을 따라 비교하는 작업을 통해 변이와 변화를 파악하고 그 의미를 이해할 수 있다는 점이 가구 개념을 적용한 접근이 가지는 장점이다. 예를 들어, 특정 분야 가구양상을 (세)분기별로 비교하면서 그 변화의 과정(process)과 기제(mechanism)를 이해하는 것도 생산적인 연구주제가 될 수도 있겠고, 동시기 다른 지역— 특히 사회 · 자연적 환경이 상이한 지역—의 양상을 비교하는 것도 역시 그러할 것이다.

우리는 보편성과 산재성을 충분히 살리면서 가구를 다룰 토대를 이미 가지고 있다. 그간 엄청난 수(양)의 주거자료에 대한 제법 상세한 발굴정보를 축적해왔기 때문이다. 특정 주제—예를 들어 미세한 행위나 활동의 궤적을 밝히는 작업을 필요로 하는 주제 등—는 단기간에 넓은 지역을 발굴해야 하는 우리 상황에서는 다루기 어려울 수도 있겠으나 II장에서 열거한 여러 가지 중 접목이 가능한 주제를 선택한다면 추가적인 조사가 없이도 그러한 토대를 활용하여 괄목할 성과를 창출할 수 있을 것이다. 예를 들어보자. 흔히, 생산양식 혹은 방식의 변화를 파악하는 일은, 기초적 생산주체로서 가구가 행한 활동의 잔존물인 토기(편)나 석기(편)를 수습 · 분석하는 고고학의 기초 작업에서 출발하여 규칙성을 추출함으로써 이루어지게 된다. 가구고고학이라는 테두리가 아니더라도 우리가 친근하게 여기는 작업이다. 우리가 일상적으로 해오던 익숙한 작업을 기반으로 상대적으로 어렵지 않게 설명모형으로, 이론으로 발전시킬 수 있는 통로를 제시할 수 있다는 것이 가구 개념을 도입했을 때 보장되는 또 다른 유용성이 되겠다. 결국, 중간단계이론화에서 가구고고학적 접근이 가질 수 있는 역할에 대한 Wilk와 Rathje의 기대(1982)는 그러한 상황을 설명하고 있는 셈이다.

그렇다고 가능성에 고무되어 익숙한 작업만을 계속하면서, 典據도 없이 연상에 의존하여 담론적 결론을 양산하는 일에 만족할 수는 없다. 다음으로 가구가 가지는 또 하나의 개념적 유용성은 차라리 일종의 경고와 같이 우리의 지적 부담을 가중시킬 수도 있는 것이다. 가구는 많은 사회과학분야에서 고찰의 단위로 널리 사용되고 있는바, 학제적 비교접근(소통)이 용이하고 결과적으로는 통섭적 이론화가 가능하다. 그러나 이 경우, 다른 학문분야와 균형을 유지할 만한 이론 · 방법론적 무장이 전제되어야 한다. 적어도 학술활동의 관행상 과연 본인이 제기하는 문제가 기존의 논의와 어떻게 연결될 수 있는지 혹은 무엇이 다른지를 분명히 하는 작업이 선행되어야 한다. 간혹 주거자료를 대상으로 흥미로운 분석결과를 도출하면서도 그럴 듯하게 포장(?)하지 못하는 연구들을 보게 된다. 그러한 연구의 필연적 귀결은 '典據도 없는 談論'이다. 만약 선진학계나 여타 학문분야의 논의에 조금 관심을 가진다면, 훨씬 납득할 만한 (방법론을 적용한) 경로를 통해, 훨씬 주목할 만한 (연구주제에 대한) 결론을 도출할 수 있을 것이다.

이상을 종합하면서 한마디로 요약해보면, 가구라는 실체의 개념적 유용성이 한국 주거고고학에 약속할 미래는 '연구(층)의 확장'일 것이다. 앞서 살핀 바와 같이, 가구고고학이 관심을 갖는 분야 대부분은, 이전의 체제중심적(system-centered) 관점(Brumfiel 1994)에서 보자면 '잡음(noise, Robin 2003)'이라고 취급될 만큼 '사소한(trivial, Allison 1999)' 것들이다. 물론, '거시적 관점에서 인지되는 변화만이 '중요한' 사회적 변화(Binford 1964)는 아니다'라는 명제(金範哲 2006a)로 관심의 이유를 설명할 수도 있겠다. 그러나 그 이면을 보면, 다소 미묘한 현실적인 문제가 결부되어 있기도 하다. 가구고고학의 비약적인 성장이 대학원생—특히, 박사과정생—들이 논문 작성 시 겪게 되었던 어려움 즉, 연구 주제나 대상의 고갈(?)과 무관해 보이지는 않다는 것이다. 사실, 구미고고학계는 수십 년에 걸쳐 세계 각지의 자료를 대상으로, 그야말로 '중요한' 사회적 변화에 대해서는, 다양한 접근을 통해 속속들이 해석 · 설명해왔다. 결국, 기존의 시각과 접근방식으로 문제에 접근해서는 새로운 결론을 이끌어 내기 어렵게 된 셈이다. 출구가, 해결책이 필요했던 것이다.

현재 우리도 그와 같은 문제를 경험하기 시작한 것으로 판단된다. 필자가 석사학위를 받던 20여 년 전에 비하면, 전업적인 발굴조사 종사자는 가히 폭발적으로 증가했다. 그들 중 상당수는 대학원에 진학하여, 연구결과를 내어야 하는 부담을 안게 되었다. 개개의 동기야 어찌 되었건, 학계로서는 이들에게 출구를 마련해 주어야 하는 도덕적, 현실적 의무가 있다. 많은 현장 경험에도 불구하고, 적절한 주제와 소재를 찾지 못해 학문의 생산자(?)가 되지 못한다면, 학계는 쇠퇴의 길을 걸을 수밖에 없다. 후속세대가 없이 미래를 보장받는 분야는 없지 않던가?

參考文獻

▌일러두기 ▌

1. ▌단행본 · 논문 ▌와 ▌유적조사보고서 ▌를 구분하여 기재한다.
2. ▌단행본 · 논문 ▌은 【국문】, 【영문】, 【일문】으로 구분하고, 【국문】의 경우, 다시 남 · 북한을 별도로 기재한다.
3. 【영문】 문헌의 표기는 미국 인류학회(American Anthropological Association, 약칭 AAA) 방식을 따른다.
3. ▌유적조사보고서 ▌는 단일유적으로 명명된 경우 【일반유적 조사】로, 조사가 넓은 지역을 대상으로 이루어져 복수의 유적을 포괄하는 경우 【대규모지구 조사】로 구분하여 기재한다.

▌단행본 · 논문 ▌

【국문】

<남한>

강인욱, 2011, 「동북아시아적 관점에서 본 북한 청동기시대의 형성과 전개」, 『東北亞歷史論叢』 33, pp. 385~436.

고일홍, 2010, 「청동기시대 전기의 농경방식 재조명: 화전농경에 대한 비판적 검토를 중심으로」, 『韓國上古史學報』 67, pp. 25~44.

공봉석, 2013, 「영남지방 원삼국 · 삼국시대 주거」, 『주거의 고고학』, 제37회 한국고고학전국대회, pp. 129~146, 韓國考古學會.

郭鍾喆, 2002, 「우리나라의 선사~고대 논밭유구」, 『韓國農耕文化의 形成』, 韓國考古學會 編, pp. 25~93, 서울: 학연문화사.

구준모, 2013, 「청동기시대 주거의 구조와 공간: 중서부지역 전기 유적을 중심으로」, 한양대학교 석사학위논문.

國立博物館, 1969, 「考古美術 뉴스: 瑞山郡海美面高北面一帶先史住居址調査」, 『美術資料』 13.

국립중앙박물관, 2000, 『겨레와 함께 한 쌀: 새천년 특별전 도작문화 3000년』, 서울: 통천문화사.

국립중앙박물관, 2006, 『한국 선사유적 출토 곡물자료 집성』, 서울: 국립중앙박물관.

宮里修, 2005, 「무문토기시대의 취락 구성: 中西部地域의 驛三洞 類型」, 『韓國考古學報』 56, pp. 49~92.

權五榮, 1995, 「三韓社會 '國'의 구성에 대한 고찰」, 『韓國古代史研究』 10, pp. 11~53.

權五榮, 1997, 「한국고대의 취락과 주거」, 『韓國古代史研究』 12, pp. 45~73.

權鶴洙, 1994, 「역사시대 마을고고학의 성과와 과제」, 『마을의 고고학』, 제18회 한국고고학 전국대회, pp. 27~44, 韓國考古學會.

權鶴洙, 1995, 「多次元z尺度法을 통한 相對編年測定法의 改善研究」, 『韓國考古學報』 32, pp. 5~40.

김경표 · 류근주, 1994, 「청원 궁평리유적의 청동기시대 집터 복원에 관한 연구」, 『淸原 宮坪里 靑銅器遺蹟』, 韓國高速道路建設公團 · 忠北大學校 先史文化研究所, pp. 259~284.

김권구, 2004, 「靑銅器時代 사람들의 居住方式과 社會最小構成單位에 대한 考察」, 『啓明史學』 15, pp. 1~13.

김권구, 2005, 『청동기시대 영남지역의 농경사회』, 서울: 학연문화사.

金權中, 2005, 「北漢江流域 靑銅器時代 住居址 研究: 龍岩里 · 泉田里 遺蹟을 中心으로」, 檀國大學校 碩士學位論文.

金吉植, 1994, 「扶餘 松菊里 遺蹟 調査 概要와 成果」, 『마을의 고고학』, 제18회 한국고고학 전국대회, pp. 177~193, 韓國考古學會.

金吉植, 1998, 「扶餘 松菊里 無文土器時代墓」, 『考古學誌』 9, pp. 5~49.

김민구, 2007, 「부여 송국리부여 송국리유적 장방형주거지 출토 탄화 목재의 연구: 건축재 선태양식의 이해를 위한 시고(試考)」, 『韓國上古史學報』 55, pp. 5~32.

김민구, 2009, 「화재 주거지 출토 탄화물을 통한 식량자원 구성의 복원: 해남 신금 유적의 예」, 『韓國考古學報』 71, pp. 46~69.

金帛範, 2007, 「靑銅器時代 前期聚落의 立地와 竪穴遺構의 性格: 天安~牙山地域을 中心으로」, 『錦江考古』 4, pp. 5~23.

金範哲, 2005a, 「錦江下流域 松菊里型 聚落의 形成과 稻作集約化: 聚落體系와 土壤分布의 空間的 相關關係에 대한 GIS 分析을 中心으로」, 『송국리문화를 통해 본 농경사회의 문화체계』, 高麗大學校 考古環境研究所 편, pp. 84~119, 서울: 서경문화사.

金範哲, 2005b, 「錦江 中 · 下流域 靑銅器時代 中期 聚落分布類型 研究」, 『韓國考古學報』 57, pp. 99~124

金範哲, 2006a, 「錦江 中 · 下流域 松菊里型 聚落에 대한 家口考古學的 접근: 多次元尺度法을 이용한 家口 간 貧富差/位階 분석을 중심으로」, 『韓國上古史學報』 51, pp. 79~108.

金範哲, 2006b, 「중서부지역 靑銅器時代 水稻 生産의 政治經濟: 錦江 중 · 하류역 松菊里型

聚落體系의 위계성과 稻作集約化」,『韓國考古學報』58, pp. 40~65.
金範哲, 2006c,「忠南地域 松菊里文化의 生計經濟와 政治經濟: 農業集約化 관련 설명모형을 통해 본 水稻作」,『湖南考古學報』24, pp. 65~96.
金範哲, 2009a,「農業集約化와 복합적인 사회조직의 발달: 松菊里型 聚落의 형성과 水稻作」,『선사 농경 연구의 최근 동향』, 서울대학교 고고미술사학과 편, pp. 192~225, 서울: 사회평론.
金範哲, 2009b,「선사시대 農業集約化와 機會主義的 上位有力層 전략: 한국 중서부지역 청동기시대 水稻作과 사회경제적 推移」,『文明創出과 共同繁榮(全北大學校 人文硏究院 設立記念 國際學術大會 要旨集)』, pp. 33~64.
金範哲, 2010a,「호서지역 지석묘의 시공간적 특징」,『韓國考古學報』74, pp. 44~73.
金範哲, 2010b,「호서지역 지석묘의 사회경제적 기능」,『韓國上古史學報』68, pp. 5~24.
김범철, 2011a,『쌀의 고고학』, 서울: 민속원.
金範哲, 2011b,「青銅器時代 前期 住居樣相과 家口發達週期: 호서지역 驛三洞 및 欣岩里類型 聚落을 중심으로」,『韓國上古史學報』72, pp. 31~60.
金範哲, 2011c,「동북아시아 제 지역 초기복합사회 비교」,『東北亞歷史論叢』33, pp. 251~302.
金範哲, 2012,「青銅器時代 家口變化의 社會經濟的 意味: 中西部地域을 중심으로」,『韓國上古史學報』76, pp. 27~49.
金範哲, 2013a,「[세종시의 청동기시대]에 대한 토론문」,『世宗市, 어제, 오늘, 그리고 내일』, 제27회 호서고고학회 학술대회, pp. 56~58.
金範哲, 2013b,「青銅器時代 土器 容量復原 試論: 湖西地域 취락출토자료를 중심으로」,『韓國上古史學報』80, pp. 71~91.
金範哲, 2013c,「청동기시대 前-中轉移期 生計經濟戰略의 추이: 湖西地域 '先松菊里○○'에 대한 재검토를 중심으로」,『湖南考古學報』44, pp. 63~77.
金範哲, 2014a,「湖西地域 青銅器時代 家內 貯藏樣相 變化의 意味」,『韓國上古史學報』83, pp. 53~68.
金範哲, 2014b,「비평_'住居址'에서 '居住者'로: 韓國 先史時代 家口考古學을 위한 提言」,『韓國考古學報』90, pp. 4~43.
金範哲, 2014c,「國家形成期 考古學에 대한 一視覺」,『역사와 담론』72, pp. 343~365.
김범철, 2016,「量, 왜 문제되어야 하나?」,『時, 空, 形態 그리고 量: 한국고고학 연구방법론에 대한 비판적 검토』, 중앙문화재연구원 엮음, pp. 122~148, 서울: 진인진.
金範哲 · 朴姓煐, 2012,「湖西地域 松菊里型 墳墓의 階層化樣相 論議」,『韓國考古學報』82, pp. 4~43.
김범철 · 안형기 · 송한경, 2007,「무문토기의 용량분석 시론: 충남지역 청동기시대 취락 출토품을 중심으로」,『야외고고학』2, pp. 34~57.

金承玉, 2001, 「錦江流域 松菊里型 墓制의 硏究」, 『韓國考古學報』 45, pp. 45~74.
김승옥, 2006, 「청동기시대 주거지의 편년과 사회변천」, 『韓國考古學報』 60, pp. 4~37.
金永培 · 安承周, 1975, 「扶餘 松菊里 遼寧式銅劍出土 石棺墓」, 『百濟文化』 7 · 8, pp. 7~26.
金良善 · 林炳泰, 1968, 「驛三洞住居址 發掘報告」, 『史學硏究』 20, pp. 23~51.
金容乾, 2013, 「中部 內陸地域 青銅器時代 前 · 中期 文化 轉移過程 硏究: 美湖川流域 聚落을 中心으로」, 『湖西考古學』 29, pp. 156~181.
金元龍, 1966, 「水石里 先史時代 聚落住居址 調査報告」, 『美術資料』 11, pp. 1~16.
金元龍, 1969, 「江陵浦南洞住居址問題一 · 二: 先史文化의 復元」, 『歷史學報』 43, pp. 104~120.
金元龍, 1977, 『韓國考古學概說』(1판), 서울: 一志社.
金元龍, 1981, 『韓國考古學概說』(2판), 서울: 一志社.
金元龍, 1986, 『韓國考古學概說』(3판), 서울: 一志社.
金元龍, 1987, 「韓國 考古學, 美術史學과 함께: 自傳的 回顧」, 『三佛金元龍敎授停年退任紀念論叢 Ⅰ』, 三佛金元龍敎授停年退任紀念論叢刊行委員會 編, pp. 16~41, 서울: 一志社.
김은영, 2006, 「신석기시대 연평도지역의 생계 · 주거 체계 연구」, 서울大學校 碩士學位論文.
金壯錫, 2001, 「흔암리유형 재고: 기원과 연대」, 『嶺南考古學』 28, pp. 35~64.
金壯錫, 2002, 「남한지역 신석기-청동기시대 전환: 자료의 재검토를 통한 가설의 제시」, 『韓國考古學報』 48, pp. 93~133.
金壯錫, 2003, 「충청지역 송국리유형 형성과정」, 『韓國考古學報』 51, pp. 33~53.
金壯錫, 2004, 「남한내륙 중기신석기시대 토기문양의 공간적 분포양상」, 『韓國考古學報』 54, pp. 5~33.
김장석, 2006, 「충청지역의 선송국리 물질문화와 송국리유형」, 『韓國上古史學報』 51, pp. 43~77.
김장석, 2008a, 「송국리단계 저장시설의 사회경제적 의미」, 『韓國考古學報』 67, pp. 4~39.
김장석, 2008b, 「비평논문: 무문토기시대 조기설정론 재고」, 『韓國考古學報』 69, pp. 94~115.
김장석, 2014, 「청동기시대 정치경제학과 권력의 재원조달 재론」, 『韓國上古史學報』86, pp. 5~29.
金載元, 1948, 『慶州 路西里 壺衧塚과 銀鈴塚』, 國立博物館 古蹟 調査 報告 第一冊, 서울: 乙酉文化社.
金載元 · 尹武炳, 1967, 『韓國支石墓硏究』, 서울: 國立博物館.
金正基, 1968, 「韓國竪穴住居址考(一)」, 『考古學』 1, pp. 31~60.
金正基, 1974a, 「韓國竪穴住居址考(二): 無文土器文化期의 住居址」, 『考古學』 3, pp. 1~52.
金正基, 1974b, 「Ⅱ. 新石器文化, 2. 住居址 및 墳墓」, 『한국사 1: 고대-한국의 선사문화』, 과천: 국사편찬위원회, pp. 61~88.

金正基, 1974c, 「3. 青銅器文化, 1. 住居址」, 『韓國史 1: 고대/한국의 선사문화』, pp. 171~195, 서울: 國史編纂委員會.
金正基, 1977, 「文獻으로 본 韓國住宅史」, 『東洋學』 7, pp. 79~105.
김정학, 1962, 「광주 명일리 주거지 발굴 보고」, 『古文化』 1, pp. 26~30.
金廷鶴, 1963, 「廣州 可樂里 住居址 發掘 報告」, 『古文化』 2, pp. 11~25.
김종일, 2004, 「한국 중기 무문토기문화의 사회구조와 상징체계」, 『國史館論叢』 104, pp. 47~81.
김종일, 2006, 「공동체 형성과정에 대한 이론적 검토: 공동체와 개인 간의 관계를 중심으로」, 『고고학』 5-2, pp. 57~69.
金鐘一, 2011, 「韓國 先史時代 女性과 女性性」, 『韓國考古學報』 78, pp. 5~28.
김한식, 2006, 「경기지역 역삼동유형의 정립과정」, 『고고학』 5-1호, pp. 5~30.
김현식, 2006, 「청동기시대 검단리유형의 출현과 형성배경」, 『韓國上古史學報』 54, pp. 49~80.
김현식, 2008a, 「호서지역 전기 무문토기 문양의 변천과정 연구」, 『嶺南考古學』 44, pp. 5~38.
金賢植, 2008b, 「蔚山式 住居址의 復元」, 『韓國青銅器學報』 2, pp. 26~55.
金鴻植, 1977, 「先史時代 살림집의 構造에 대한 연구: 民俗學的 자료를 중심으로」, 『文化財』 11, pp. 75~102.
金鴻植, 1978, 「先史시대 살림집의 構造에 대한 연구」, 『建築士』 113, pp. 15~27.
나건주, 2009, 「송국리유형 형성과정에 대한 검토: 경기·충청지역 자료를 중심으로」, 『고고학』 8-1, pp. 51~84.
羅建柱, 2010, 「아산만지역 청동기시대 취락의 구조와 변천」, 『韓國青銅器學報』 7, pp. 4~39.
나건주, 2013, 「세종시의 청동기시대」, 『世宗市, 어제, 오늘, 그리고 내일』, 제27회 호서고고학회 학술대회, pp. 31~55.
나건주 · 배상훈 · 안성태, 2011, 「천안 백석동 청동기시대 취락의 편년과 구조」, 『야외고고학』 10, pp. 37~72.
드레넌 저 · 김범철 역, 2009, 『고고학을 위한 기초통계학』, 영남문화재연구원 학술총서 6, 서울: 사회평론.
文化財管理局 文化財硏究所 , 1991, 『北韓文化遺蹟發掘概報』, 北韓文化財調査書 第3册.
문화재청, 2015, 『주요업무 통계자료집』.
朴性姬, 2006, 「青銅器時代 聚落類型에 대한 考察: 中西部地域遺蹟을 中心으로」, 『韓國上古史學報』 54, pp. 21~47.
朴姿硏, 2002, 「青銅器時代 住居址 內의 遺物分布에 대한 硏究」, 嶺南大學校 碩士學位論文.
裵眞晟, 2005, 「檢丹里類型의 成立」, 『韓國上古史學報』 48, pp. 5~28.
孫晙鎬, 2003, 「磨製石器 分析을 통한 寬倉里遺蹟 B區域의 性格 檢討」, 『韓國考古學報』 51,

pp. 5~31.

孫晙鎬, 2004,「錦江流域 松菊里文化의 群集 貯藏孔 硏究」,『科技考古硏究』10, pp. 5~24.

孫晙鎬, 2006,『青銅器時代 磨製石器 硏究』, 서울: 서경문화사.

孫晙鎬, 2008,「石器 組成比를 통해 본 青銅器時代 生計와 社會經濟」,『韓國青銅器學報』3, pp. 36~61.

孫晙鎬 · 庄田愼矢, 2004,「松菊里型甕棺의 燒成 및 使用方法 硏究」,『湖西考古學』11, pp. 111~133.

손준호 · 최인건, 2012,「무문토기 취사흔의 관찰과 해석」,『考古廣場』11, pp. 29~56.

宋滿榮, 1995,「中期 無文土器時代 文化의 編年과 性格: 中西部地方을 中心으로」, 崇實大學校 碩士學位論文.

宋滿榮, 2001,「南韓地方 農耕文化形成期 聚落의 構造와 變化」,『韓國 農耕文化의 形成』, 韓國考古學會 편, pp. 94~142, 서울: 학연문화사.

송만영, 2007,「남한지방 청동기시대 취락구조의 변화와 계층화」,『계층 사회와 지배자의 출현』, 한국고고학회 편, 서울: 사회평론, pp. 25~59.

쇼다신야, 2009,『청동기시대의 생산활동과 사회』, 서울: 학연문화사.

申相孝, 1996,「松菊里型住居址의 復元的考察」,『湖南考古學報』4, pp. 1~38.

安承模, 2001,「韓國과 日本의 初期稻作: 未完의 課題들」,『湖南考古學報』13, pp. 7~32.

安承模, 2008,「韓半島 青銅器時代의 作物組成: 種子遺體를 中心으로」,『湖南考古學報』28, pp. 5~50.

安在晧, 1992,「松菊里類型의 檢討」,『嶺南考古學』11, pp. 1~34.

安在晧, 1996,「無文土器時代 聚落의 變遷: 住居址를 통한 中期의 設定」,『碩晤尹容鎭教授停年退任紀念論叢』, pp. 43~90, 대구: 碩晤尹容鎭教授停年退任紀念論叢 刊行委員會.

安在晧, 2000,「韓國 農耕社會의 成立」,『韓國考古學報』43, pp. 41~66.

安在晧, 2004,「中西部地域 無文土器時代 中期聚落의 一樣相」,『韓國上古史學報』43, pp. 1~24.

安在晧, 2006,「青銅器時代 聚落硏究」, 釜山大學校 博士學位論文.

오규진 · 허의행, 2006,「청동기시대 주거지 복원 및 실험: 전기주거지를 중심으로」,『야외고고학』1, pp. 175~201.

오용제, 2012,「청동기시대 주거지 내부의 공간 활용 양상 연구: 수혈주거지 내 유물과 내부시설의 분포 양상을 중심으로」, 서울大學校 碩士學位論文.

禹姃延, 2002,「중서부지역 송국리복합체 연구: 주거지를 중심으로」,『韓國考古學報』47, pp. 29~61.

兪炳一, 2007,「라. 聚落의 生計 및 生業活動 檢討」,『蔚州 外光里 聚落遺蹟』, 蔚山發展硏究院 문화재센터, pp. 119~123.

유지인, 2012, 「신석기시대 중 · 후기 중서부 해안 지역 취락 구조 연구」, 『韓國考古學報』 85, pp. 4~41.

윤기준, 1985, 「우리나라 청동기시대 집터에 관한 연구: 지역적 특성과 그 구조를 중심으로」, 『白山學報』 32, pp. 5~57.

尹武炳, 1963, 「天安斗井里의 竪穴住居址」, 『美術資料』 8, pp. 17~22.

尹武炳, 1973, 「青銅器 및 初期鐵器時代」, 『韓國史大系: 上古』, pp. 59~102, 서울: 三珍社.

李健茂, 1992, 「松菊里型 住居分類試論」, 『擇窩許善道先生停年紀念 韓國史學論叢』, pp. 913~933, 서울: 一潮閣.

李基星, 2001, 「無文土器時代 住居樣式의 變化: 忠南地方을 中心으로」, 『湖南考古學報』 14, pp. 119~152.

이기성, 2010, 「일제강점기'금석병용기'에 대한 일고찰」, 『韓國上古史學報』 68, pp. 25~44.

이기성, 2013, 「주거와 공동체에 대한 고고학적 접근」, 『주거의 고고학』, 제37회 한국고고학전국대회, pp. 147~161, 韓國考古學會.

李蘭暎, 1964, 「江陵市浦南洞出土先史時代遺物」, 『歷史學報』 24, pp. 119~140.

李蘭暎, 1965, 「江陵市浦南洞出土先史時代遺物追補」, 『歷史學報』 28, pp. 95~100.

李白圭, 1974, 「京畿道 出土 無文土器 磨製石器: 토기편년을 중심으로」, 『考古學』 3, pp. 53~129.

李白圭, 1975, 「부여 草村地區 유적조사」, 『박물관신문』 54호(1975. 12. 1), p. 2.

李白圭, 1986, 「漢江流域 前半期 민무늬토기의 編年에 대하여」, 『嶺南考古學』 2, pp. 31~57.

이선복, 1988, 『고고학개론』, 서울: 이론과 실천.

이선복, 1992, 「북한 고고학사 시론」, 『東方學志』 74, pp. 1~74.

이선복, 2016, 「무엇을 어떻게 해야 하나?」, 『時, 空, 形態 그리고 量: 한국고고학 연구방법론에 대한 비판적 검토』, 중앙문화재연구원 엮음, pp. 8~17, 서울: 진인진.

李秀鴻, 2012, 「青銅器時代 檢丹里類型의 考古學的 硏究」, 釜山大學校 博士學位論文.

李眞旼, 2004, 「중부 지역 역삼동 유형과 송국리 유형의 관계에 대한 일고찰: 역삼동 유형의 하한에 주목하여」, 『韓國考古學報』 54, pp. 35~62.

이창호, 2004, 「中西部地域 青銅器時代 貯藏施設의 硏究」, 公州大學校 碩士學位論文.

李炫錫, 2003, 「無文土器時代 住居址內 壁溝施設 檢討」, 『科技考古硏究』 9, pp. 5~28.

이현석 · 권태용 · 문백성 · 유병린 · 김병섭, 2004, 「수혈건물의 폐기양식(pattern)」, 『발굴사례연구논문집』 1, pp. 73~114.

李炫錫 · 金鍾昊, 2005, 「青銅器時代 住居址內 積石의 檢討」, 『발굴사례연구논문집』 2, pp. 31~50.

李賢淑, 1997, 「韓國 中西部地方 前期 無文土器硏究: 天安 白石洞出土品을 中心으로」, 公州大學校 碩士學位論文.

李亨源, 2007,「盤松里 青銅器時代 聚落의 構造와 性格」,『華城 盤松里 青銅器時代 聚落』, 한신대학교박물관, pp. 169~187.
이형원, 2009,『청동기시대 취락구조와 사회조직』, 서울: 서경문화사.
李弘鍾, 2000,「우리나라의 초기 수전농경」,『韓國農工學會誌』42(3), pp. 5~17.
李弘鍾, 2002,「松菊里文化의 時空的展開」,『湖西考古學』6 · 7, pp. 77~103.
李弘鍾, 2005a,「寬倉里聚落의 景觀」,『송국리문화를 통해 본 농경사회의 문화체계』, 高麗大學校 考古環境硏究所 편, 서울: 서경문화사, pp. 215~248.
李弘鍾, 2005b,「松菊里文化의 文化接觸과 文化變動」,『韓國上古史學報』49, pp. 29~50.
李弘鍾, 2007,「송국리형취락의 공간배치」,『湖西地域 靑銅器時代 聚落의 變遷』, 제15회 호서고고학회 학술대회, pp. 45~56.
林炳泰, 1969,「漢江流域 無紋土器의 年代」,『李弘稙博士回甲紀念 韓國史學論叢』, 李弘稙博士回甲紀念 論文集刊行委員會 編, pp. 547~567, 서울: 新丘文化社.
林永珍, 1985,「움집의 分類와 變遷」,『韓國考古學報』17 · 18, pp. 107~162.
조은지, 2004,「舒川 道三里 · 月岐里 靑銅器時代 聚落遺蹟 發掘調査 成果」,『제47회 全國歷史學大會 考古學部 發表資料集』, pp. 129~147.
趙亨俫, 1996,「竪穴住居의 壁과 壁溝에 관한 硏究」, 釜山大學校 碩士學位論文.
중앙문화재연구원 엮음, 2015,『한국 청동기문화 개론』, 중앙문화재연구원 학술총서 26, 서울: 진인진.
池健吉, 2016,『韓國 考古學 百年史: 연대기로 본 발굴의 역사 1880-1980』, 서울: 열화당.
千羨幸, 2003,「無文土器時代 前期文化의 地域性硏究: 中西部地方을 中心으로」, 釜山大學校 碩士學位論文.
崔夢龍, 1987,「驪州 欣岩里 先史聚落址의 性格」,『三佛金元龍敎授停年退任紀念論叢 Ⅰ』, 三佛金元龍敎授停年退任紀念論叢刊行委員會 編, pp. 85~102, 서울: 一志社.
崔夢龍 · 朴淳發, 1985,「驪州 欣岩里 先史聚落址 出土 石器類 Ⅱ: 南漢江流域의 先史文化硏究(8)」,『古文化』26, pp. 1~27.
崔夢龍 · 李泳南 · 朴淳發 · 朴洋震, 1985,「驪州 欣岩里 先史聚落址 出土 石器類 Ⅰ: 南漢江流域의 先史文化硏究(7)」,『邊太燮博士華甲紀念史學論叢』, 邊太燮博士華甲紀念史學論叢刊行委員會 編, pp. 11~39, 서울: 三英社.
崔範植, 2015,「靑銅器時代 中期 文化波及樣相 硏究: 北漢江 · 南江流域 沖積地聚落의 生計經濟戰略과 관련하여」, 忠北大學校 碩士學位論文.
崔在錫, 1990,『韓國家族硏究 (5刷)』, 서울: 一志社.
秋淵植, 1994,「聚落考古學의 世界的 硏究傾向: 韓國 취락고고학연구의 전망에 대신하여」,『마을의 고고학』, 제18회 한국고고학전국대회, pp. 45~62, 韓國考古學會.
忠淸南道 · 忠南大學校博物館, 1998,『文化遺蹟分布地圖: 扶餘郡』.
한국청동기학회, 2013,『청동기시대 생산과 소비적 관점에서 바라 본 경제활동』, 제7회 한국청동기학회 학술대회, 韓國靑銅器學會.
韓相福 · 李文雄 · 金光億, 1986, 『文化人類學槪論』, 서울: 서울大學校 出版部.
韓日聚落硏究會, 2013, 『韓日聚落硏究』, 서울: 서경문화사.
許義行, 2008, 「前期 靑銅器時代 竪穴遺構의 性格과 變化樣相」, 『韓國靑銅器學報』 3, pp. 62~99.
許義行, 2011, 「호서지역 청동기시대 후기 저장수혈의 양상과 변화」, 『嶺南考古學』 58, pp. 5~34.
玄大煥, 2010, 「湖西地域 靑銅器時代 後期 方形主居址의 展開」, 『韓國靑銅器學報』 7, pp. 40~63.
洪周希, 2009, 「북한강유역 청동기시대 취락의 전개와 석기제작시스템의 확립」, 『韓國靑銅器學報』 5, pp. 5~35.
黃外植, 2008, 「粘土帶土器時期의 聚落類型 硏究」, 慶南大學校 碩士學位論文.
황재훈, 2009, 「전남지역 선송국리~송국리단계의 인구분포 변동」, 『湖西考古學』 20, pp. 35~67.

<북한>

고고학 및 민속학연구소, 1957, 『궁산 원시 유적 발굴 보고서』, 유적 발굴 보고 제 2집, 평양: 과학원 출판사. (도유호 · 황기덕)
고고학 및 민속학연구소, 1959, 『강계시 공귀리 원시 유적 발굴 보고』, 유적 발굴 보고 제 6집, 평양: 과학원 출판사. (김용간)
고고학 및 민속학연구소, 1960, 『회령 오동 원시 유적 발굴 보고』, 유적 발굴 보고 제 7집, 평양: 과학원 출판사. (도유호)
고고학 및 민속학연구소, 1961, 『지탑리 원시 유적 발굴 보고』, 유적 발굴 보고 제 8집, 평양: 과학원 출판사. (도유호 · 황기덕)
과학원 고고학 및 민속학연구소, 1956, 『라진 초도 원시 유적 발굴 보고서』, 유적 발굴 보고 제 1집, 평양: 과학원. (도유호 · 정백운)
김신규, 1963, 「무산 범의구석 유적에서 나온 짐승뼈에 대하여」, 『고고민속』 63-4, pp. 11~20.
김용간, 1958, 「강계시 공귀리 원시유적에 대하여」, 『문화유산』 58-4, pp. 49~67.
김용간, 1961, 「서포항 조개무지 발굴 중간 보고」, 『문화유산』 61-3, pp. 42~59.
김용간 · 서국태, 1972, 「서포항 원시유적 발굴 보고」, 『고고민속론문집』72-4, pp. 31~145.
김용간 · 석광준, 1984, 『남경유적에 관한 연구』, 평양: 과학, 백과사전출판사
김용남, 1967, 「우리 나라의 신석기시대」, 『고고민속』67-3.
김용남 · 김용간 · 황기덕, 1975, 『우리나라 원시시대 집자리에 관한 연구』, 평양: 사회과학원 출판사.

도유호 · 황기덕, 1957a, 「지탑리 유적 발굴 중간 보고(1)」, 『문화유산』 57-5, pp. 20~37.
도유호 · 황기덕, 1957b, 「지탑리 유적 발굴 중간 보고(2)」, 『문화유산』 57-6, pp. 12~35.
리기련, 1980, 『석탄리유적발굴보고』, 유적 발굴 보고 제 12집, 평양: 과학, 백과사전출판사.
리병선, 1961, 「중강군 토성리 원시 및 고대 유적 발굴 중간보고」, 『문화유산』 61-5, pp. 46~63.
박선훈 · 리원근, 1965, 「석탄리 원시유적 발굴중간보고」, 『고고민속』 65-3, pp. 28~39.
백기하, 1965, 「무산 범의구석 유적에서 나온 인골에 대하여」, 『고고민속』 65-3, pp. 50~54.
사회과학원 고고학연구소, 1977, 『조선고고학개요』, 평양: 과학, 백과사전출판사.
황기덕, 1960, 「무산읍 범의구석 원시유적 발굴 중간 보고」, 『문화유산』 60-1, pp. 52~76.
황기덕, 1975, 「무산 범의구석 유적 발굴 보고」, 『고고민속론문집』6, pp. 124~226.
황기덕, 1978a, 「조선에서의 농업공동체의 형성과 계급사회에로의 발전 (1)」, 『력사과학』 78-3, pp. 34~40.
황기덕, 1978b, 「조선에서의 농업공동체의 형성과 계급사회에로의 발전 (2)」, 『력사과학』 78-4, pp. 37~41.

【영문】

Adams, Robert McCormick
1966 The Evolution of Urban Society: Early Mesopotamia and Prehispanic Mexico. Chicago: Aldine.
Allison, Penelope M.
1999 Introduction. *In* The Archaeology of Household Activities. P.M. Allison, ed. Pp. 1-18. London: Routledge.
Allison, Penelope M., ed.
1999 The Archaeology of Household Activities. London: Routledge.
Ames, Kenneth M.
2006 Thinking about Household Archaeology on the Northwest Coast. *In* Household Archaeology on the Northwest Coast. E.A. Sobel, D.A.T. Gahr, and K.M. Ames, eds. Pp. 16-36. Ann Arbor: International Monographs in Prehistory.
Arnold, Jeanne E.
1992 Complex Hunter-Gatherer-Fishers of Prehistoric California: Chiefs, Specialists, and Maritime Adaptations of the Channel Islands. American Antiquity

57(1):60-84.

1993 Labor and the Rise of Complex Hunter-Gatherers. Journal of Anthropological Archaeology 12(1):75-119.

Arnold, Philip J. III

1990 The Organization of Refuse Disposal and Ceramic Production within Contemporary Mexican Households. American Anthropologist 92(4):924-932.

Ashmore, Wendy

1980 Some Issues of Method and Theory in Lowland Maya Settlement Archaeology. *In* Lowland Maya Settlement Patterns. W. Ashmore, ed. Pp. 37-70. Albuquerque: University of New Mexico Press.

Ashmore, Wendy, and Richard R. Wilk

1988 Household and Community in the Mesoamerican Past. *In* Household and Community in the Mesoamerican Past. R.R. Wilk and W. Ashmore, eds. Pp. 1-27. Albuquerque: University of New Mexico Press.

Banning, Edward B.

2003 Housing Neolithic Farmers. Near Eastern Archaeology 66(1/2):4-21.

Barrier, Casey R.

2011 Storage and Relative Surplus at the Mississippian Site of Moundville. Journal of Anthropological Archaeology 30(2):206-219.

Bender, Donald R.

1967 A Refinement of the Concept of Household: Families, Coresidence, and Domestic Functions. American Anthropologist 69(5):493-504.

Bermann, Marc Paul

1994 Lukurmata: Household Archaeology in Prehispanic Bolivia. Princeton: Princeton University Press.

Billman, Brian R., and Gary M. Feinman, eds.

1999 Settlement Pattern Studies in the Americas: Fifty Years Since Viru. Washington, D.C.: Smithsonian Institution Press.

Binford, Lewis Robert

1964 A Consideration of Archaeological Research Design. American Antiquity 29(4):425-441.

Blanton, Richard E.

1994 Houses and Households: A Comparative Study. New York: Plenum Press.

Bogucki, Peter I.

1999 The Origins of Human Society. Malden: Blackwell.

Boserup, Ester

1965 The Conditions of Agricultural Growth: The Economics of Agrarian Change under Population Pressure. New York: Aldine.

Bourdieu, Pierre

1977 Outline of a Theory of Practice. Cambridge: Cambridge University Press.

Bray, Francesca

1986 The Rice Economies: Technology and Development in Asian Societies. Oxford: Blackwell.

Brumfiel, Elizabeth M.

1991 Weaving and Cooking in Aztec Mexico. *In* Engendering Archaeology: Women and Prehistory. J.M. Gero and M.W. Conkey, eds. Pp. 224-254. Oxford: Blackwell.

1994 Factional Competition and Political Development in the New World: An Introduction. *In* Factional Competition and Political Development in the New World. E.M. Brumfiel and J.W. Fox, eds. Pp. 3-13. Cambridge: Cambridge University Press.

Byrd, Brian F.

2000 Households in Transition: Neolithic Social Organization within Southwest Asia. *In* Life in Neolithic Farming Communities: Social Organization, Identity, and Differentiation. I. Kuijt, ed. Pp. 63-98. New York: Kluwer Academic/Plenum.

Chang, Kwang-chih, ed.

1968 Settlement Archaeology. Palo Alto: National Press Books.

Chayanov, Alexander V.

1966 The Theory of Peasant Economy. Homewood: R. D. Irwin.

Chesson, Meredith S.

2003 Households, Houses, Neighborhoods and Corporate Villages: Modeling the Early Bronze Age as a House Society. Journal of Mediterranean Archaeology 16(1):79-102.

Childe, V. Gordon

1950 The Urban Revolution. Town Planning Review 21:3-17.

Clark, John E., and Michael Blake

1994 The Power of Prestige: Competitive Generosity and the Emergence of Rank

Societies in Lowland Mesoamerica. *In* Factional Competition and Political Development in the New World. E.M. Brumfiel and J.W. Fox, eds. Pp. 17-31. Cambridge: Cambridge University Press.

Clarke, David L.

1972 A Provisional Model of an Iron Age Society and Its Settlement System. *In* Models in Archaeology. D.L. Clarke, ed. Pp. 801-869. London: Methuen.

Cohen, Mark Nathan

1977 Population Pressure and the Origins of Agriculture: An Archaeological Example from the Coast of Peru. *In* The Origins of Agriculture. C.A. Reed, ed. Pp. 135-178. The Hague: Mouton.

Cohen, Mark Nathan, and Sharon Bennett

1993 Skeletal Evidence for Sex Roles and Gender Hierarchies in Prehistory. *In* Sex and Gender Hierarchies. B.D. Miller, ed. Pp. 273-296. Cambridge: Cambridge University Press.

Costin, Cathy Lynne

1991 Craft Specialization: Issues in Defining, Documenting, Explaining the Organization of Production. *In* Archaeological Method and Theory. M.B. Schiffer, ed. Pp. 1-56, Vol. 3. New York: Academic Press.

1996 Exploring the Relationship between Gender and Craft in Complex Societies: Methodological and Theoretical Issues of Gender Attribution. *In* Gender and Archaeology. R.P. Wright, ed. Pp. 111-140. Philadelphia: University of Pennsylvania Press.

Costin, Cathy Lynne, and Timothy K. Earle

1989 Status Distinction and Legitimation of Power as Reflected in Changing Patterns of Consumption in Late Prehispanic Peru. American Antiquity 54(4):691-714.

Dalton, George

1960 A Note of Clarification on Economic Surplus. American Anthropologist 62(3):483-490.

Donham, Donald L.

1981 Beyond the Domestic Mode of Production. Man 16(4):515-541.

Douglass, John Gordon

2002 Hinterland Households: Rural Agrarian Household Diversity in Northwest Honduras. Boulder: University Press of Colorado.

Drennan, Robert D.

1988 Household Location and Compact versus Dispersed Settlement. *In* Household and Community in the Mesoamerican Past. R.R. Wilk and W. Ashmore, eds. Pp. 273-29. Albuquerque: University of New Mexico Press.

1992 SIMS. Pittsburgh: Department of Anthropology, University of Pittsburgh.

2000 Games, Players, Rules, and Circumstances: Looking for Understandings of Social Change at Different Levels. *In* Cultural Evolution: Contemporary Viewpoints. G.M. Feinman and L. Manzanilla, eds. Pp. 177-196. New York: Kluwer Academic/Plenum.

2009 Statistics for Archaeologists: A Commonsense Approach (2nd). New York: Plenum Press.

Drennan, Robert D., and Christian E. Peterson

2005 Early Chiefdom Communities Compared: Settlement Pattern Record for Chifeng, the Alto Magdalena, and the Valley of Oaxaca. *In* Settlement, Subsistence, and Social Complexity: Essays Honoring the Legacy of Jeffrey R. Parsons. R.E. Blanton, ed. Pp. 119-154. Los Angeles: Cotsen Institute Of Archaeology, University Of California, Los Angeles.

Drennan, Robert D., Christian E. Peterson, and Jake R. Fox

2010 Degrees and Kinds of Inequality. *In* Pathways to Power Archaeological Perspectives on Inequality, Dominance, and Explanation. T.D. Price and G.M. Feinman, eds. Pp. 45-76. New York: Springer.

Earle, Timothy K.

1977 A Reappraisal of Redistribution: Complex Hawaiian Chiefdoms. *In* Exchange Systems in Prehistory. T.K. Earle and J.E. Ericson, eds. Pp. 213-229. New York: Academic Press.

1987 Chiefdoms in Archaeological and Ethnohistorical Perspective. Annual Review of Anthropology 16:279-308.

Earle, Timothy K., ed.

1991 Chiefdoms: Power, Economy, and Ideology. Cambridge: Cambridge University Press.

Ebert, James I.

1992 Distributional Archaeology. Albuquerque: University of New Mexico Press.

Engels, Friedrich

1884 Der Ursprung der Familie, des Privateigenthums und des Staats: Im Anschluss an Lewis H. Morgan's Forschungen. Hottingen-Zürich: Schweizerische Genossenschaftsbuchdruckerei.

Erickson, Clark L.

1993 The Social Organization of Prehispanic Raised Field Agriculture in the Lake Titicaca Basin. *In* Economic Aspects of Water Management in the Prehispanic New World. V.L. Scarborough and B.L. Isaac, eds. Pp. 369-426. Research in Economic Anthropology, Vol. Supplement 7. Greenwich: JAI Press.

Falconer, Steven E.

1995 Rural Responses to Early Urbanism: Bronze Age Household and Village Economy at Tell el-Hayyat, Jordan. Journal of Field Archaeology 22(4):399-419.

Falconer, Steven E., and Stephen Howard Savage

1995 Heartlands and Hinterlands: Alternative Trajectories of Early Urbanization in Mesopotamia and the Southern Levant. American Antiquity 60(1):37-58.

Farrington, Ian S.

1980 The Archaeology of Irrigation Canals, with Special Reference to Peru. World Archaeology 11(3):287-305.

Feinman, Gary M., Richard E. Blanton, and Stephen A. Kowaleski

1984 Market System Development in the Prehispanic Valley of Oaxaca, Mexico. *In* Trade and Exchange in early Mesoamerica. K.G. Hirth, ed. Pp. 157-178. Albuquerque: University of New Mexico Press.

Feinman, Gary M., and T. Douglas Price, eds.

2001 Archaeology at the Millennium: A Sourcebook. New York: Kluwer Academic/ Plenum.

Flannery, Kent V.

1972 The Origins of the Villages as a Settlement Type in Mesoamerica and the Near East: A Comparative Study. *In* Man, Settlement and Urbanism: Proceedings of a Meeting of the Research Seminar in Archaeology and Related Subjects Held at the Institute of Archaeology, London University. P.J. Ucko, R. Tringham, and G.W. Dimbleby, eds. Pp. 23-53. London: Duckworth.

1983 The Tierras Largas Phase and the Analytical Units of the Early Oaxaca Village. *In* The Cloud People: The Divergent Evolution of the Zapotec and Mixtec Civilizations. K.V. Flannery and J. Marcus, eds. Pp. 43-45. New York: Academic Press.

2002 The Origins of the Village Revisited: From Nuclear to Extended Households. American Antiquity 67(3):417-433.

Flannery, Kent V., ed.

1976 The Early Mesoamerican Village. New York: Academic Press.

Fortes, Meyer

1945 The Dynamics of Clanship among the Tallensi, Being the First Part of an Analysis of the Social Structure of a Trans-Volta Tribe. London: Publication for the International African Institute by the Oxford University Press.

1958 Introduction. *In* The Developmental Cycle in Domestic Groups. J. Goody, ed. Pp. 53-91. Cambridge: Published for the Dept. of Archaeology and Anthropology at the University Press.

Foster, Catherine P., and Bradley J. Parker

2012 Introduction: Household Archaeology in the Near East and Beyond. *In* New Perspectives on Household Archaeology. B.J. Parker and C.P. Foster, eds. Pp. 1-12. Winona Lake, Ind.: Eisenbrauns.

Fried, Morton H.

1967 The Evolution of Political Society: An Essay in Political Anthropology. New York: Random House.

Geertz, Clifford

1980 Organization of the Balinese Subak. *In* Irrigation and Agricultural Development in Asia: Perspectives from the Social Sciences. E.W. Coward, ed. Pp. 70-90. Ithaca: Cornell University Press.

Gelles, Paul H.

1996 The Political Ecology of Irrigation in an Andean Peasant Community. *In* Canals and Communities: Small-Scale Irrigation Systems. J.B. Mabry, ed. Pp. 88-115. Arizona Studies in Human Ecology. Tucson: University of Arizona Press.

Gernet, Jacques

1962 Daily life in China, on the Eve of the Mongol Invasion, 1250-1276. Stanford: Stanford University Press.

Giddens, Anthony

1979 Central Problems in Social Theory: Action, Structure, and Contradiction in Social Analysis. Berkeley: University of California Press.

Gilman, Antonio

1981 The Development of Social Stratification in Bronze Age Europe. Current Anthropology 22(1):1-23.

Goldstein, Paul S.

2000 Exotic Goods and Everyday Chiefs: Long-Distance Exchange and Indigenous Sociopolitical Development in the South Central Andes. Latin American Antiquity 11(4):335-361.

Goody, Jack

1976 Production and Reproduction: A Comparative Study of the Domestic Domain. Cambridge: Cambridge University Press.

Goody, Jack, ed.

1958 The Developmental Cycle in Domestic Groups. Cambridge: Published for the Dept. of Archaeology and Anthropology at the University Press.

Gower, John C.

1971 A General Coefficient of Similarity and Some of Its Properties. Biometrics 27(4):857-871.

Grier, Colin, and Jangsuk Kim

2012 Resource Control and the Development of Political Economies in Small-Scale Societies. Journal of Anthropological Research 68(1):1-33.

Halstead, Paul

1989 The Economy Has a Normal Surplus: Economic Stability and Social Change among Early Farming Communities of Thessaly, Greece. *In* Bad Year Economics: Cultural Responses to Risk and Uncertainty. P. Halstead and J. O'Shea, eds. Pp. 68-80. Cambridge: Cambridge University Press.

Hammel, Eugene A., and Peter Laslett

1974 Comparing Household Structure over Time and between Cultures. Comparative Studies in Society and History 16(1):79.

Harris, Marvin

1959 The Economy Has No Surplus? American Anthropologist 61(2):185-199.

Hart, Gilliam

1992 Imagined Unities: Constructions of "the Household" in Economic Theory. *In* Understanding Economic Process. S. Ortiz and S. Lees, eds. Pp. 23-52. Lanham: University Press of America.

Hastorf, Christine Ann

1990 The Effect of the Inka State on Sausa Agricultural Production and Crop Consumption. American Antiquity 55(2):262-290.

1991 Gender, Space, and Food in Prehistory. *In* Engendering Archaeology: Women and Prehistory. J.M. Gero and M.W. Conkey, eds. Pp. 132-159. Oxford: B.

Blackwell.

Haviland, William A.

1988 Musical Hammocks at Tikal: Problems of Reconstructing Household Composition. *In* Household and Community in the Mesoamerican Past. R.R. Wilk and W. Ashmore, eds. Pp. 121-134. Albuquerque: University of New Mexico Press.

Hayden, Brian

1995 Pathways to Power: Principles for Creating Socioeconomic Inequalities. *In* Foundations of Social Inequality. T.D. Price and G.M. Feinman, eds. Pp. 15-86. New York: Plenum Press.

Hayden, Brian, and Aubrey Cannon

1982 The Corporate Group as an Archaeological Unit. Journal of Anthropological Archaeology 1(2):132-158.

Hendon, Julia A.

1991 Status and Power in Classic Maya Society: An Archaeological Study. American Anthropologist 93(4):894-918.

1996 Archaeological Approaches to the Organization of Domestic Labor: Household Practice and Domestic Relations. Annual Review of Anthropology 25:45-61.

1997 Women's Work, Women's Space, and Women's Status among the Classic-Period Maya Elite of the Copan Valley, Honduras. *In* Women in Prehistory: North America and Mesoamerica. C. Claassen and R.A. Joyce, eds. Pp. 33-46. Philadelphia: University of Pennsylvania Press.

2004 Living and Working at Home: The Social Archaeology of Production and Social Relations. *In* A Companion to Social Archaeology. L. Meskell and R.W. Preucel, eds. Pp. 272-286. Malden: Blackwell Pub.

Hillier, Bill, and Julienne Hanson

1984 The Social Logic of Space. Cambridge: Cambridge University Press.

Hirth, Kenneth G.

1993 Identifying Rank and Socioeconomic Status in Domestic Contexts: An Example from Central Mexico. *In* Prehispanic Domestic Units in Western Mesoamerica: Studies of the Household, Compound, and Residence. R.S. Santley and K.G. Hirth, eds. Pp. 121-146. Boca Raton: CRC Press.

Hodder, Ian, and Clive Orton

1976 Spatial Analysis in Archaeology. Cambridge: Cambridge University Press.

Hutson, Scott R., Aline Magnoni, and Travis William Stanton

2004 House Ruels?: The Practice of Social Organization in Classic-Period, Chunchucmil, Yucatan, Mexico. Ancient Mesoamerica 15(1):75-92.

Johnson, Allen W., and Timothy K. Earle

2000 The Evolution of Human Societies: From Foraging Group to Agrarian State. Stanford: Stanford University Press.

Jongsma, Tina, and Haskel J. Greenfield

2003 The Househol Cluster Concept in Archaeology: A Brief Review. *In* Early Symbolic Systems for Communication in Southeast Europe, Vol. 1. L. Nikolova, ed. Pp. 21-24. Oxford: British Archaeological Reports.

Joyce, Rosemary A., and Jeanne Lopiparo

2005 Postscript: Doing Agency in Archaeology. Journal of Archaeological Method and Theory 12(4):365-374.

Kent, Susan

1984 Analyzing Activity Areas: An Ethnoarchaeological Study of the Use of Space. Albuquerque: University of New Mexico Press.

1987 Understanding the Use of Space: A Ethnoarchaeological Approach. *In* Method and Theory for Activity Area Research: An Ethnoarchaeological Approach. S. Kent, ed. Pp. 1-62. New York: Columbia University Press.

1990 A Cross-Cultural Study of Segmentation, Architecture, and the Use of Space. *In* Domestic Architecture and the Use of Space: An Interdisciplinary Cross-Cultural Study. S. Kent, ed. Pp. 127-152. Cambridge: Cambridge University Press.

Kim, Bumcheol

2005 Rice Agricultural Intensification and Sociopolitical Development in the Bronze Age, Central Western Korean Peninsula. Unpublished Ph.D. Dissertation, University of Pittsburgh.

2012 Understanding the Variability of Rectangular Dwellings in the Early Bronze Age, Central-Western Korea. The 5th World Conference of the Society for East Asian Archaeology, Fukuoka, Japan, 2012, pp. 92-93. Society for East Asian Archaeology.

2013 The Larger, The Safer?: Understanding Changes in Household Patterns in the Transition of Early to Middle Bronze Age, Central-Western Korea. The 78th Annual Meeting of Society for American Archaeology Honolulu, Hawai'i, USA, 2013, pp. 47-48. Society for American Archaeology.

Kim, Seung-Og

1996 Political Competition and Social Transformation: The Development of Residence, Residential Ward, and Community in the Prehistoric Taegongni of Southwestern Korea. Unpublished Ph.D. Dissertation, University of Michigan.

Kramer, Carol

1982a Ethnographic Households and Archaeological Interpretation. American Behavioral Scientist 25:633-674.

1982b Village Ethnoarchaeology: Rural Iran in Archaeological Perspective. New York: Academic Press.

Kuijt, Ian

2000 People and Space in Early Agricultural Village: Exploring Daily Life, Community Size, and Architecture in the Late Pre-Pottery Neolithic. Journal of Anthropological Archaeology 19(1):75-102.

2009 What Do We Really Know about Food Storage, Surplus, and Feasting in Preagricultural Communities? Current Anthropology 50(5):641-644.

Kunstadter, Peter

1984 Cultural Ideals, Socioeconomic Change, and Household Composition: Karen, Lua', Hmong and Thai in Northwestern Thailand. *In* Households: Comparative and Historical Studies of the Domestic Group. R.M. Netting, R.R. Wilk, and E.J. Arnould, eds. Pp. 299-329. Berkeley: University of California Press.

LaMotta, Vincent M., and Michael B. Schiffer

1999 Formation Process of House Floor Assemblages. *In* The Archaeology of Household Activities. P.M. Allison, ed. Pp. 19-29. London ; New York: Routledge.

Lange, Frederick W., and Charles R. Rydberg

1972 Abandonment and Post-Abandonment Behavior at a Rural Central American House Site. American Antiquity 37(3):419-432.

Lansing, John Stephen

1991 Priests and Programmers: Technologies of Power in the Engineered Landscape of Bali. Princeton: Princeton University Press.

Loewe, Michael

1968 Everyday Life in Early Imperial China: During the Han Period 202 B.C.-A.D. 220. London: Batsford.

Manzanilla, Linda, and Claude Chapdelaine

2009 Domestic Life in Prehispanic Capitals: A Study of Specialization, Hierarchy, and Ethnicity. Ann Arbor: University of Michigan, Museum of Anthropology.

McAnany, Patricia A.

1992 A Theoretical Perspective on Elites and the Economic Transformation of Classic Period Maya Household. *In* Understanding Economic Process. S. Ortiz and S. Lees, Meeting, eds. Pp. 85-103. Lanham: University Press of America.

McKee, Brian M.

1999 Household Archaeology and Cultural Formation Processes: Examples from the Cerén Site, El Salvador. *In* The Archaeology of Household Activities. P.M. Allison, ed. Pp. 30-42. London: Routledge.

Meyers, Carol L.

2005 Households and Holiness: The Religious Culture of Israelite Women. Minneapolis: Fortress Press.

Morrison, Kathleen Diane

1994 Intensification of Production: Archaeological Approaches. Journal of Archaeological Method and Theory 1(2):111-159.

Nash, Manning

1967 The Organization of Economic Life. *In* Tribal and Peasant Economies: Readings in Economic Anthropology. G. Dalton, ed. Pp. 3-11. Garden City: The Natural History Press.

Netting, Robert McC.

1977 Cultural Ecology. Menlo Park: Cummings.

1979 Household Dynamics in a Nineteenth-Century Swiss Village. Journal of Family History 4(1):39-58.

1993 Smallholders, Householders: Farm Families and the Ecology of Intensive, Sustainable Agriculture. Stanford: Stanford University Press.

Netting, Robert McC., Richard R. Wilk, and Eric J. Arnould, eds.

1984 Households: Comparative and Historical Studies of the Domestic Group. Berkeley: University of California Press.

Orans, Martin

1966 Surplus. Human Organization 25:24-32.

Otterbein, Keith F.

1970 The Developmental Cycle of the Andros Household: A Diachronic Analysis.

American Anthropologist 72(6):1412-1419.

Parkin, Robert

1997 Kinship: An Introduction to the Basic Concepts. Oxford: Blackwell.

Parsons, Jeffrey R.

1972 Archaeological Settlement Patterns. Annual Review of Anthropology 1:127-151.

Pasternak, Buton, Carol R. Ember, and Melvin Lawrence Ember

1976 On the Conditions Favoring Extended Family Households. Journal of Anthropological Research 32(1):109-124.

Pearson, Harry W.

1957 The Economy Has No Sutplus: Critique of a Theory of Development. *In* Trade and Market in the Early Eempires: Economies in History and Hheory. K. Polanyi, C.M. Arensberg, and H.W. Pearson, eds. Pp. 320-341. Glencoe: Free Press.

Price, T. Douglas, and Gary M. Feinman, eds.

1995 Foundations of Social Inequality. New York: Plenum Press.

Rapoport, Amos

1969 House Form and Culture. Englewood Cliffs: Prentice-Hall.

Rathje, William, and Randall H. McGuire

1982 Rich Men... Poor Men. American Behavioral Scientist 25:705-716.

Renfrew, Colin

1974 Beyond a Subsistence Economy: The Evolution of Social Organization in Prehistoric Europe. *In* Reconstructing Complex Societies: An Archaeological Colloquium. C.B. Moore, ed. Pp. 69-95. Cambridge: American Schools of Oriental Research.

1982 Polity and Power: Interaction, Intensification and Exploitation. *In* An Island Polity: The Archaeology of Exploitation in Melos. C. Renfrew and J.M. Wagstaff, eds. Pp. 264-290. Cambridge: Cambridge University Press.

Renya, S.

1976 The Extending Strategy: Regulation of Household Dependency Ratio. Journal of Anthropological Research 32(2):189-199.

Rice, Prudence M.

1987 Pottery Analysis: A Sourcebook. Chicago: University of Chicago Press.

Robin, Cynthia

2003 New Directions in Classic Maya Household Archaeology. Journal of Archaeological Research 11(4):307 - 356

Rollefson, Gary Orin

1997 Changes in Architecture and Social Organization at Neolithic 'Ain Ghazal. *In* The Prehistory of Jordan II: Perspectives from 1997. H.G. Gebel, Z.A.-K. Kafafi, and G.O. Rollefson, eds. Pp. 287-308. Berlin: Ex Oriente.

Sahlins, Marshall David

1972 Stone Age Economics. Chicago: Aldine-Atherton.

Sanders, William T., and Barbara J. Price

1968 Mesoamerica: The Evolution of a Civilization. New York: Random House.

Santley, Robert S., and Ronald Kneebone

1993 Craft Specialization, Refuse Disposal, and the Creation of Spatial Archaeological records in Prehispanic Mesoamerica. *In* Prehispanic Domestic Units in Western Mesoamerica: Studies of the Household, Compound, and Residence. R.S. Santley and K.G. Hirth, eds. Pp. 37-63. Boca Raton: CRC Press.

Schwartz, Glenn M., and Steven E. Falconer, eds.

1994 Archaeological Views from the Countryside: Village Communities in Early Complex Societies. Washington D.C.: Smithsonian Institution Press.

Service, Elman R.

1962 Primitive Social Organization: An Evolutionary Perspective. New York: Random House.

Smith, Craig S.

2003 Hunter-Gatherer Mobility, Storage, and Houses in a Marginal Environment: An Example from the Mid-Holocene of Wyoming. Journal of Anthropological Archaeology 22(2):162-189.

Smith, Michael Ernest

1987 Household Possessions and Wealth in Agrarian States: Implications for Archaeology. Journal of Anthropological Archaeology 6(3):297-335.

Smyth, Michael P.

1989 Domestic Storage Behavior in Mesoamerica: An Ethnoarchaeological Approach. *In* Archaeological Method and Theory. M.B. Schiffer, ed. Pp. 89-138, Vol. 1. Tucson: University of Arizona Press.

Souvatzi, Stella G.

2008 A Social Archaeology of Households in Neolithic Greece : An Anthropological Approach. Cambridge: Cambridge University Press.

Stark, Barbara L., and Barbara Ann Hall

1993 Hierarchical Social Differentiation among Late to Terminal Classic Residential in La Mixtequilla, Veracruz, Mexico. *In* Prehispanic Domestic Units in Western Mesoamerica: Studies of the Household, Compound, and Residence. R.S. Santley and K.G. Hirth, eds. Pp. 249-273. Boca Raton: CRC Press.

Stevenson, Marc G.

1982 Toward an Understanding of Site Abandonment Behavior: Evidence from Historic Mining Camps in the Southwest Yukon. Journal of Anthropological Archaeology 1(3):237-265.

Stone, Glenn Davis

1991 Agricultural Territories in a Dispersed Settlement System. Current Anthropology 32(3):343-353.

1993 Agrarian Settlement and the Spatial Disposition of Labor. *In* Spatial Boundaries and Social Dynamics: Case Studies from Food-Producing Societies. A. Holl and T.E. Levy, eds. Pp. 25-28. Ann Arbor: International Monographs in Prehistory.

Stopp, Marianne P.

2002 Ethnohistoric Analogues for Storage as an Adaptive Strategy in Northeastern Subarctic Prehistory. Journal of Anthropological Archaeology 21(3):301-328.

Strahl, Peter W., and James A. Zeidler

1990 Differential Bone-Refuse Accumulation in Food-Preparation and Traffic Areas on An Early Ecuadorean House Floor. Latin American Antiquity 1(2):150-169.

Testart, Alain

1982 The Significance of Food Storage Among Hunter-Gatherers: Residence Patterns, Population Densities, and Social Inequalities. Current Anthropology 23(5):523-537.

Tourtellot, Gair

1988 Developmental Cycles of Households and Houses at Seibal. *In* Household and Community in the Mesoamerican Past. R.R. Wilk and W. Ashmore, eds. Pp. 97-120. Albuquerque: University of New Mexico Press.

Trigger, Bruce G.

1968 The Determinants of Settlement Patterns. *In* Settlement Archaeology. K.-c. Chang, ed. Pp. 53-78. Palo Alto: National Press Books.

Tringham, Ruth

1991 Households with Faces: The Challenge of Gender in Prehistoric Architectural Remains. *In* Engendering Archaeology: Women and Prehistory. J.M. Gero and M.W. Conkey, eds. Pp. 93-131. Oxford: Blackwell.

Tringham, Ruth, and Mirjana Stevanović

2012 Last house on the Hill: BACH Area Reports from Çatalhöyük, Turkey. Los Angeles: Cotsen Institute of Archaeology Press.

Wason, Paul K.

1994 The Archaeology of Rank. Cambridge: Cambridge University Press.

Watkins, Trevor

1990 The Origins of House and Home? World Archaeology 21(3):336-347.

Watson, Patty Jo

1979 Archaeological Ethnography in Western Iran. Tucson: University of Arizona Press.

Wattenmaker, Patricia

1994 Household Economy in Early State Society: Material Value, Productive Context and Spheres of Exchange. *In* The Economic Anthropology of the State. E.M. Brumfiel, ed. Pp. 93-118. Lanham, Md.: University Press of America.

1998 Household and State in Upper Mesopotamia: Specialized Economy and the Social Uses of Goods in an Early Complex Society. Washington, D.C.: Smithsonian Institution Press.

Webster, Gary Stewart

1990 Labor Control and Emergent Stratification in Prehistoric Europe. Current Anthropology 31(4):337-366.

Wesson, Cameron Braxton

1999 Chiefly Power and Food Storage in Southeastern North America. World Archaeology 31(1):145-164.

Whiting, John W., and Barbara Ayres

1968 Inferences from the Shape of Dwellings. *In* Settlement Archaeology. K.-c. Chang, ed. Pp. 117-133. Palo Alto: National Press Books.

Wilk, Richard R.

1983 Little House in the Jungle: The Causes of Variation in House Size among Modern Kekchi Maya. Journal of Anthropological Archaeology 2(2):99-116.

1989 Decision Making and Resource Flows within the Household: Beyond the Black Box. *In* The Household Economy: Reconsidering the Domestic Mode of

Production. R.R. Wilk, ed. Pp. 23-52. Boulder: Westview Press.
1990 The Built Environment and Consumer Decisions. *In* Domestic Architecture and the Use of Space: An Interdisciplinary Cross-Cultural Study. S. Kent, ed. Pp. 34-42. Cambridge: Cambridge University Press.
1991 Household Ecology: Economic Change and Domestic Life among the Kekchi Maya in Belize. Tucson: University of Arizona Press.

Wilk, Richard R., and Robert McC. Netting
1984 Households: Changing Forms and Functions. *In* Households : Comparative and Historical Studies of the Domestic Group. R.M. Netting, R.R. Wilk, and E.J. Arnould, eds. Pp. 34-41. Berkeley: University of California Press.

Wilk, Richard R., and William Rathje
1982 Household Archaeology. American Behavioral Scientist 25(6):617-640.

Willey, Gordon Randolph
1953 Prehistoric Settlement Patterns in the Virú Valley, Peru. Washington DC: Smithsonian Institution.

Winter, Marcus C.
1974 Residential Patterns at Monte Alban, Oaxaca, Mexico. Science 186:981-987.
1976 The Archaeological Household Cluster in the Valley of Oaxaca. *In* The Early Mesoamerican Village. K.V. Flannery, ed. Pp. 25-31. New York: Academic Press.

Wolf, Eric R.
1966 Peasants. Englewood Cliffs: Prentice-Hall.

Wright, Henry T., Richard W. Redding, and Susan M. Pollock
1989 Monitoring Interannual Variability: An Example from the Period of Early State Development in Southwestern Iran. *In* Bad Year Economics: Cultural Responses to Risk and Uncertainty. P. Halstead and J. O'Shea, eds. Pp. 106-113. Cambridge: Cambridge University Press.

Varien, Mark David, and Richard H. Wilshusen
2002 Seeking the Center Place: Archaeology and Ancient Communities in the Mesa Verde Region. Salt Lake City: University of Utah Press.

Yaeger, Jason, and Marcello-Andrea Canuto
2000 Introducing an Archaeology of Communities. *In* The Archaeology of Communities: A New World Perspective. M.-A. Canuto and J. Yaeger, eds. Pp. 1-15. London: Routledge.

Yanagisako, Sylvia Junko
1979 Family and Household: The Analysis of Domestic Groups. Annual Review of Anthropology 8:161-205.

【일문】

岡村秀典, 1991,「仰韶文化の聚落構造」,『史淵』第128輯, pp. 121~145, 福岡: 九州大學文學部.

關野克, 1938,「埼玉県福岡村縄文前期住居址と竪穴住居の系統性に就いて」,『人類學雜誌』53-8, pp. 365~382.

宮本一夫, 1996,「長江中流域新石器時代の集團構造」,『比較社會文化』第2券, pp. 95~108, 福岡: 九州大學.

藤田亮策, 1937,「櫛目文土器の分布に就いて」,『青丘學叢』2, pp. 107~122.

小野忠熙, 1957,「先史時代の集落」,『歴史地理講座 3: 日本』, pp. 13~35, 東京: 朝倉書店.

鄭澄元, 1991,「初期農耕遺蹟の立地條件」,『韓日交涉の考古學: 彌生時代 編』, pp. 36~39, 東京: 大興出版社.

後藤直, 1995,「朝鮮半島原始時代農耕集落の立地」,『第四期研究』33-5, pp. 285~302, 日本第四紀學會.

▌유적조사보고서 ▌

【일반유적 조사】

■ **居禮里유적(華川)**

(재)한강문화재연구원 · 원주지방국토관리청, 2012,『화천 거례리 유적』, 유적조사보고 제30책.

원주지방국토관리청 · 江原文化財研究所, 2013,『華川 居禮里遺蹟』, 江原文化財研究所 學術叢書 126冊.

■ **檢丹里유적(蔚山)**

釜山大學校博物館, 1995,『蔚山 檢丹里 마을 遺蹟』, 釜山大學校博物館 研究叢書 第17輯.

■ **寬倉里유적(保寧)**

高麗大學校 埋藏文化財研究所 · ㈱大宇, 1997,『寬倉里 周溝墓』, 高麗大學校 埋藏文化財研究所 研究叢書 第6輯. (尹世英 · 李弘鍾)

高麗大學校 埋藏文化財研究所 · ㈱大宇, 2001,『寬倉里遺蹟: B · G地區』, 高麗大學校 埋藏文化財研究所 研究叢書 第7輯. (李弘鍾 · 姜元杓 · 孫晙鎬)

亞洲大學校博物館 · 高麗大學校埋藏文化財研究所 · ㈱ 大宇, 1999,『寬倉里遺蹟: A · F區域 發掘調査報告書』. (吳相卓 · 姜賢淑)

大田保健大學 博物館 · 高麗大學校 埋藏文化財研究所, 2002,『寬倉里遺蹟: C · E區域 發掘調査報告書』, 學術調査報告書 第5冊. (李殷昌 · 朴普鉉 · 金奭周)

■ **校成里유적(保寧)**

國立扶餘博物館, 1987,『保寧 校成里집자리: 發掘調査 中間報告書』, 國立扶餘博物館古蹟調査報告 第1冊.

■ **九鳳里유적(扶餘)**

忠南大學校 百濟研究所 · 高麗大學校 埋藏文化財研究所 · 大田地方國土管理廳, 2004,『扶餘 九鳳·蘆花里遺蹟』, 忠南大學校 百濟研究所 學術研究叢書 第11輯. (朴淳發 · 李晟準 · 土田純子 · 鄭元在 · 李弘鍾 · 許義行)

■ **九英里유적(蔚山)**

(재)蔚山發展研究院 文化財센터 · 韓國道路公社, 2007,『蔚山 九英里遺蹟: 蔚山 九英地區宅地開發事業敷地內 Ⅳ · Ⅴ지구』, 蔚山發展研究院 文化財센터 學術研究叢書 第23輯. (김호진 · 손정배 · 유난희 · 황현숙 · 이재용 · 정영란)

中央文化財研究院 · 韓國道路公社, 2005,『蔚山 九英地區開發事業敷地(1段階) 蔚山 九英里遺蹟』, 發掘調査報告 第69冊.

■ **機池里유적(瑞山)**

충청남도역사문화연구원 · 국방과학연구소, 2007,『서산 ○○지역 건설사업 예정부지 瑞山 機池里遺蹟』, 遺蹟調査報告 27冊.

■ **羅福里유적(扶餘)**

扶餘郡 · 忠淸南道歷史文化院, 2004,『扶餘 羅福里 遺蹟』, 遺蹟調査報告 8冊.

■ **堂丁里유적(舒川)**

國立扶餘文化財研究所, 1998,『堂丁里: 住居址 및 發掘調査 報告書』, 國立扶餘文化財研究

所 學術硏究叢書 第17輯.

■ **大坪里유적(晋陽)**

文化財硏究所, 1994,『晋陽 大坪里遺蹟 發掘調査報告書』.

■ **大興里(큰선장)유적(牙山)**

(財)忠淸文化財硏究院, 2008,『牙山 大興里 큰선장 遺蹟』, (財)忠淸文化財硏究院 文化遺蹟調査報告 第84冊. (金帛範)

■ **德川里유적(昌原)**

慶南大學校 博物館, 2013,『德川里』, 慶南大學校博物館 學術調査報告 第23輯

■ **道三里유적(舒川)**

高麗大學校 埋藏文化財硏究所 · 鐵道廳中部建設事業所, 2005,『道三里 遺蹟』, 高麗大學校 埋藏文化財硏究所 硏究叢書 第20輯. (李弘鍾 · 孫晙鎬 · 趙은지)

■ **屯山유적(大田)**

忠南大學校 博物館, 1995,『屯山』, 忠南大學校 博物館叢書 12輯.

■ **麻田里유적(論山)**

高麗大學校 埋藏文化財硏究所 · 韓國道路公社, 2002,『麻田里 遺蹟: A地區 發掘調査 報告書』, 高麗大學校 埋藏文化財硏究所 硏究叢書 第13輯. (李弘鍾 · 孫晙鎬 · 姜元杓)

高麗大學校 埋藏文化財硏究所 · 韓國道路公社, 2004,『麻田里 遺蹟: C地區』, 高麗大學校 埋藏文化財硏究所 硏究叢書 第18輯. (李弘鍾 · 朴性姬 · 李僖珍)

■ **渼沙里유적(河南)**

渼沙里先史遺蹟發掘調査團 · 京畿道公營開發事業團, 1994,『渼沙里 第1卷』, 文化遺蹟發掘調査報告.

渼沙里先史遺蹟發掘調査團 · 京畿道公營開發事業團, 1994,『渼沙里 第2卷』, 文化遺蹟發掘調査報告(成均館大學校發掘調査團 · 漢陽大學校發掘調査團 篇).

渼沙里先史遺蹟發掘調査團 · 京畿道公營開發事業團, 1994,『渼沙里 第3卷』, 文化遺蹟發掘調査報告(崇實大學校博物館 篇).

渼沙里先史遺蹟發掘調査團 · 京畿道公營開發事業團, 1994,『渼沙里 第4卷』, 文化遺蹟發掘調査報告(서울大學校博物館 篇).

渼沙里先史遺蹟發掘調査團 · 京畿道公營開發事業團, 1994,『渼沙里 第5卷』, 文化遺蹟發掘

調査報告(高麗大學校博物館 篇).

■ **盤諸里유적(安城)**

(재)中原文化財硏究院 · 韓國道路公社 2007,『고속국도 제40호선 안성~음성간(제5공구)건설공사 사업부지 내 문화유적 발굴조사 安城 盤諸里遺蹟』, 調査報告叢書 第45冊.

■ **방동뜰유적(大田)**

忠淸南道歷史文化硏究院 · 鷄龍市, 2011,『대전 방동뜰유적』.

■ **白石洞유적(天安)**

公州大學校 博物館 · 忠淸南道 天安市, 1998,『白石洞遺蹟』. (李南奭 · 李勳 · 李賢淑)

公州大學校 博物館 · 忠淸南道 天安市, 2000,『白石 · 業成洞遺蹟』. (李南奭 · 李賢淑)

忠淸南道歷史文化硏究院, 2008a,『天安 白石2地區 都市開發事業地區內 天安 白石洞 새신단원골遺蹟』, 遺蹟調査報告 50冊.

忠淸南道歷史文化硏究院, 2008b,『天安 白石2地區 都市開發事業地區內 天安 白石洞 새가라골遺蹟』, 遺蹟調査報告 50冊.

(財)忠淸文化財硏究院 · 韓國土地住宅公社, 2009,『천안 유통단지 개발사업지구 내 天安 白石洞 고재미골 遺蹟』, (財)忠淸文化財硏究院 文化遺蹟 調査報告 第100輯. (吳圭珍 · 李販燮 · 裵相勳 · 安星泰 · 崔慶淑)

■ **副長里유적(瑞山)**

忠淸南道歷史文化硏究院 · 李昌綜合建設㈱, 2009,『瑞山 富長里遺蹟』, 遺蹟調査報告 第55冊.

■ **佛堂洞유적(天安)**

忠淸南道歷史文化院 · 天安市經營開發事業所, 2004,『天安 佛堂地區 宅地開發事業敷地內 天安 佛堂洞 遺蹟』, 遺蹟調査報告 第9冊.

■ **西上洞(南山)유적(昌原)**

昌原大學校 博物館 · 昌原市, 1996,『昌原 南山遺蹟 試掘調査報告』, 昌原大學校博物館 學術調査報告 第 十二冊.

昌原大學校 博物館, 2003,『昌原 南山遺蹟』.

■ **素沙洞유적(平澤)**

高麗文化財硏究院 · YM綜合建設株式會社, 2008,『平澤 素沙洞 遺蹟 (Ⅰ) · (Ⅱ)』, 學術調査報告書 第32輯. (金秉模 · 金娥官 · 姜秉學 · 蔡娥覽 · 趙銀珍 · 吳坰澤 · 朴成南)

■ **松菊里유적(扶餘)**

國立公州博物館, 1993,『松菊里 V: 木柵 (1)』. (金吉植)

國立扶餘博物館 · 扶餘郡, 2000,『松菊里 VI』, 國立扶餘博物館 古蹟調查報告 第6冊.

國立中央博物館, 1979,『松菊里 Ⅰ』, 國立博物館 古蹟調查報告 第十一冊. (姜仁求 · 李健茂 · 韓永熙 · 李康承)

국립중앙박물관, 1986,『松菊里 Ⅱ』, 국립박물관 고적조사보고 제18책. (지건길 · 안승모 · 송의정)

국립중앙박물관, 1987,『松菊里 Ⅲ』, 국립박물관 조적조사보고 제19책. ()

국립중앙박물관 · 扶餘郡, 1991,『松菊里 Ⅳ』, 국립박물관 조적조사보고 제23책. (權五榮)

한국전통문화대학교 고고학연구소 · 부여군, 2011,『松菊里 Ⅶ: 부여 송국리 유적 제12 · 13차 발굴조사』, 고고학연구소 총서 제3책. (김경택 · 정치영 · 이건일 · 민은숙 · 주혜미 · 정은지)

한국전통문화대학교 고고학연구소 · 부여군, 2013,『松菊里 Ⅷ: 부여 송국리 유적 제14차 발굴조사』, 고고학연구소 총서 제8책. (김경택 · 서현주 · 정치영 · 이동희)

한국전통문화대학교 고고학연구소 · 부여군, 2014,『松菊里 Ⅸ: 부여 송국리 유적 제15차 발굴조사』, 고고학연구소 총서 제10책. (김경택 · 서현주 · 이기성 · 이동희)

한국전통문화대학교 고고학연구소 · 부여군, 2016,『松菊里 Ⅹ: 부여 송국리 유적 제16 · 17차 발굴조사』, 고고학연구소 총서 제13책. (김경택 · 이기성 · 이건일 · 이동희 · 박병욱)

한국전통문화대학교 고고학연구소 · 부여군, 2017,『松菊里 Ⅺ: 부여 송국리 유적 제18~20차 발굴조사』, 고고학연구소 총서 제14책. (김경택 · 이기성 · 이건일 · 주동훈 · 이동희 · 박병욱 · 김수영)

■ **松岩洞유적(光州)**

全南大學校 博物館, 1979,『光州 松岩洞住居址 · 忠孝洞 支石墓』, 全南大學校 博物館 古蹟調查報告 第1冊. (崔夢龍)

■ **水塘里유적(錦山)**

忠南大學校 百濟硏究所 · 韓國道路公社, 2002,『錦山 水塘里遺蹟』, 忠南大學校 百濟硏究所 學術硏究叢書 第4輯.

■ **新今유적(海南)**

(財)湖南文化財硏究院 · 益山地方國土管理廳, 2005,『三山-海南間 道路擴張 및 鋪裝工事 區間內 文化遺蹟 發掘調查報告書 海南 新今遺蹟』, 湖南文化財硏究院 學術調查報告 第44冊. (李暎澈 · 金美蓮 · 張明燁)

■ **新達里유적(牙山)**

국립중앙박물관, 1995,「牙山 新達里 先史住居址 發掘報告」,『淸堂洞 Ⅱ』, 國立博物館 古蹟 調査報告 第27冊.

■ **新芳洞유적(天安)**

中央文化財硏究院 · 天安市, 2008,『天安 新芳通井地區 都市開發敷地內 天安 新芳洞遺蹟: Ⅰ · Ⅱ · Ⅲ地區』, 發掘調査報告 第145冊.

■ **雙龍洞유적(天安)**

忠南大學校博物館 · 天安市 · 大韓住宅公社, 2002,『天安 雙龍洞 遺蹟: 3 · 4地區 發掘調査 報告書』, 忠南大學校 博物館叢書 第25輯. (成正鏞 · 李亨源 · 李吉成)

■ **安永里유적(公州)**

公州大學校博物館 · 天安-論山高速道路株式會社, 2002,『安永里遺蹟』, 公州大學校博物館 學術叢書 02-06. (李南奭 · 李賢淑)

■ **烏石里유적(舒川)**

公州大學校 博物館 · 韓國道路公社, 1996,『烏石里遺蹟』. (李南奭)

■ **瓦水里유적(鐵原)**

江原文化財硏究所 · 農業基盤公社 鐵原支社, 2006,『鐵原 瓦水里 遺蹟』, 江原文化財硏究所 學術叢書 26冊. (池賢柄 · 沈載淵 · 金權中 · 洪周希)

■ **臥牛里유적(牙山)**

(財)忠淸埋藏文化材硏究院 · 대림산업(주), 2001,「臥牛里 遺蹟」,『牙山 臥牛里 · 新法里 遺蹟』, (財)忠淸埋藏文化財硏究院 文化遺蹟 調査報告 第25輯. (吳圭珍 · 李惠瓊 · 許義行)

■ **龍谷洞(눈돌)유적(天安)**

(財)忠淸文化財硏究院, 2006,『天安 龍谷洞 눈돌 遺蹟』, (財)忠淸文化財硏究院 文化遺蹟 調査報告 第45輯. (朴亨順 · 姜秉權)

■ **龍山洞유적(大田)**

忠南大學校 博物館 · 大田廣域市, 2002,『龍山洞』, 忠南大學校 博物館叢書 26冊. (成正鏞 · 李亨源)

■ **龍岩里유적(華川)**

江原文化財硏究所, 2003,『華川生活體育公園 造成敷地內 龍岩里 遺蹟』.

江原文化財硏究所, 2005,『화천 부다리고개 사토장부지 내 유적 시굴조사 보고서 龍岩里 遺蹟 Ⅱ』, 江原文化財硏究所 學術叢書 28冊.

江原文化財硏究所 · 華川郡, 2007,『龍岩里』, 江原文化財硏究所 學術叢書 60冊.

(재)예맥문화재연구원, 2009,『화천 생태영상센터 조성사업부지내 유적 발굴조사보고서 華川 龍岩里 遺蹟』, 學術調査報告 第25冊.

■ **龍禾洞(가재골)유적(牙山)**

(財)忠淸文化財硏究院, 2009,『牙山 龍禾洞 가재골 遺蹟』, (財)忠淸文化財硏究院 文化遺蹟 調査報告 第89輯. (羅建柱 · 朴賢慶)

■ **院北里유적(論山)**

中央文化財硏究院 · 中小企業振興公團 · 論山市, 2001,『論山 地方産業團地敷地內 論山 院北里遺蹟』, 發掘調査報告 第9冊.

■ **月城洞유적(大丘)**

慶北大學校 博物館, 1991,『大邱 月城洞 先史遺蹟』, 慶北大學校 博物館 叢書 15. (尹容鎭 · 李白圭)

■ **自開里유적(唐津)**

(財)忠淸文化財硏究院, 2005,『唐津 自開里 遺蹟(Ⅱ)』, (財)忠淸文化財硏究院 文化遺蹟 調査報告 第42-3輯. (許義行)

(財)忠淸文化財硏究院, 2006,『唐津 自開里 遺蹟(Ⅰ)』, (財)忠淸文化財硏究院 文化遺蹟 調査報告 第56輯. (羅建柱)

■ **白石洞유적(天安)**

公州大學校 博物館 · 忠淸南道 天安市, 1998,『白石洞遺蹟』. (李南奭 · 李勳 · 李賢淑)

公州大學校 博物館 · 忠淸南道 天安市, 2000,『白石 · 業成洞遺蹟』. (李南奭 · 李賢淑)

忠淸南道歷史文化硏究院, 2008a,『天安 白石2地區 都市開發事業地區內 天安 白石洞 새신단원골遺蹟』, 遺蹟調査報告 50冊.

忠淸南道歷史文化硏究院, 2008b,『天安 白石2地區 都市開發事業地區內 天安 白石洞 새가라골遺蹟』, 遺蹟調査報告 50冊.

(財)忠淸文化財硏究院 · 韓國土地住宅公社, 2009,『천안 유통단지 개발사업지구 내 天安 白石洞 고재미골 遺蹟』, (財)忠淸文化財硏究院 文化遺蹟 調査報告 第100輯. (吳圭珍 · 李販燮 · 裵相勳 · 安星泰 · 崔慶淑)

■ **定止里유적(論山)**

충남대학교박물관 · (주)천안-논산간고속도로, 2000,『논산 정지리 백제 취락지』.

■ **竹淸里'가'유적(保寧)**

韓國文化財保護財團 · 韓國道路公社, 2000,「5. 竹淸里'가'遺蹟」,『西海岸高速道路(藍浦~熊川)建設區間內 文化遺蹟 發掘調査報告書』, 學術調査報告 第82冊.

■ **中島(洞)유적(春川)**

(재)江原考古文化硏究院 · 江原道, 2015,『춘천 하중도 관광개발사업부지 내 B구역 발(시)굴조사 보고서 春川 中島洞 遺蹟』, 江原考古文化硏究院 學術叢書 35冊.

(재)江原考古文化硏究院 · 원주지방국토관리청, 2014,『4대강 살리기사업 춘천 중도동 하중도 C지구 발굴조사 보고서 春川 中島洞 聚落』, 江原考古文化硏究院 學術叢書 30冊.

江原文化財硏究所, 2013,『4대강 살리기사업 춘천 중도동 하중도 D-E지구 문화재 발굴조사 보고서 春川 中島洞遺蹟』, 江原文化財硏究所 學術叢書 127冊.

(재)고려문화재연구원, 2016,『춘천 중도 LEGOLAND KOREA Project D구역(고려 D-1)문화재 발굴조사 2차 부분완료 약보고서』.

(재)고려문화재연구원, 2017,『춘천 중도 LEGOLAND KOREA Project D구역(고려 D-2 · 3)문화재 발굴조사 2차 부분완료 약보고서』.

國立中央博物館, 1981,『中島 進展報告 Ⅱ: 新梅里遺蹟』, 國立博物館 古蹟調査報告 第十三冊. (李健茂 · 李康承 · 韓永熙 · 金載悅)

國立中央博物館, 1982,『中島 Ⅲ』, 國立博物館 古蹟調査報告 第十四冊. (池健吉 · 韓永熙)

국립중앙박물관, 1983,『中島 Ⅳ』, 국립박물관 고적조사보고 제15책. (지건길 · 이영훈)

국립중앙박물관, 1984,『中島 Ⅴ』, 국립박물관 고적조사보고 제16책. (지건길 · 이영훈)

(재)국토문화재연구원, 2016a,『춘천 중도 LEGOLAND KOREA Project G-3구역 내 유적 발굴조사 부분완료 약식보고서(1차)』, 발굴조사약식보고 제2-1책.

(재)국토문화재연구원, 2016b,『춘천 중도 LEGOLAND KOREA Project G-3구역 내 유적 발굴조사 부분완료 약식보고서(2차)』, 발굴조사약식보고 제2-2책.

엘엘개발주식회사 · 강원문화재연구소, 2016a,『춘천 중도 LEGOLAND KOREA Project F구역 내 유적 발굴(정밀)조사 부분완료 약식보고서(교량구간)』.

엘엘개발주식회사 · 강원문화재연구소, 2016b,『춘천 중도 LEGOLAND KOREA Project G-2구역 내 유적 발굴(정밀)조사 약식보고서』.

엘엘개발주식회사 · 강원문화재연구소, 2016c,『춘천 중도 LEGOLAND KOREA Project F구역 내 유적 발굴(정밀)조사 2차 부분완료 약식보고서(1~3구간)』.

(재)예맥문화재연구원, 2012,『4대강 살리기사업 춘천 중도동 하중도 F지구 발굴조사보고서 春川 中島洞遺蹟』, 學術調査報告 第53冊.

(재)예맥문화재연구원, 2016, 『춘천 중도 LEGOLAND KOREA Project G-1구역 내 유적 정밀발굴조사 약식보고서』.

(재)예맥문화재연구원, 2017, 『춘천 중도 LEGOLAND KOREA Project C구역 내 유적 정밀발굴조사 약식보고서』.

(재)한강문화재연구원, 2016a, 『춘천 중도 LEGOLAND KOREA Project A구역 내 유적 발굴(시굴)조사 부분완료 결과보고서(1차)』.

(재)한강문화재연구원, 2016b, 『춘천 중도 LEGOLAND KOREA Project A구역 내 유적 발굴(시굴)조사 부분완료 결과보고서(2차)』.

(재)한강문화재연구원, 2016c, 『춘천 중도 LEGOLAND KOREA Project A~E구역 내 유적 발굴(시굴)조사 부분완료 결과보고서(3차)』.

(재)한강문화재연구원, 2017, 『춘천 중도 LEGOLAND KOREA Project A구역 내 유적 발굴(시굴)조사 부분완료 결과보고서(4차)』.

(재)한강문화재연구원 · 원주지방국토관리청, 2013, 『춘천 중도동 유적』, 유적조사보고 제38책.

(재)한백문화재연구원, 2017, 『춘천 중도 LEGOLAND KOREA Project B구역 내 유적 문화재 발굴조사 완료약보고서』, (재)한백문화재연구원 완료약보고서 제187책.

(재)한백문화재연구원 · 원주지방국토관리청, 2012, 『4대강 살리기사업 춘천 하중도 A지구 춘천 중도 유적』, 한백문화재연구원 학술조사총서 제36책.

(재)한얼문화유산연구원, 2017, 『춘천 중도 LEGOLAND KOREA Project A~E구역 내(한얼 E구역) 문화재 발굴조사 완료 약식보고서』.

■ **泉川里유적(華城)**

한신대학교박물관, 2006, 『華城 泉川里 青銅器時代 聚落』, 한신대학교박물관총서 제22책. (이남규 · 권오영 · 이기성 · 이형원 · 신성혜 · 조성숙 · 이진민 · 한지선 · 김여진)

■ **清堂洞유적(天安)**

國立中央博物館, 1995, 『清堂洞 Ⅱ』, 國立博物館 古蹟調査報告 第27册.

■ **平居洞(3-1지구)유적(晋州)**

慶南發展研究院 歷史文化센터 · 한국토지주택공사, 2011, 『진주 평거3지구 택지개발사업지구 내 진주 평거 3-1지구 유적』, 慶南發展研究院 歷史文化센터 調査研究報告書 第86册.

■ **下唐里유적(陰城)**

中央文化財研究院 · 大田地方國土管理廳, 2004, 『陰城-笙極間 道路 擴 · 鋪裝工事區間內

陰城 下唐里遺蹟』, 發掘調査報告 第35册.

■ **休岩里유적(瑞山)**

國立博物館, 1969,「考古美術 뉴스: 瑞山郡海美面高北面一帶先史住居址調査」,『美術資料』13.
國立中央博物館, 1990,『休岩里』, 국립박물관 고적조사보고 제22책. (尹武炳 · 韓永熙 · 鄭俊基)

■ **欣岩里유적(驪州)**

서울大學校 博物館 · 考古人類學科, 1973,『欣岩里住居址: 漢江畔先史聚落址 發掘進展報告 1972 · 1973年度』, 서울大學校 考古人類學叢刊 第4册. (金元龍 · 任孝宰 · 崔夢龍 · 呂重哲 · 郭乘勳)
서울大學校 博物館 · 考古人類學科, 1974,『欣岩里住居址: 漢江畔先史聚落址 發掘進展報告』, 서울大學校 考古人類學叢刊 第5册.
서울大學校 博物館 · 考古人類學科, 1976,『欣岩里住居址 3: 漢江畔先史聚落址 發掘進展報告 1975年度』, 서울大學校 考古人類學叢刊 第7册.
서울大學校 博物館 · 考古人類學科, 1978,『欣岩里住居址 4: 1976 · 1977年度 發掘 進展報告』, 서울大學校 考古人類學叢刊 第8册. (任孝宰)
서울대학교 박물관, 2005,『흔암리 유적 출토 석기 보고서: 도면 · 사진』, 서울大學校博物館學術叢書 第13册.

【대규모지구 조사】

■ **南江댐 수몰지구**

(社)慶南考古學硏究所, 2002,『晋州 大平 玉房 1 · 9地區 無文時代 集落』.
慶尙南道 · 건국대학교 박물관, 2001,『晋州 上村里 3~8號 支石墓 및 先史遺蹟』, 南江댐 水沒地區 遺蹟發掘調査報告書 第12册 · 건국대학교 박물관 총서 제8책.
慶尙南道 · 慶尙大學校 博物館, 1999,『晋州 大平里 玉房 2地區 先史 遺蹟』, 慶尙大學校博物館 硏究叢書 第20輯 · 南江댐 水沒地區 遺蹟發掘調査 報告書 第4册.
慶尙南道 · 慶尙大學校 博物館, 2001,『晋州 大平里 玉房 3地區 先史遺蹟』, 慶尙大學校博物館 硏究叢書 第24輯.
慶尙南道 · 大田保健大學博物館, 2005,『晋州 上村里 9~13號 支石墓 및 先史遺蹟』, 南江댐 水沒地區 遺蹟發掘調査報告書 第13册 · 大田保健大學博物館學術調査報告書 第18册.
慶尙南道 · 東亞大學校博物館, 2001,『晋州 內村里遺蹟』, 古蹟調査報告書 第三十三册.
慶尙南道 · 東義大學校博物館, 2002,『上村里 遺蹟』, 南江댐 水沒地區 遺蹟發掘調査報告書

第9册 · 東義大學校博物館學術叢書 8. (林孝澤 · 趙顯福)

慶尙南道 · 漢陽大學校博物館, 1999,『晋州 上村里 2號 支石墓 및 先史遺蹟』, 南江댐 水沒地區 遺蹟發掘調査報告書 第11册 · 漢陽大學校博物館叢書 第34輯.

慶尙南道 · 漢陽大學校博物館 · 文化人類學科, 1999,『晋州 內村里 住居址 및 舊石器遺蹟』, 南江댐 水沒地區 遺蹟發掘調査報告書 第14册 · 漢陽大學校博物館叢書 第36輯.

國立晋州博物館 · 慶尙南道, 2001,『晋州 大平里 玉房 1地區 遺蹟 : 1차 발굴 Ⅰ · Ⅱ』, 國立晉州博物館 遺蹟發掘調査 報告書 第14册 · 南江댐 水沒地區 遺蹟發掘調査 報告書 第3册.

國立昌原文化財硏究所 · 慶尙南道, 2001,『晋州 大平里 漁隱2地區 先史遺蹟 Ⅰ』, 學術調査報告 第14輯 · 南江댐 水沒地區 遺蹟發掘調査報告書 第8册.

國立昌原文化財硏究所 · 慶尙南道, 2002,『晋州 南江 漁隱2地區 先史遺蹟 Ⅱ』, 學術調査報告 第17輯 · 南江댐 水沒地區 遺蹟發掘調査報告書 第8册.

國立昌原文化財硏究所 · 慶尙南道, 2003,『晋州 大平里 玉房8地區 先史遺蹟』, 學術調査報告 第19輯.

大田保健大學博物館 · 慶尙南道, 2002,『南江댐 水沒 豫定 地區內 晋州 內村里 先史 遺蹟 試掘 調査 報告書』, 學術調査報告書 第8册.

東義大學校博物館, 2008,『晋州 大平里 玉房4地區 先史遺蹟 Ⅰ』, 東義大學校博物館學術叢書 13.

鮮文大學校 · 慶尙南道, 2001,『晋州 大平里 玉房 5地區 先史 遺蹟』, 南江댐 水沒地區 遺蹟發掘調査報告書 第6册. (李亨求)

■ **大淸댐 수몰지구**

忠北大學校 博物館 · 文化財管理局 文化財硏究所, 1979,『大淸댐水沒地區遺蹟發掘調報告書: 忠淸北道 編』.

■ **同福댐 수몰지구**

光州市 · 全南大學校 博物館, 1982,『同福댐 水沒地區 支石墓發掘調査報告書』, 叢書 00. (崔夢龍 · 李榮文 · 趙現鐘)

■ **邵陽(江)댐 수몰지구**

文化公報部 文化財管理局, 1974,『八堂 · 昭陽댐 水沒地區遺蹟發掘綜合調査報告』.

■ **安東댐 수몰지구**

文化公報部, 1974,『一九七三年度 安東水沒地區遺蹟發掘報告』.

文化公報部 文化財管理局, 1975,『一九七四年度 安東水沒地區遺蹟發掘報告』.

■ 龍潭댐 수몰지구

國立全州博物館 · 鎭安郡 · 韓國水資源公社, 2001,『鎭安 龍潭댐 水沒地區內 文化遺蹟 發掘調査 報告書 Ⅲ』, 國立全州博物館 學術叢書 第7輯. (申大坤 · 金圭東)

群山大學校博物館 · 鎭安郡 · 韓國水資源公社, 2001,『鎭安 龍潭댐 水沒地區內 文化遺蹟 發掘調査 報告書 Ⅳ』, 群山大學校博物館 學術叢書 23.

圓光大學校 馬韓 · 百濟文化硏究所 · 鎭安郡 · 韓國水資源公社, 2001,『鎭安 龍潭댐 水沒地區內 文化遺蹟 發掘調査 報告書 Ⅴ: 壽川里高麗古墳群 外』, 遺蹟調査報告 第41册.

全北大學校博物館 · 群山大學校博物館 · 鎭安郡 · 韓國水資源公社, 2001,『鎭安 龍潭댐 水沒地區內 文化遺蹟 發掘調査 報告書 Ⅰ: 臥亭遺蹟』, 全北大學校博物館 叢書 22 · 群山大學校博物館 學術叢書 22.

全北大學校博物館 · 鎭安郡 · 韓國水資源公社, 2001a,『鎭安 龍潭댐 水沒地區內 文化遺蹟 發掘調査 報告書 Ⅱ』, 全北大學校博物館 叢書 23.

全北大學校博物館 · 鎭安郡 · 韓國水資源公社, 2001b,『鎭安 龍潭댐 水沒地區內 文化遺蹟 發掘調査 報告書 Ⅵ: 上田面 一圓』, 全北大學校博物館 叢書 24. (尹德香 · 李民錫 · 張智賢)

全北大學校博物館 · 鎭安郡 · 韓國水資源公社, 2001c,『鎭安 龍潭댐 水沒地區內 文化遺蹟 發掘調査 報告書 Ⅶ: 如意谷 · 九谷支石墓 移轉復元』, 全北大學校博物館 叢書 25. (尹德香 · 姜元鍾)

全北大學校博物館 · 鎭安郡 · 韓國水資源公社, 2001d,『鎭安 龍潭댐 水沒地區內 文化遺蹟 發掘調査 報告書 Ⅷ: 如意谷遺蹟』, 全北大學校博物館 叢書 26. (金承玉 · 李宗哲)

全北大學校博物館 · 鎭安郡 · 韓國水資源公社, 2001d,『鎭安 龍潭댐 水沒地區內 文化遺蹟 發掘調査 報告書 Ⅸ: 農山遺蹟』, 全北大學校博物館 叢書 27. (김승옥 · 이종철 · 김은정)

全北大學校博物館 · 鎭安郡 · 韓國水資源公社, 2001e,『鎭安 龍潭댐 水沒地區內 文化遺蹟 發掘調査 報告書 Ⅹ: 豊岩遺蹟』, 全北大學校博物館 叢書 28. (김승옥 · 이종철 · 조희진)

조선대학교박물관 · 진안군 · 한국수자원공사, 2005,『진안 진그늘 선사유적 제1권: 신석기와 청동기시대의 살림』, 진안 용담댐 수몰지역 문화유적 발굴조사.

(財)湖南文化財硏究院 · 鎭安郡 · 韓國水資源公社, 2003,『鎭安 龍潭댐 水沒地區內 文化遺蹟 發掘調査 報告書 XⅢ: 갈머리 유적』, 湖南文化財硏究院 學術調査報告 第13册. (安承模 · 李永德 · 金大聖)

■ 臨河댐 수몰지구

安東大學校 博物館, 1989,『臨河댐 水沒地域 臨河 · 思義地區 發掘調査報告書』, 安東大學校博物館叢書 6. (임세권)

■ 住岩댐 수몰지구

全南大學校 博物館, 1987,『住岩댐 水沒地域 文化遺蹟發掘調査報告書 Ⅰ: '86 支石墓 1』.

全南大學校 博物館, 1988a,『住岩댐 水沒地域 文化遺蹟發掘調査報告書 Ⅱ: '86 支石墓 2』.

全南大學校 博物館, 1988b,『住岩댐 水沒地域 文化遺蹟發掘調査報告書 Ⅲ: '87 支石墓 1』.

全南大學校 博物館, 1988c,『住岩댐 水沒地域 文化遺蹟發掘調査報告書 Ⅳ: '87 支石墓 2』.

全南大學校 博物館, 1988d,『住岩댐 水沒地域 文化遺蹟發掘調査報告書 Ⅴ: 舊石器 · 立石 · 陶窯址』.

全南大學校 博物館, 1989,『住岩댐 水沒地域 文化遺蹟發掘調査報告書 Ⅵ: '86 · '87追加 住居址』.

全南大學校 博物館, 1990,『住岩댐 水沒地域 文化遺蹟發掘調査報告書 Ⅶ: 舊石器 · 住居址』.

■ 忠州댐 수몰지구

忠淸北道, 1984a,『忠州댐 水沒地區 文化遺蹟發掘調査綜合報告書: 考古 · 古墳分野 Ⅰ』.

忠淸北道, 1984b,『忠州댐 水沒地區 文化遺蹟發掘調査綜合報告書: 考古 · 古墳分野 Ⅱ』.

■ 八堂댐 수몰지구

文化公報部 文化財管理局, 1974,『八堂 · 昭陽댐 水沒地區遺蹟發掘綜合調査報告』.

■ 陜川댐 수몰지구

慶尙北道 · 慶北大學校 考古人類學科, 1987,『陜川苧浦里D地區遺蹟』, 陜川댐 水沒地區 發掘調査報告 5. (尹容鎭)

慶尙北道 · 慶尙大學校 博物館, 1987,『陜川中磻溪古墳群』, 陜川댐 水沒地區 遺蹟發掘調査報告 第2輯. (趙榮濟 · 朴升圭)

慶尙北道 · 國立晋州博物館, 1987,『陜川磻溪堤古墳群』, 陜川댐 水沒地區 發掘調査 報告 1.

慶尙北道 · 東亞大學校 博物館, 1986,『陜川陜川鳳溪里古墳群』, 陜川댐水沒地區遺蹟發掘調査報告書 第7冊. (沈奉謹)

慶尙北道 · 東亞大學校 博物館, 1987,『陜川倉里古墳群』, 陜川댐水沒地區遺蹟發掘調査報告書 第8冊.

慶尙北道 · 釜山大學校 博物館, 1987,『陜川苧浦里E地區遺蹟』, 陜川댐 水沒地區 發掘調査報告 6.

慶尙北道 · 嶺南大學校 博物館, 1987,『陜川 苧浦里 古墳群 A地區』, 陜川댐 水沒地區 發掘調査報告 3. (鄭永和 · 梁道榮 · 金龍星)

慶尙北道 · 昌原大學校 博物館, 1987,『陜川 苧浦里 B古墳群』, 陜川댐水沒地區 發掘調査報告 4. (朴東百 · 秋淵植)

慶尙北道 · 曉星女子大學校 博物館, 1987,『陜川苧浦里 C· D地區遺蹟』, 陜川댐 水沒地區 發

掘調査報告 5. (李殷昌)
東亞大學校博物館, 1989,『陜川鳳溪里遺蹟』, 古蹟調査報告書 第十五册.

■ **행정중심복합도시(世宗市) 건설지역**(청동기시대)

(財)慶尙北道文化財硏究院, 2015,『行政中心複合都市敷地 內 4-2生活圈(2-3-B地點) 燕岐 黃龍里 · 鳳起里 · 芙蓉里 · 石橋里遺蹟』, 行政中心複合都市 發掘調査報告 20册(慶尙北道文化財硏究院 發掘調査報告 第215册).
(財)國防文化財硏究院, 2012,『行政中心複合都市 內 3-3-B地點 燕岐 龍湖里遺蹟』, 行政中心複合都市 發掘調査報告 11册((財)國防文化財硏究院 學術調査報告 第33册).
百濟文化財硏究院, 2012,『行政中心複合都市敷地 內 3-1-A地點 燕岐 大平里 遺蹟』, 行政中心複合都市發掘調査報告 7册((財)百濟文化財硏究院 文化遺蹟 發掘報告 第29輯).
百濟文化財硏究院, 2013,『行政中心複合都市敷地 內 2-2地區 燕岐 長在里 遺蹟』, 行政中心複合都市發掘調査報告 14册(發掘調査報告 第37輯).
中央文化財硏究院, 2009,『行政中心複合都市敷地 內 1-7地點 燕岐 燕岐里 遺蹟』, 行政中心複合都市發掘調査報告 1册(發掘調査報告 第161册).
中央文化財硏究院, 2011,『行政中心複合都市 建設敷地 內(2-5地區) 燕岐 洑通里遺蹟』, 行政中心複合都市發掘調査報告 5册(發掘調査報告 第181册).
忠淸南道歷史文化硏究院, 2012,『行政中心複合都市敷地 內 3-1-C地點 燕岐 大平里 遺蹟』, 行政中心複合都市發掘調査報告 10册(忠淸南道歷史文化硏究院 發掘調査報告 89册).
(財)忠淸北道文化財硏究院, 2014,『行政中心複合都市敷地 內 4-1 · 2生活圈(2-3-A地點) 燕岐 石三里 대박골 · 鳳起里 · 盤谷里遺蹟』, 行政中心複合都市發掘調査報告 18册(忠淸北道文化財硏究院 發掘調査報告 第36册).
韓國考古環境硏究所, 2010,『行政中心複合都市敷地 內 1-1地域 燕岐 松潭里 · 松院里遺蹟』, 行政中心複合都市發掘調査報告 3册(韓國考古環境硏究所 硏究叢書 第39輯).
韓國考古環境硏究所, 2012a,『行政中心複合都市敷地 內 3-1-B地點 燕岐 大平里遺蹟』, 行政中心複合都市發掘調査報告 9册(韓國考古環境硏究所 硏究叢書 第49輯).
韓國考古環境硏究所, 2012b,『行政中心複合都市敷地 內 3-3地點 燕岐 月山里 황골遺蹟』, 行政中心複合都市發掘調査報告 5册(韓國考古環境硏究所 硏究叢書 第50輯).
韓國考古環境硏究所, 2015,『行政中心複合都市 大學硏究地域 生活圈 4-1 · 2(試掘 3-2)地點 燕岐 石三里遺蹟』, 行政中心複合都市發掘調査報告 24册(韓國考古環境硏究所 硏究叢書 第65輯).

찾아보기

ㄱ

ㅅ

ㅇ

ㅊ

ㅌ

ㅍ

ㅎ